任正非

成就员工就是最好的人性管理

余胜海◎著

SPM
南方出版传媒
广东人民出版社
·广州·

图书在版编目（CIP）数据

任正非：成就员工就是最好的人性管理 / 余胜海著. —广州：广东人民出版社，2020.5（2024.2重印）

ISBN 978-7-218-14209-8

Ⅰ. ①任… Ⅱ. ①余… Ⅲ. ①通信企业—企业管理—经验—深圳 Ⅳ. ①F632.765.3

中国版本图书馆 CIP 数据核字（2019）第 027873 号

REN ZHENGFEI: CHENGJIU YUANGONG JIUSHI ZUIHAO DE RENXING GUANLI

任 正 非：成 就 员 工 就 是 最 好 的 人 性 管 理

余胜海 著

版权所有　翻印必究

出 版 人：肖风华

策　　划：肖风华　李　敏
责任编辑：李　敏　温玲玲　罗　丹
营销编辑：阮秋雁
装帧设计：WONDERLAND Book design 仙境
责任技编：吴彦斌

出版发行：广东人民出版社
地　　址：广州市越秀区大沙头四马路10号（邮政编码：510199）
电　　话：（020）85716809（总编室）
传　　真：（020）83289585
网　　址：http://www.gdpph.com
印　　刷：广州市豪威彩色印务有限公司
开　　本：787毫米×1092毫米　1/16
印　　张：20.5　字　数：280千
版　　次：2020年5月第1版
印　　次：2024年2月第7次印刷
定　　价：68.00元

如发现印装质量问题，影响阅读，请与出版社（020-85716849）联系调换。
售书热线：（020）87716172

华为创始人兼总裁任正非是一位志存高远，懂人性的企业家，被称为"人性大师"。

关于人性，任正非曾说："管理就是洞察人性，激发人的欲望。欲望的激发和控制构成了一部华为的发展史。一家企业管理的成与败、好与坏，背后所展示的逻辑，都是人性的逻辑、欲望的逻辑。"

从某种意义上讲，华为能够一路披荆斩棘，屹立行业之巅，与任正非设定的这些底层逻辑有很大关系。

人如果没有欲望，就会失去奋斗心。优秀的管理者都善于制造饥饿感，让员工产生一点企图心。因为，企图心是一个很重要的力量来源，它能够扫清成功路上的障碍，战胜困难。

管理就是洞悉人性，懂人性的人最懂激励。如果一个员工的所有细胞都被激活，这个员工就会充满活力，工作积极。拿什么去激活？关键就是薪酬分配制度。

为此，华为建立了以岗位责任结果等为导向的薪酬分配机制，员工的收入都与绩效挂钩，实行"按劳取酬，多劳多得"，让贡献者获得应有的回报。

通人性，方能聚人心。43岁才开始创业的任正非对人性有深刻的洞察。于是，个体对财富自由度、权欲、成就感等的多样化诉求，构成了华为管理哲学的底层架构。

任正非常说："最大的'自私'是无私。"30多年来，他在华为最重要的工作就是分钱、分权，与员工共同分享财富、权力和成就感。

华为"获取分享"制度的建立，反映了任正非对员工利益的基本态度，体现了他对员工的真正的尊重，因为人的最基本诉求首先是利益获取的问题。

全员持股是华为"获取分享"制度设计的核心。华为一直在回避资本市场的诱惑，拒绝上市，实行全员持股。作为华为的创始人，任正非放弃了公司利益分配的优先权。他将公司的股份都分给了员工，自己仅持有公司1.14%的股份。华为通过全员持股，将员工变成公司的股东，人人当老板，共同打天下。员工的身份变了，干劲自然更足了。这就是华为拥有强大凝聚力和战斗力的核心原因。

研究表明，舍得在员工身上花钱的企业，管理成本是最低的。任正非把赚到的钱拿出来与员工分享，收获的是人心依附。所以，19万名华为员工就会心悦诚服地团结在他的周围，积极努力工作，持续奋斗，从而成为一支战无不胜的华为铁军。

任正非说，"让员工成功才是最大的人性管理"。华为坚持"以奋斗者为本"，为奋斗者提供舞台，授予相应职权，配置相应资源，充分赋能，为奋斗者创造赚钱的机会、表现的机会、成长的机会、发展的机会，使大量的年轻人有机会担当重任，快速成长，实现人生价值的最大化。从管理哲学上来讲，这是基于人性善的一个假设，是正能量的一个牵引。

管理归根结底就是洞悉人性、解放人性。在管理上，任正非主要是引导员工对自身和社会价值进行思考，使其逐步产生共鸣，进而改变行为，自我驱动进步。他在管理上强调人性和本能，用责任感和使命感凝聚饥饿的个体。

管理者的重要职责就是要张扬每个人的雄心，同时又要遏制过度的野心。军人出身的任正非，深谙欲望激发与约束之道。他将华为员工分为四种：奋斗者、贡献者、劳动者、惰怠者；然后用绩效考核和末位淘汰制度来激励奋斗者，奖励贡献者，善待劳动者，淘汰惰怠者；并通过激励制度的优化，来激发人天使的一面，抑制人心中的贪婪，约束权力带来的傲慢，克服安逸、懒惰的天性，并通过严格的制度来驾驭人性，防止干部的贪婪和腐败，从而实现组织的目标。

任正非说，"员工是华为最宝贵的财富"。作为全球知名的世界

500强企业，华为除了给员工创造良好的工作、生活环境，还建立了完善的员工保障体系，为员工购买各种商业保险，制定了全球紧急医疗救助服务方案，保障员工在紧急情况下，可以享受专机接送救治的福利。华为为员工的健康保驾护航，用心呵护员工的身心健康，提供无微不至的人文关怀。

作为人性大师，任正非意识到，企业除了提供物质条件，还要注重精神激励，实行精神和物质双轨驱动。精神激励导向持续奋斗，物质激励基于价值创造，并以合理的价值分配来撬动最大价值创造。华为30多年的发展史，其实就是一部精神文明与物质文明并建共进的历史。不同历史时期，精神激励与物质激励双轨驱动、交替支配，给华为人注入了强大的生命力和战斗力，从而造就了一支有责任感和使命感的员工队伍。

现代管理学之父彼得·德鲁克说："伟大的领导者都有一个共同的特质，就是他的内心是大善的，对人有悲悯感。"

任正非就是这样一个有悲悯感的企业家、一个大善人。虽然他表面上好像很"恶"，制定了很多严格制度和规则，对干部和员工要求非常严格，但他这样做的目的，是通过制度来抑制人性中的恶，使人性中向上、向善的一面充分发挥出来，希望来到华为的每个人都能成才、成功。

在华为内部，任正非以铁面冷心著称，他脾气暴躁，性格坚韧、刚毅、偏执，说话直来直去、不留情面，有人说他是个"六亲不认"的"暴君"。其实，在生活中，任正非是一个充满柔情的感性之人。他正直而善良，严肃而不失幽默，情感细腻而丰富，内心深藏着别样的温情。"上马征战沙场，下马春泥护花"才是真实的任正非！

著名人力资源管理专家、《华为基本法》起草人之一的彭剑锋先生这样评价任正非："任正非先生说自己什么都不懂，其实他最懂人性，洞悉人性的本质，了解人的真正需求和欲望，并通过机制与制度管理好人性与欲望。与其说他是一位伟大的企业家，不如说他是一位人性大师。华为的机制和制度设计往往被人理解为对人性恶的假设，是基于对人性恶的一面的控制，但任正非的很多管理思想和行为又都体现对人性善的弘扬，形似恶，实为善，任正非就是一位具有悲悯情怀的大善者！"

1987年，任正非集资2.1万元创办了华为，经过30多年的艰苦奋斗，华为从一家小作坊发展成为年销售额上千亿美元的全球通信设备行业的领导者，名列《财富》2019年世界500强第61位，创造了世界企业发展史上的奇迹。

华为的成功，就是因为任正非遵循人性和欲望，建立了基于人性、基于人的动机、基于人的欲望的多元化激励机制，激发出了华为人的生命活力和创造力，大家"力出一孔，利出一孔"，将华为推上了竞争对手难以企及的高度！

目录
CONTENTS

第三章 | **多元化激励激发员工的自驱力** /037

第四章 | **欲望的激发与约束之道** /055

第五章 | **人性管理的九大要素** /091

第六章　人性管理的核心就是要"把人当人看" / 105

第七章　执行力就是竞争力　/127

 第八章 | **争夺未来人才的机会窗　/151**

 第九章 | **任正非成就华为的十大领导力　/177**

第一章

想要成功先要抓住
人的五层欲望

管理就是洞察人性，激发人的
欲望。一家企业管理的成与败、好与
坏，背后所展示的逻辑，都是人性的
逻辑、欲望的逻辑。欲望是企业、组
织、社会进步的一种动力。只有抓住
人的五层欲望，才有可能成功！

——任正非

管理管什么呢？说到底就是激发和控制人的欲望。一家企业管理的成与败、好与坏，背后所展示的逻辑，都是人性的逻辑、欲望的逻辑。

任正非曾说："我们经常听到一种说法，叫无欲则刚。我想这个说法，第一，违背了人性；第二，无欲者很难做到所谓刚强、有力量。欲望其实是中性的，很大程度上，欲望是企业、组织、社会进步的一种动力。欲望的激发和控制，构成了一部华为的发展史。"

任正非认为，从心理学的角度分析，知识型劳动者的欲望可以被分为五个层面：物质的饥饿感、安全感、成长的愿望与野心、成就感、使命主义。

◆ 欲望的第一层面：物质的饥饿感

我 希望我的员工有挣大钱的企图和愿望，能够对钱产生饥饿感，我们要培养他们对奖金的渴望、晋级的渴望、成功的渴望。

对物质的饥饿感是人的本能，是驱动人拼搏进取的原动力。正是有了这种为了活下来、为了活得更好、为了物质上更自由的原始动力，人们的斗志才得以激发。人们如果没有欲望，就会失去奋斗心。

物质是我们每个人最基础层面的诉求，员工加入到企业，最直接、最朴素的诉求就是财富的获取。企业、组织能不能给员工提供相对的物质满足，实际上是企业人力资源最基础的部分。

任正非曾说，作为一个企业的领导者，其最基本的使命就是要为员工创造幸福生活。幸福从哪里来？虽然我们说物质条件好的、有钱的不一定幸福，但对常人来说，没有钱是很难幸福的。特别是对基层员工来说，如果基本的物质条件不具备，买不起房，不能养家糊口，能幸福起来吗？

任正非曾在华为的员工大会上问大家："2000年之后华为最大的问题是什么？"大家回答："不知道。"任正非告诉大家："是钱多得不知道如何花。你们家买房子的时候，客厅可以小一点，卧室可以小一点，但阳台一定要大一点，天气好的时候，别忘了在阳台上晒钱，否则你的钱就会发霉了。"

管理就是激发人的欲望，让员工有梦想。员工最想实现的梦想是什么？有车有房，孝敬爹娘！员工的工作动力来自哪里？对基层员工来说，就是对物质的"饥饿感"，这让员工有了企图心。什么是企图心？就是对改善自己生活条件的渴望，对奖金的渴望，对成功的渴望。这种渴望将会成为激发基层员工努力工作的动力。对于基层员工来说，改善生活条件、多挣钱，是最朴素的追求，也是努力工作的原动力。

任正非从不忌讳与员工谈钱。"我希望我的员工有挣大钱的企图和愿望，能够对钱产生饥饿感，我们要培养他们对奖金的渴望、晋级的渴望、成功的渴望。"他直白地表现出对金钱的渴望，"华为之所以要艰苦奋斗，就是为了挣更多的钱，让员工分到更多的钱，让员工及其家人过上高品质的生活"。

任正非认为，"与懒惰相比，贪婪并不可怕，懒惰才是最大的敌人"。这是任正非对人性本能的一种道德认同，从而释放了人的欲望，定义了人对财富追求的正当性，极大地解放了生产力。

任正非曾深入研读彼得·德鲁克的著作，对其从人性和哲学高度，而不是从技术层面来思考管理产生了强烈的共鸣。任正非说："从哲学历史高度来揭示普遍规律，才有穿透性、指导性和震撼力。"

跌宕起伏的人生阅历，大量的阅读和思考，在商界多年摸爬滚打，使得任正非理性地认识到人性之"恶"，而且认为人性的"恶"才是推动社会进步的原动力。他从不回避自己的这一认识，也不掩饰自己的这一观点。

但他并不因此对人感到绝望，也不因此愤世嫉俗，而是对人性的弱点充满了悲悯。在他看来，发展中的中国有许多乱象，其根源不能归罪于"恶"，而要归罪于对欲望的放纵，没有给欲望套上缰绳。中国有句古训说"君子爱财，取之有道"，这个道就是公序良俗，是程序、规则、公德和法律。

一些先富起来的老板们用所谓的价值观来俯视和要求员工"存天理，灭人欲"，罔顾基层员工现实的利益诉求，蔑视基层员工合理的人性关怀，其本质不过是自己敛财愚民的说辞而已。对于身处金字塔底部的大量基层员工来说，"按劳取酬，多劳多得"是最现实的工作动机。

"存天理，顺人欲"，让员工通过自身努力挣到更多的钱，从而改善自身和家人的生活条件，改变家族命运，是员工努力工作最原始的动力。在不违背公司原则的基础上，让员工多拿工资和奖金，这对员工才是最基本、最现实的。

华为激励制度的设计充分遵循了这一规律。饥饿感构建了基层员工的奋斗精神。舍此，任何的高调宣传都是苍白的。

没有贪婪就没有买卖，没有巨大的财富饥渴，就不会有巴菲特的"资本帝国"，同样也不会有拉里·佩奇的"谷歌帝国"。然而，帝国不是一个人或者几个人缔造的，是一群人、数千人乃至数万人的"饥饿感"所迸发出来的创造力的结晶。

因此，任正非深悉"己所欲，人之所欲"这个人性常识，并且乐于和善于驾驭人性、顺应人性、满足人性，让大家一起把"饼"做大，再一起分"饼"。"饼"分好了，管理的一大半问题就解决了。

◆ 欲望的第二层面：安全感

> **安**全感是由员工奋斗出来的。真正的安全感，就是逼他们变得强大，逼他们成长，公司和员工才会有未来。

安全感是人类与生俱来的一种本能需求，人的一生大多处在不安全的状态下。越是杰出人物、领袖人物，其内心的不安全感越强烈。

凡是卓越的企业家，都懂得充分利用人类的普遍需求，即对控制自己命运的渴望。一般认为，组织若是能够赋予员工人生的意义和生活上的安全感，他们几乎都愿意全心全意地效忠企业。

所以员工一方面积极追求自主权，一方面又积极寻求安全感，这听起来似乎不太合理，但这恰恰是人性矛盾之所在。如果企业不知道如何管理具有这种矛盾性的人，那就很难充分发挥他们的才能和积极性。

华为拥有充满危机意识的优秀管理者，正是这些管理者带领大家抱团取暖，共同面对充满风险、未知、恐惧的世界，才有了华为的"胜则举杯相庆、败则拼死相救"的团体奋斗文化。

华为就是靠着这种企业文化的引导，成为一个弘扬正气、朝气蓬勃、员工相互信任的企业，员工的职业安全感自然就高。哪怕企业有严苛的管理制度，员工明明知道如果做不好，就会被淘汰，但员工的职业安全感还是油然而生。

有人说，任何强大的公司都不会给员工安全感，而是用最残忍的方式激发每个员工变得强大。凡是想办法给员工安全感的公司都会死亡，因为强大的人在舒适的环境中往往会失去狼性。逼出伟大员工的公司通常都会发展壮大，因为在这种环境下，要么变成狼，要么被狼吃掉！

任正非认为，安全感是由员工奋斗出来的。公司要逼员工变得强大，逼他们成长，公司和员工才会有未来，员工才有真正的安全感。如果真的爱你的员工，就考核他，严格要求他，逼迫他成长；如果你碍于情面，用低目标、低要求，养一群小绵羊、老油条，这是领导对员工前途最大的伤害，这才是最不安全的做法，因为这只会助长员工的贪婪、无知和懒惰。

好的组织氛围也能带来安全感。如果一个企业里缺乏正气，缺乏正直的人，缺乏做实事的氛围，缺乏能包容变革的氛围，这个企业的员工就不会有安全感。企业须要营造积极向上的良好氛围，这样员工才会产生安全感，才能始终如一地保持激情，坚持奋斗，努力创造价值。

◆ 欲望的第三层面：成长的愿望与野心

组 织说到底就是要张扬队伍中每个人的雄心，同时又要遏制过度的野心。

华为员工大多是受过高等教育的知识分子，智商很高。有观点认为，智识水平越高的人，其领袖欲望、野心的张力越强大。怎么把这些要出人头地、要做领袖、想拥有权力的人凝聚在一起？公司的价值创造、价值评价和价值分配体系至关重要。当这些人的权力，跟他们的欲望、雄心、野心相称时，他们自然愿意在这样一个平台去发挥才能和智慧。

任正非认为，组织说到底就是要张扬队伍中每个人的雄心，同时又要遏制过度的野心；张扬雄心、遏制野心是管理者每时每刻都要面对的问题。雄心代表着进取心，而没有欲望就没有雄心，一个万念俱灰的人你能指望他去做什么事？但过度的欲望、雄心往往又会膨胀为野心。雄心是欲望的张扬，野心是欲望的泛滥。管理的重要职责之一就是对欲望的引导和克制。张扬雄心、遏制野心，这是任正非管理的灰度。

管理者既要给人才一个施展才华的地方，又要给他一个不越雷池的机制。而且随着时间的推移、人才的成长，对这个人的职位还要进行调整——要么上升，要么降级，既要保证不浪费人才，又要实行统筹安排，让最合适的人才在最恰当的岗位上奋斗。

欲望是一种巨大的力量。任正非的高明在于给员工制造饥饿感，"助长"他们的欲望；然后创造条件，引导、满足他们的欲望，从而激发他们无穷的力量。

欲望的第四层面：成就感

作为老板，把钱分好，把权分好，把名分好，这是相当重要的。

43岁才开始创业的任正非对人性有深刻的洞察，于是，个体对财富自由度、权欲、成就感等多样化诉求，构成了华为管理哲学的底层架构。

成就感也就是荣耀感，荣耀感处于工作中的核心地位。人人都渴望成功，都希望自己的努力得到上司和企业的认可。如果员工在工作中能够获得荣誉感，那么外部的奖励反而没那么重要，有时甚至外部的奖励还会减少成就感所带来的快乐。

商人们赚到了金山银山，此时金钱在现实的层面已经毫无意义了，为什么他还是奋斗不止？很显然，财富已经超出其本身的意义，成为有心理学意义的精神符号，成为象征身份、地位的价值符号。

人作为万物的灵长，终其一生都会被置于各种各样的比较框架中。比较会激起一个人的进取心、竞争意识，也会滋生嫉妒与构陷，带来成就感与挫败感。但正是无所不在的人与人、组织与组织的比较与较量，才推动着社会不断前进，个体不断进步，企业不断扩张。

对于有远大志向的人来说，比较不仅体现出当下的结果，更重要的是精神能量的较量：不仅自身要对自己的事业充满自豪与激情，而且要在整个组织中构造一种"荣耀感的互相助长"——当一群人、一大群人把财富创造上升到精神层面的追求时，超越他人应该仅仅是时间问题。

员工努力工作，目的就是为了升职加薪，获得荣耀和成就感。聪明的管理者，懂得利用员工对物质、权力、荣誉的追求，统一员工的目标，从而结成利益的共同体。没有利益作为载体，既不牢固，也难以长久。

每个人都希望被别人赞赏和理解，都希望自己的努力和贡献得到认可。得不到足够认可的员工，会变得郁闷和消极。对于管理者，认可和赞美是最便捷、最有效的激励方式。

华为能成为一个"现象级企业"的根本原因只有两个字——共享，共享公司发展的成果，同时也分享安全感，分享权力，分享成就感。

任正非说："作为老板，把钱分好，把权分好，把名分好，这是相当重要的。"

华为从创立之初就探索一种劳动者普遍持股的制度，实行全员持股。

权力欲在人性之中也是根深蒂固的，人们希望拥有选择权，渴望掌控自己的命运。企业老板要通过有效"授权"，释放出员工巨大的工作动力。

权力欲既是与生俱来的，也是社会化的产物，一般来说，教育程度高的人对权力的欲望更强烈。

大学不仅是获取知识、构建思维架构的殿堂，更是培植年轻人的野心、雄心之所在。因此，我们可以看到的现象是，大多数组织包括企业，其领导者、管理者大多是那些接受了更多教育或者良好教育的知识人。

在华为19万员工中，有90%以上毕业于国内外一流大学，有1万多名博士，有上千位科学家。他们当然有强烈的财富饥渴感，希望通过自己的努力赚更多的钱，这一点毋庸置疑。但与此同时，也别忘了，他们普遍还有掌控一个部门、一片天地甚至更大地盘的志向，正如《论领导力》的作者詹姆斯·G.马奇所言："权力有一种美学上的吸引力，它令人着迷。"

任正非说："不爱钱的员工不是好员工。""财散人聚，财聚人散"，这只是说对了企业管理的基础元素，如果企业不能构建出宽阔的事业平台，让员工尤其是知识型员工的雄心、野心没有安放之地，让他们掌控天下的抱负得不到施展，恐怕钱给得再多，也很难长期吸纳和凝聚一流的精英一起打天下。

华为的管理顾问田涛先生认为，从数量的角度讲，华为与绝大多数企业相比没有所谓管理人才匮乏的问题，在华为从上到下的权力走廊上拥挤着一大批"接班者"、取代者，他们普遍既有激情又富有才干，同时个性鲜明。这样的结果源自任正非早期独特的用人思想：充分地释放权力与开放权力。这既满足了一大批年轻知识分子的权力诉求，又在权力试错与冒险中为华为锻造出了一支优秀的干部队伍。

在华为，唯有直接或者间接、重大或者微小的围绕客户和组织做贡献的劳动，才是华为所倡导和认可的，这样的劳动者才是合格的奋斗者，才能够获得与贡献相匹配的财富、权力和成就感。这样一种简单、一元的价值创造、价值评价和价值分配的激励机制，是华为凝聚19万知识型员工的根本所在。

◆ 欲望的第五层面：使命主义

> 华为的使命就是致力于把数字世界带入每个人、每个家庭、每个组织，构建万物互联的智能世界。

企业之间的竞争，从根本上说，就是管理的竞争。管理持续进步需要依赖于干部队伍、员工队伍的持续进步。干部队伍、员工队伍的持续进步需要超越物质需求，用价值观进行武装，追求更高层面的内容。

企业的竞争力源于干部的责任感和使命感。因为，有责任感和使命感的人双眼熠熠生辉，从不缺乏内在的激情与活力。

华为人的责任与使命就是践行、传承企业文化和价值观，以文化和价值观为核心，管理价值创造、价值评估和价值分配，带领团队持续为客户创造价值，实现公司商业成功和长期生存。

同时，一旦管理干部掌握并践行核心价值观，则利于综合平衡，利于层层执行，利于流程化的组织架构和规范化的操作规程的推进和完善；利于人力资源管理纲要、业务管理纲要、财经管理纲要的推行和完善；利于形成"以文化为基础的自觉的综合推进系统"；利于形成"静水潜流的基于客户导向的高绩效企业文化"。

华为的愿景和使命是，致力于把数字世界带入每个人、每个家庭、每个组织，构建万物互联的智能世界：让无处不在的联结，成为人人平等的权利；让无所不及的智能，驱动新商业文明；所有的行业和组织，因强大的数字平台，而变得敏捷、高效、生机勃勃；个性化的定制体验不再是少数人的专属特权，每一个人与生俱来的个性得到尊重，潜能得到充分的发挥和释放。

很多公司的管理者认为价值观是虚无缥缈、可有可无的，远远没有利润、目标、销售额等这些内容来得实在。

而在任正非的逻辑中，核心价值观是非常重要的，因为仅仅依赖于"物质共同体"，一个组织很容易分崩离析。除了用"价值创造、价值评估、价值分配"体系将团队打造为物质共同体之外，还需要将团队凝聚为"精神共同体"，这其中的关键就是核心价值观。企业作为一个整体，"一同努力的源，是企业的核心价值观"，"公司要保持高度的团结和统一，靠的是共同的价值观"。

为此，任正非要求，"高层要有使命感，中层要有危机感，基层要有饥饿感"。

什么是使命感？其实就是你无论如何都想实现的价值，无论如何也要承担的责任。

任正非要求华为的干部要贴近客户，洞察客户需求、捕捉商业机会、促进业务增长。企业的高级干部是怎样进步的？就是天天与客户在一起，通过与客户的接触产生思想上的火花，奠定将来发展的基础。

任正非指出，管理者的基本职责是依据公司的宗旨主动和负责地开展工作，使公司富有前途，工作富有成效，员工富有成就。管理者履行这三项基本职责的程度，决定了他的权威被下属接受的程度。管理者应该明白，是帮助下属去做英雄，为他们做好英雄、为实现公司的目标提供良好服务。一个人只要充分发挥了自己的才能，只要努力了，就无愧无悔了。

在任正非看来，作为一个领导，最重要的职责就是培养接班人，不培养接班人，就是对公司最大的不负责。一个高级干部如果不在思想上、行动上帮助接班人成长，就失去了他的作用。高级干部一定要起到传帮带的作用，帮助新一代成长，挑起管理的重担，发挥更大的价值，让职业经理们分享成功的喜悦。

在华为交接班这个问题上，任正非强调的是要建立文化、制度、流程的交接，而不是要交接给某一个人，群体性的接班是华为事业持续发展的保障。华为不管由谁来管，都不改变其核心价值观。

通过对任正非的欲望管理理论的分析，我们不难发现这五个层面正是对应着马斯洛需求层次理论的五个层面，人的需求从低到高、按层次分为五种，分别是：生理需求、安全需求、社交需求、尊重需求和自我实现需求。

这也是每个人在社会上成长和进步的一个缩影。所以任正非抓住了人的每个阶段成长的欲望，也就抓住了企业管理的本质内容。

历史上的每一个成功者都是充满欲望的，没有强烈的欲望也必然不会达到目标。而"无欲则刚"的是圣人或者统治者对世人的教化而已。欲望的力量是巨大的，它能够激发人的斗志，扫清成功路上的障碍，使人不断超越自我，实现从优秀到卓越。

没有欲望，就会失去奋斗心。拼不一定成功，不拼肯定不会成功。华为的成功，就是抓住了19万华为人的这五个层面的欲望。正所谓野心无穷大，优秀无终点。

第二章

舍得分钱就是对
员工最好的尊重

华为公司发展到今天，我自己没
做什么实质性的贡献，如果一定要说
有什么贡献的话，就是华为在分钱的
问题上我没有犯大的错误。

——任正非

◆ "谈钱是对员工最好的尊重"

少谈情怀多给钱，谈钱是对员工最好的尊重。

任正非也给员工讲情怀，讲奋斗，但讲这些之前，他先谈钱。他说："少谈情怀多给钱，谈钱是对员工最好的尊重。"

为了分好钱，华为建立了科学、合理的薪酬制度和激励机制，与员工共同分享公司的发展成果。

任正非从不忌讳与员工谈钱。"我希望我的员工能够对钱产生饥饿感。"他直白地表现出对金钱的渴望，"华为之所以要艰苦奋斗，就是为了挣更多的钱，让员工分到更多的钱，让员工及其家人过上高品质的生活。"

在华为员工的收入中，除了工资和奖金之外，股份分红占了相当大的比重，不少员工一年能获得几十万元甚至上百万元的股份分红。2017年，华为员工股份分红总额达到168亿元，持股员工人均可分得21万元。

任正非通过利益分享，凝聚了员工。那时他还不懂期权制度，更不知道西方在这方面很发达，有多种形式的激励机制。他仅凭自己过去的人生挫折，感悟到应与员工分担责任，分享利益。

在华为，你永远不用担心干了活拿不到钱，更不用担心老板会拖欠你的工资和奖金，员工只管心无旁骛地奋斗、冲锋。无论何时任正非从未缺少过对华为员工的关心，从不吝于提高优秀人才的待遇。

现在许多中国公司要求员工改变工作态度——多干活，少拿钱。而华为却不一样，它一个劲儿地激励员工多挣钱，改变自己和家庭的命运；多追求发展机会，以尽情开发自己的无限潜能；多争取荣誉，以提升自己的境界和格局。

令华为不少老员工深有感触的是，薪水涨得很快，有人一年涨了7次工资，还有人一年涨了11次……任正非说："不奋斗，不付出，不拼搏，华为就会衰落！拼搏的路是艰苦的，华为给员工的好处首先是苦，但苦中有乐，苦后有成就感，收入有提高，员工对公司未来更有信心。"

快乐是建立在贡献与成就的基础上的。关键是让谁快乐？企业要让价值创造者幸福，让奋斗者因成就感而快乐。如果一个企业让懒人和庸人占着位子不作为，让不创造价值的人、混日子的人快乐，这个企业离死亡就不远了！华为的薪酬制度就是要把懒人庸人挤出去，给优秀的人涨工资。

对于职场中人来说，这一辈子，遇到高薪，遇到高职位，都不稀奇，稀奇的是遇到老板的尊重和理解。这一点其他很多企业没有做到，但华为做到了，而且是做到了员工的心坎里，真正让员工活得体面、有尊严。

任正非说："要给员工分足够多的钱，他一个人就能让全家过上优越的生活。只有这样，全家人才会叮嘱他好好干，员工带着全家人的期望和重托工作，自然就有干劲了。"在他看来，"做企业和打仗是一个道理，打下的地盘越多、缴获的战利品（利润）越多，大家能分到的战利品就越多，队伍越有战斗力。"

任正非是一个最实在的老板，他懂得人性，给员工分钱的时候眼都不眨一下。

任正非也给员工谈愿景、谈战略、谈职业规划，但他从来不空谈，而是说到做到。他舍得给员工分钱，甚至能给超出员工预期的钱，这才是一家公司最能体现情怀的地方。

华为的人才都是任正非拿真金白银砸出来的。他明白一个道理：你愿意舍财，别人就愿意追随你。要管好受过高等教育的知识型员工是很困难的，任何单一的举措都很难奏效，所以激励知识型员工要从人性出发，符合人性发展需求。

任正非之所以令人尊敬，除了他带领华为创造了一个不可复制的科技王国之外，还有他颠覆了金钱偏见的言论：

"我们一路奋斗，不是为了改变世界，而是为了挣钱给老婆花。"

"吸引人才，留住人才，就要用钱砸啊。"

······

他这些不经意间说出且广为流传的话语，也为我们打开了一个真实的金钱观：

奋斗者的第一目标，就是让家人过得好。

和优秀者同行，先把钱说清。

薪酬未定，莫谈情怀！

2019年，华为对顶尖应届博士毕业生开出了201万元的天价年薪。

任正非重金求贤的新闻，之所以受到这么高的关注，是因为在IT行业，"996"（指早上9点上班，晚上9点下班，一周工作6天的工作制度）司空见惯，缺乏的是与之相匹配的薪酬。

有些老板，张口闭口跟员工谈情怀、谈奉献、谈职业精神，就是不谈钱。

可以说，华为成功的很重要的一个因素就是"少谈情怀多给钱"。多给钱，不仅留住了众多优秀人才，还"养"出最有拼搏精神的团队。

正是因为任正非懂得与员工们共同分享公司的发展成果，才使各路英才的聪明才智得到充分发挥。这一管理思想给华为注入了强大的生命力，大家"力出一孔，利出一孔"，将华为推上世界企业之巅。

◆ **分钱分得好，员工有干劲**

华为公司发展到今天，我自己没做什么实质性的贡献，如果一定要说有什么贡献的话，就是华为在分钱的问题上我没有犯大的错误。

华为的成功，就是分钱分得好。

任正非曾这样评价自己："华为公司发展到今天，我自己没做什么实质性的贡献，如果一定要说有什么贡献的话，就是华为在分钱的问题上我没有犯大的错误。"

"分钱"是华为"获取分享制"的基本内容，是一种符合人性的动力机制。华为的"分钱机制"是广义的，它包括对钱、权、荣誉的分配。即：分钱、分权、分名，共享成就感。

1. 分钱：解决员工工作回报问题

华为的分钱机制，解决了员工对工作回报的需求。员工持股制度是华为"获取分享制"制度设计的核心。

华为员工除了享有优于同行业的薪酬之外，工作满三年还拥有公司股权，每年都有可观的分红。

对华为员工来说，工资只是零花钱，高额的奖金和分红才是大头。所以，华为的虚拟股一直被员工视为"摇钱树"。这是华为拥有强大的内部凝聚力的核心机制，即所谓"人人做老板，共同打天下"。

2. 分权：解决员工工作成效问题

分权是一种激励机制，通过权力的分配来激励员工，解决了员工工作成效的问题。

任正非在华为内部实行充分放权、授权，把决策权根据授权规则授给一线团队，要求一线由"听得见炮声的人来决策"。

华为的分权激励机制集中体现在其董事长制度（2018年以前叫轮值CEO）上。该制度在国内是独创，这需要企业家具有非常高的智慧和格局才可以做到。

华为设定了很多头衔或职务，还有明确的职位描述和评价机制。这里面最为关键的一点是，针对这些职务，任正非会进行充分授权。比如，公司有董事会，下设四名副董事长，还有若干董事和监事长、监事等。同时，华为还设有各类委员会，包括战略委员会、薪酬委员会、财务委员会、审计委员会、风险管理委员会等。能够进入到这些委员会里的员工，不仅意味着获得权力的分配，同时也意味着公司的一种认可。

任正非在华为没有决策权，只有否决权。但至今，他从未动用过否决权。他把权力分配给核心高管，还有各种首席专家、各个事业部总裁、各区域或系统部总裁等，这些头衔在华为都有实质性的权力。

华为的运营商业务、消费者业务、企业业务、云业务四大业务集团，都有能独当一面的好手，他们有职有权，能很好地贯彻公司的战略意图，很好地执行华为的价值主张，他们使各业务版块都保持了稳健增长。

华为内部有一句话，凡是华为认定的事情，很少失败。比如华为的手机业务，从零起步，在短短七年内，华为就发展成为全球第二大智能手机厂商。关键是华为各个业务版块的负责人手握人、财、物等实权，可以根据市场变化，快速响应客户和消费者的需求。

华为这种权力分配的方式，一方面让员工有成就感，另一方面也使员工工作更有成效，从而带来了非常显著的激励效果。

华为是一家知识密集型的企业，95%以上的员工都接受过大学教育。任正非认识到，知识型劳动者在追求财富自由度的同时，也有着强烈的掌控欲、权力欲，权力是他们实现个人成就的工具和拐杖。所以华为也是一家权力充分释放、充分开放的公司，一大批20多岁的年轻人都走上了领导岗位。

目前，华为员工中，有45%是技术研发人员，其中有1万多名博士，3千多名各领域的专家。华为在海外设有17家研发中心，有2万名员工被派驻世界各地，是全球各类组织中研发人数最多的公司。华为员工中，52%是"85后"，部门经理中60%来自于"85后"，研发专家70%是"80后"，在市场部门有30%是"85后"。在华为市场部门担任驻外代表的员工中，41.4%是"85后"，他们管理的业务规模达到10亿到100亿元。

华为的分享制度设计的最高层面，是使命与愿景的认同。任何卓越的组织都必然有宏大的组织使命与愿景，华为给自身设定的愿景是：丰富人类的沟通与生活。这也正是19万华为人在全球170多个国家和地区长期奋斗的巨大精神力量。

一位驻非洲某国的不到30岁的华为代表说："每当我看到如此落后的国家的人民，他们拿着手机在尘土飞扬的马路上打电话，内心就升腾起一股巨大的自豪感，这个国家的通信网络是我和我的弟兄们一起建设的，是华为公司和合作伙伴们一起建设的。"

华为的分享制度设定了"以奋斗者为本"的宗旨。奋斗者与一般意义上的劳动者是有区别的，华为概念中的奋斗者是有方向的，这个方向就是客户，客户是企业价值创造的唯一源泉。

人感知自己的渺小，行为才开始伟大。正是因为任正非舍得放权，才使得各路诸侯的聪明才智得到充分发挥。任正非的分享理念让我们理解到一个人的渺小，让我们更清晰地明白在一个巨大变化的环境中，只有认识到个人的局限，并借助于组织的力量，才能与环境紧密互动，而这也是任正非能够驾驭变化、驾驭人性的核心。

3. 分名：解决员工工作热情问题

分名，是一种荣誉的激励。华为专门设立了荣誉部，华为首任荣誉部部长由公司党委书记兼任，由此可以看出任正非对奖励的重视程度。荣誉部的职责就是组织开展评奖工作，鼓舞员工的工作热情和创新精神，提高工作效率。华为每年都开展声势浩大的表彰会，对优秀员工进行表彰奖励，华为内部称之为"荣誉激励"，其本质就是"分名"。

华为的荣誉称号也是丰富多样，如蓝血十杰奖、明日之星奖、金牌员工奖、从零起飞奖、天道酬勤奖、战略项目奖、最佳销售项目奖、区域能力提升奖、竞争优胜奖、战略竞争奖、最佳专业职称奖、优秀行政服务奖、最佳机关支撑奖、区域优秀BG奖、优秀大Ta子网系统部奖、优秀大T系统部奖、优秀效果经营奖、优秀代表处奖等100多个奖项。在一年一度的表彰会上，发奖发到头晕，拿奖拿到手酸，鼓掌鼓到手痛。晚会结束，经常看到手抱奖杯或奖牌、步态不稳、处于亢奋状态的喝高的人在找什么——在找北。华为奖项之多堪称中国企业之最，甚至可以申请吉尼斯世界纪录。

华为公司精心设计每一个奖项，以及相应的评选标准。比如：金牌奖分为个人金牌奖和团体金牌奖，设置的目的是激励持续为公司的商业成功做出重大或突出贡献的团队或个人，是公司授予员工的最高荣誉性奖励。金牌评选的标准：个人奖是每100人中评选出一人，团队奖是每400人评选出一个金牌团队。

天道酬勤奖设置的目的主要是激励长期在外艰苦奋斗的员工，其评选对象多为在海外累计工作了10年以上，或者是在艰苦地区连续工作6年以上的员工，又或者是承担全球岗位的外籍员工，全球流动累计10年以上的人员。

蓝血十杰奖是华为管理体系建设的最高荣誉奖。旨在表彰那些为华为管理体系建设做出历史性贡献的个人。忘记历史，就没有未来，华为公司通过对员工给予蓝血十杰荣誉，让更多的人铭记历史，并在蓝血十杰精神的感召下，努力建立一个严格、有序而又简单的管理体系，支撑华为公司多打粮食。所以，蓝血十杰从本质上来讲只是一个追认机制，它是对历史性贡献的肯定，尽管有些贡献在当期并没有得到认可，但是经过时间和历史的检验之后，证明某些员工过去的工作确实为华为后来的发展做出了巨大贡献，便会获得蓝血十杰奖。

既然有一个追溯历史的蓝血十杰奖，当然就要有一个面向未来的明日之星奖。明日之星设计的目的，主要是营造人人争当英雄的文化氛围。有人的地方就有英雄，因此，华为对明日之星的评选并不追求完美，并且主要针对那些刚入职不久的员工。只要他们身上表现出闪光点，只要他们表现出符合华为价值观的一些行为，就可以参加民主评选，其覆盖率可以达到80%以上。

金牌员工奖是奖励为公司持续成功做出重大和突出贡献的团队和个人，是公司授予员工的最高荣誉。金牌员工奖每年年末评选一次，由任正非和其他高管亲自颁奖，获得金牌员工奖的员工还可以与任正非单独合影。

在心声社区的"荣誉殿堂"版块上，分别展示"蓝血十杰""金牌团队""金牌个人"和"明日之星"获奖者的风采。

精神激励为员工提供了真正的动力之源，因为华为带给他们的不仅是高薪，而且是更加宽广的发展舞台以及自由发挥的空间。而这些正是刚刚大学毕业、怀揣着远大理想的年轻人所需要的，他们需要一个舞台来证明自己，为此他们可以奋不顾身、不屈不挠。

除了这些荣誉称号之外，华为还把职权晋升作为对员工的奖励。在华为，职位不单单是权力的象征，也是收入的象征。随着职位提升位置，员工获得的收入也会相应增长，真正是名利双收。"英雄不问出处，奉献必有回报", 这就是华为能够吸引并留住人才的重要原因。

任正非说, "在华为, 良好的氛围是华为宝贵的财富", 其实在良好的氛围中工作, 本身就是一种奖励。有员工表示, 这种满意感和成就感, 正是华为吸引他们的主要原因。

让奋斗者得到合理的回报

华为坚持"以奋斗者为本"，为奋斗者提供舞台，将利益分配向一线的奋斗者倾斜。

华为成立30多年来，取得了辉煌的业绩。其业绩的取得，在很大程度上得益于它的激励机制。

华为的激励是从人的需求和动机开始的。了解员工真正的需求，并将员工工作的动机和需求转化为员工工作的动力。

华为的激励机制基于对人性和基本的常识的理解而设计。任正非抓住"人性"这个原点来设计激励机制，就是抓住了问题的根本。

首先，华为建立了公平合理的奖励机制。华为是国内第一家实行员工持股的民营企业，也是国内股权最分散的公司。但是就是这种分散，形成华为最强有力的激励机制。

企业构建有活力的机制的关键，就是要建立科学的绩效管理体系。

华为坚持"以奋斗者为本"，为奋斗者提供舞台，将利益分配向一线的奋斗者倾斜，按贡献和责任结果来评价员工，让千里马跑起来，让奋斗者分享胜利的果实，让惰怠者感受到末位淘汰的压力。

在价值分配上，华为既强调个性，又强调集体奋斗。西方的激励一般是针对个人的，重视个人绩效；而华为更重视的是团队绩效、集体激励，公司会根据团队业绩打一个奖金包，然后团队内部根据每个人做出的贡献再分下去。因为信息不对称，自上而下去定奖金政策，是很难兼顾每个人的。

任正非在2011年发表的《从哲学到实践》一文中，干脆将"狼性"放在了"奋斗精神"的前面。在华为，"狼性"首先体现在对机会的敏感，其次是集体奋斗，再次是艰苦奋斗。基于团队绩效的奖金计划向奋斗者倾斜，按贡献多少合理拉开分配差距。

任正非说："有成效的奋斗者是公司事业的中坚，是我们前进路上的火车头、千里马。我们要让火车头、千里马跑起来，促进对后面队伍的影响；我们要使公司十几万优秀员工组成的队伍生机勃勃、英姿勃发、你追我赶。"

其次，华为敢于奖励。任正非指出，要奖励跑到最前面的人。公司里绩效好、表现突出的员工，都应获得良好、及时的回报。回报包括物质和非物质两方面的激励。

举个例子，华为曾经在负责所有对外支付部门的把关岗位上发现了一个典型，有位姓马的员工在这个岗位上做了12年，没有出过一次差错。这个典型被送到任正非那里，任正非批示一次性给这位员工的薪酬提升四级，四级的薪酬之差在华为至少是翻两番的。这位员工敬业爱岗，做了12年的雷锋，华为不能让雷锋吃亏，必须让他获得应有的回报。

华为通过激励机制，使员工之间的竞争变得更加公平和透明，对员工的激励性也更加明显，因为员工清楚自己的付出在公司里会得到公平的回报。

任正非强调"按贡献分配，贡献面前人人平等"。在华为，在一线做出重要贡献的员工所拿到的奖金，可能远远超过比自己高出几个级别的主管，这体现了在贡献面前人人平等。2018年12月，华为出台了一个政策，对荣耀手机实行销售提成，到了年底一算账，有的员工提成和奖金加起来拿了一百多万，这下员工当然积极得"嗷嗷叫"了。

再次，华为"会"奖励。华为设计各种奖项，鼓励员工。在2013年表彰大会上，任正非给徐文伟、张平安、陈军、余承东、万飚颁发了一项特殊的表彰——"从零起飞奖"。这些获奖人员的2012年年终奖金为零。

2012年，他们的团队奋勇拼搏，虽然取得重大突破，但结果并不尽如人意。于是，这些团队的负责人践行了当初"没有达到目标，团队负责人零奖金"的承诺。

在任正非看来，一个有活力的机制的核心，关键是对员工利益进行调整，让奉献者得到合理的回报，只有不让雷锋吃亏，才会涌现出更多的雷锋。华为绝对不让雷锋穿破袜子，你为公司做出了贡献，我就给你体面的回报。这样就是在用制度培养雷锋，而不是用道德培养雷锋。

"以奋斗者为本""让小人不得志，让好人不吃亏"的分配准则，给华为注入了强大的生命力，使华为公司的组织力量脱颖而出。一个"胜则举杯相庆，败则拼死相救"的铁血团队就是在这样的土壤里培育出来的。

"以奋斗者为本"的文化可以传承的基础就是"不让雷锋吃亏"，对那些有使命感、自觉主动贡献的人，组织不会忘了他们。这也许就是华为文化。

员工拿的钱多，证明他有能力，能为企业创造超额的价值。而愿意这样回报员工的企业，是值得尊敬的。

华为真正厉害的地方，不仅在于给的钱多，还在于给得公平。一套优秀的考核机制，是奖惩分明的，绝不让真正的奋斗者吃亏，保护每一位贡献者的合法利益。

◆ 力出一孔，利出一孔

> " 利出于一孔，其国无敌；出二孔者，其兵不诎；出
> 三孔者，不可以举兵；出四孔者，其国必亡。"做
> 企业也是一样。

华为的成功，在于19万华为人心往一处想，劲往一处使，目标一致，利益一致，力量一致，做到"力出一孔，利出一孔"。"力出一孔，利出一孔"，就是华为成功的底气和成功的秘诀。

任正非说："水和空气是世界上最温柔的东西，因此人们常常赞美水、轻风。但大家又都知道，同样是温柔的东西，火箭是空气推动的，火箭燃烧后的高速气体，通过一个叫拉法尔喷管的小孔，扩散出来的气流，产生巨大的推力，可以把火箭推向宇宙。像美人一样的水，一旦在高压下从一个小孔中喷出来，就可以用于切割钢板。可见力出一孔，其威力之大。十几万人的能量如果在一个单孔里去努力，大家的利益都在这个单孔里去获取。如果华为能坚持'力出一孔，利出一孔'，下一个倒下的就不会是华为。"

所谓"力出一孔"就是把所有的资源集中起来做好一件事情，即业务聚焦。华为坚持聚焦管道战略，无论是"云—管—端"的战略还是进军消费者业务和云业务市场，都是沿着信息管道进行整合和发展，并千方百计满足客户的需求。

任正非在20年前曾指出："我们'利出一孔'做得比别人好，但是我

们的'力出一孔'做得不好。研发的力量太发散，让竞争对手赶上来了。每一个产品线、每一个工程师都渴望成功，太多、太小的项目立项，力量一分散就把整驾马车拉散了。因此，要有战略集中度，加强向主航道的投入，提高主航道的能力，在主航道上拉开与竞争对手的差距。"

他告诉华为高管："你们不知道水能切割钢板吧？造船厂很多钢板都是用水切割的，高压的水穿过很细的孔力量是很大的。所以，我们要力出一孔，瞄准战略重地，集中力量炸开城墙口。我们在主航道上、主战场上，要有一大批像'余疯子'（余承东，华为消费者业务CEO）这样不信邪的干部，我们也渴望大批不信邪的干部上来，冲到战场上去，这样哪会不成功呢？"

任正非在2013年的新年献词中写道："聚焦战略，简化管理，提高效益，彰显了我们新一年的目标。我们就是要聚焦自己有优势的地方，通过充分发挥组织的能力，以及在主航道上释放员工的主观能动性与创造力，创造较大的效益。华为是平凡的，我们的员工也是平凡的，但我们这些平凡的15万人，20多年聚焦一个目标，持续奋斗，从没有动摇过，就如同是从一个孔喷出来的水，达成了今天这么大的成就。"

管仲在《管子·国蓄》中说："利出于一孔者，其国无敌；出二孔者，其兵不诎；出三孔者，不可以举兵；出四孔者，其国必亡。"做企业也是一样。

任正非指出："我们坚持'利出一孔'的原则。我们从最高层到执行层的全部收入，只能来自华为的工资、奖励及分红，不允许有其他额外的收入。从组织上、制度上堵住了从最高层到执行层的为个人谋私利的行为，通过关联交易掏空集体利益的行为。多年来，我们基本是'利出一孔'的，也因此形成了十几万名员工团结奋斗的局面。"

任正非每年亲自带领董事会全体成员开展自律宣誓大会，明确提出"绝不允许上梁不正下梁歪""绝不允许堡垒被从内部攻破"等。他强调，公司最大的风险来自内部，因此必须保持干部队伍的廉洁自律。

　　任正非在谈到内部腐败问题时强硬表态："你如果贪污一万元，我就是花一百万元也要把你查出来！你敢贪一块钱，我也一定会把你开除掉！"

　　华为能取得今天这么大的成就，体现了"力出一孔，利出一孔"的威力。

◆ 从利益共同体到命运共同体

　　我们今天是利益共同体，明天是命运共同体。当我们
建成内耗小、活力大的群体时，抗御风雨的能力就
增强了，就可以在国际市场的大风暴中去搏击。

　　华为的成功，在很大程度上得益于它是一个利益共同体。作为一家世界级明星企业的掌舵人，任正非持有华为1.14%的股份，剩下的股份，被他慷慨地分给了华为的员工。此举让华为和员工形成了一个利益共同体，为华为构筑了"胜则举杯相庆，败则拼死相救"的精神基石。

　　有些企业员工的主人翁精神不强，有其原由：这些公司的创始人和核心管理层，将股份瓜分殆尽（有企业由创始人及家族100%持股），与之奋斗的员工，享受不到企业成长的红利。这样的企业，员工忠诚度不强，对管理层认同感弱。

　　我们发现，很多民营企业的财富，多为创始人等少数几个人所有，大部分员工成了看客。华为的财富却是全体员工共同所有，它是一个同甘共苦的团队。这样，华为的内耗少了，执行力就强了。

　　华为将利益分配写进了制度里。在1997年修订的员工持股规定中，华为主张在顾客、员工与合作者之间，结成利益共同体，努力探索按生产要素分配的内部动力机制。"我们决不让雷锋吃亏，奉献者应当得到合理的回报。"任正非对财富的认识，是华为今天能做大做强的原因所在。

　　其实，在国外奋斗的华为人，奔赴海外的动力并不相同。除了梦想、

情怀和成就感，很多人的原动力，多是想通过自己的努力，让亲人过上更好的生活，说得通俗一点，在海外工作可以拿到更高的薪水和补贴。但随着在海外市场的摸爬滚打，这种动力的占比越来越低。在饱受疾病、战乱、骚乱、物质匮乏考验的同时，一点点赢取客户的信任，坚持、坚守、不相信失败，最终获得绝对领先的市场份额。

在条件异常艰苦的海外，价值观和导向将华为的员工凝聚在一起。在伊拉克，有战争，有爆炸，经常停电，当地的华为员工和领导围着一个吊扇睡在客厅中，有时还要睡在楼顶。伊拉克的夜充满了嘈杂，到处机器轰鸣，黑鹰、阿帕奇直升机执行任务的身影无处不在，还有各种蚊虫叮咬，入睡都很困难。但这种同甘共苦、兄弟般的情谊，促使这个"虎狼一般"的团队拼尽全力做项目，不仅锻炼了团队的技能，还取得了辉煌的市场战绩。

华为海外长期驻地员工都有一种情怀，或者说有一种朴素的理想。华为在成功走向海外的过程中，员工们也都在实现自身的价值。在与海外客户的合作中，华为员工逐渐意识到：企业的成功取决于员工的忘我奉献，员工的忘我奉献来源于其坚定的信念，而这种信念首先来自于员工对企业的理解和认同，沟通则是获得理解和认同的利器。

研究表明，舍得在员工身上花钱的企业，管理成本相对较低。华为把赚到的钱拿出来与员工分享，收获的是人心依附。

很多中国企业有加班文化，敬业的企业家还会陪着员工在办公室加班，但效果并不好，因为利益分配不均。他们既想马儿跑，又想马儿不吃草，员工卖力的不多。华为员工也面临较强的工作压力，早期还有闻名的"床垫文化"，但华为解决了利益分配问题。

"我们今天是利益共同体，明天是命运共同体。当我们建成内耗小、活力大的群体时，抵御风雨的能力就增强了，就可以在国际市场的大风暴中去搏击。"任正非独到的管理思想，让华为人拥有超高的忠诚度和责任感。

　　领导懂激励，员工有干劲。任正非坚信在一个精神激励非常丰富的组织中，每个人享受着创造价值所带来的优厚薪酬回报，但并不会完全被物质回报所束缚，因为每个人正在被更崇高的使命与愿景所激励，这会为他们激发出更广阔的成长空间。

　　在这样的组织中，担责不再成为问题，任何工作漏洞都会得到及时的弥补，组织具有了问题"自愈"能力。

　　在这样的组织中，奉献不再需要驱动，因为奉献已成为组织中个体的自觉。

　　在这样的组织中，员工与组织不再仅是因获取分享而汇聚在一起的利益共同体，不再仅是因ESOP（员工持股计划）而捆绑在一起的命运共同体，而是上升为共同改变现状的使命共同体。

◆ 要员工感恩是老板无能

如果员工感谢华为，那我相信华为是做错了，一定是华为给他多了。华为不需要员工感恩，只需要契约。靠感恩管理员工，是老板无能！

有很多企业都在宣传感恩文化，要求员工要对企业怀有感恩之心，感谢公司领导给员工提供了一个好的工作环境和成长的机会。

感恩是什么？说到底是人的情感。公司倡导员工感恩，其实，最根本的目的是让员工无私付出。但是，员工的付出从来都是需要交换的。

公司强调员工感恩，反过来员工也一定要求公司人性化。而员工口中的人性化，与利益和契约相关。

2016年末，著名管理学家、北京大学国家发展研究院某教授到华为总部与任正非见面交流。

在谈到员工与公司的关系时，该教授谈到了"感恩"这个词。她说：在我们的认知里，当一个公司能够给员工提供好的工作环境，给予其好的收入并使其不断成长时，员工应该有一颗感恩的心。

然而任正非不接受这个观点。他说："如果员工感谢华为，那我相信华为是做错了，一定是华为给他的多了。华为不需要员工感恩，只需要契约。靠感恩管理员工，是老板无能！"

由此可见，华为与员工之间是一种契约、信任的关系，不会要求员工对公司感恩。

华为员工的收入在全国名列前茅。在任正非看来，拿到这份收入的员工都理所应当地配得上这样的待遇；如果他认为自己不配，还需要感谢公司、感谢老板，那只能说明他是不值钱的庸才，是华为看走眼了。

2018年，任正非在接受采访时再次表述了这一观点："华为的员工不需要感恩公司、感恩我，如果要感恩的话，我应该感谢所有员工，如果没有十几万员工的努力奋斗，就没有今天的华为！"

那些强调感恩的企业，往往是在本末倒置。给不了人才应有的待遇，却企图用虚无缥缈的道德"绑架"员工。结果企业花尽心思留下来的，都是些庸才，而离开的，大多都是能真正给企业创造财富的人才。

有一次我去一家上市公司采访，正值公司召开年终总结表彰大会，董事长在发言时说："公司员工要对企业怀有感恩之心，愿我们每一位员工都珍惜工作，享受生活，学会感恩，与爱同行，用感恩的心去工作，用敬业的精神、忠诚的品格、坚定的信念，尽职尽责地完成任务，使自己满意、领导满意、客户满意，最终实现自身的人生价值，跨入优秀员工的行列。"他还说，"感恩是一种能力，更是获得能力的途径。如果一个下属不懂得感恩，就不值得领导提携；如果一个员工不懂得感恩，就不值得老板重用；如果一个孩子不懂得感恩，就是家庭教育的失败；如果一个学生不懂得感恩，就难以成为有用的人才。"这个老板在一个小时的发言中，只倡导员工感恩公司，强调敬业和奉献精神，对于回报只字不提。我想，这样的公司是没有凝聚力的，肯定是走不远的。

职场是个交易场，企业和员工之间，就是一种付出与给予的契约关系。员工得到的每一分钱都是通过辛苦劳动和业绩挣来的，既然是自己汗水所得，属于价值交换，天经地义，又何须感恩？如果员工没有给公司做出贡献，却又获得了丰厚的报酬，那就另当别论。当然，这种情况几乎不会存在。

如果企业老板认为企业为员工提供了平台，员工才得以施展才华，所以要感恩。那我告诉你，员工还为企业注入了动力呢，没有员工，企业就是一个空壳子。

所以，任正非说得很对，企业不需要员工感恩，反而应该感恩员工。需要员工感恩的企业，肯定没前途。这就是朴实的真理，这就是人性！

华为不强制员工加班，但不少员工仍然自愿加班；有些海外派驻机构工作条件非常艰苦，有时员工甚至要冒着生命危险工作，但即使这样，华为员工也争着要去。原因是华为的待遇高，不会让雷锋吃亏，工作苦点累点，值！

还有的员工认为，在华为工作不是在给任老板打工，而是在为自己干。因为，他们是公司的股东，公司赚到钱，自己有分红。

杰克·韦尔奇就说："员工工资最高的时候企业成本最低。"作为中国最知名的民营企业老板之一，任正非当然深谙此道。所以，他和华为不需要员工感恩！

所以很多优秀人才明知华为工作比较累，却仍然心存向往，员工不是怕工作苦，只是怕工作苦而待遇又低。

公司和员工最好的关系就是契约关系，员工为公司创造价值，公司给予合理回报，这是天经地义的事情，何需员工感恩？

我建议管理者趁早放弃感恩文化，因为它无法帮你留住优秀员工，应该将工作重点转移到能激发员工动力的事情上来：多一点价值肯定，少一点形式主义，不要试图用"感恩"留住人心。

第三章

多元化激励激发
员工的自驱力

所谓管理好，就是会激励。人力
资源管理要用好精神与物质两个驱动
力，精神激励要导向持续奋斗，物质
激励要基于价值创造，精神才是激发
人积极进取的重要力量。

——任正非

华为充满活力、员工充满斗志，得益于华为建立了符合人性的多元化激励机制，从而激发了员工生命活力和创造力，打造了一支战无不胜的华为铁军。

华为多元化激励机制包括物质激励、精神激励、文化激励、职权和机会激励。

◆ 物质激励

> **任**正非坚信高工资是第一推动力，华为给员工提供优于同行的待遇。

在当今人力资源管理中，物质激励仍是一种重要的激励手段。物质激励包括薪酬、股权、奖金和战略补贴。华为对员工的物质激励在全国是非常出名的，说白了就是舍得给钱、敢于给钱，从而起到最佳激励效果。

1. 薪酬激励

作为世界科技巨头，目前华为员工的薪酬已基本达到世界级水平，比肩苹果、谷歌、Facebook（脸书）等。在国内，华为因为员工薪酬高，一直因被视为"别人家的公司"而声名远扬。

华为创立之初，任正非就将华为定位为"三高"企业，"三高"指的是高效率、高压力和高工资。任正非坚信高工资是第一推动力，所以华为给员工提供优于同行的待遇。华为应届生招聘的定位不是招"学徒"，而是寻找"最优秀"的人才；不是简单地补充人手，而是招聘潜力无限的战略储备型人才，以应对将来的不确定性。

从按学历定薪到按价值定薪，华为充分考虑优秀学生的潜在贡献价值，给优秀人才的年薪从不封顶。简言之，你有多大雄心、有多大能力、有多大潜力，就给你多高的薪酬。高薪一方面使得优秀的人才聚集华为，另外一方面也激励了人才的积极性。

华为的基本工资是按等级来定的，一般来讲，本科硕士毕业进入华为的初始级别是13级，博士毕业则是15级。员工入职后，基本上两年升一级。17到19级一般是中层管理者，而21到22级则属于高层管理者，一般都是副总裁、总裁级别。等级越高，薪酬差距越大，当然不同部门不同岗位之间薪资也有差别。

2. 股权激励

1987年，任正非集资2.1万元在深圳创立华为，当时有6名出资人，每人出资3500元。

在创业初期，华为就实行"全员持股"制度。员工持股制度是对员工长期激励的有效办法，支撑着公司过去及未来的发展。

华为的股票是虚拟股，由华为投资控股公司工会向符合条件的员工发放。华为员工持有虚拟股，可以获得分红，享受到净资产增值收益。不过员工持股没有所有权和表决权，不能转让出售。员工离职后，其所持股票由工会回购。

截至2018年，华为公司总股数达222亿股，共有96768名持股员工，持有98.99%的股份，在职员工持股88.94%，退休员工持股占10.05%。

在华为员工的收入中，除了工资和奖金之外，股权分红占了相当大的比重。华为股权红利，一般是在次年的四月发放。不少员工一年能获得几十万，甚至上百万元的股权分红，收入非常可观。

华为通过全员持股，将员工变成公司的股东，人人当老板，共同打天下。员工的身份变了，干劲自然更足了。这是华为拥有强大凝聚力和执行力的核心所在。

3. 奖金激励

在华为的薪酬体系里，奖金占到了所有报酬的近1/4。根据员工的贡献、职务等发放奖金，奖金从几万到上百万元都有。一般来说，市场系统、研发系统的骨干最高，文秘、后勤人员和生产线上的员工的奖金少一些。

华为员工工资的增加主要依靠效率的提升，奖金的提高主要依靠业绩的增长。奖金的核心作用是解决"多创造出的价值该如何共享"的问题，以鼓励创造价值的团队和个人。华为在奖金分配上，仍然向海外员工倾斜，尤其是在海外艰苦地方工作的员工的奖金相当于国内同等员工的二倍左右。

华为内部不同的专业组织，奖金来源是不一样的。据了解，华为各组织的奖金来源结构是：销售组织的奖金来源于利润增长；研发组织的奖金来源于新产品收入或成熟产品效率的提升；供应链与交付组织的奖金来源于成本下降；预研组织的奖金来源于战略投入；财经组织的奖金来源于资金的效益提升；人力资源组织的奖金来源于人力资本效率的提升。

4. 补贴奖励

华为员工除了工资、奖金和股权之外，还有一些针对性的补贴，如战略补贴、竞争补贴、大客户回馈等。

战略补贴主要考虑的是"战略性业务有人干，特殊业务情形有扶持机制"的问题，避免战略失衡，确保业务长期与短期均衡发展。

在华为，战略补贴作为企业的战略性投入，往往会纳入空耗系数，不计入部门成本，不至于因为战略投入而拉低员工的收入。

华为员工说，要想升级快，选择去外派。华为外派员工有外派补助及艰苦补助。华为员工外派海外一般两到三年，外派工资和补贴都很高。在海外工作三年以上的员工，公司发给安家费15万元，出国前一次性发放。

为使海外工作人员安心工作，促进海外业务稳步发展，华为驻海外地区部、代表处、合资企业、独资企业的常驻人员，包括代表处主管、业务骨干，可以携带家属。

有资格携带家属的海外员工，如其家属愿前往陪同长驻，家属的首次出国及归国机票由公司承担；如不愿陪同前往，在派遣人员在境外工作满一年后，家属可前去探亲。家属探亲每年一次，其往返国际机票由公司承担。

华为2018年支付雇员总费用1124亿元，人均薪酬达72万元。当然，平均数字不具有代表性，因为工资水平的高低与级别等有很大关系，因人而异。据了解，华为工资体系分9个等级，最低是13级，最高是21级。等级越高，工资越高。

物质激励能激发员工的潜力，让员工全身心地投入到工作中去，有效避免人才流失。

◆ **精神激励**

物质激励的边际效用是递减的，精神激励才是激发人性积极进取的重要力量。

作为人性大师和华为人的精神领袖，任正非对员工的激励之道深有感触。他指出："人力资源管理要用好精神与物质两个驱动力，精神激励要导向持续奋斗，物质激励要基于价值创造。精神才是激发人性积极进取的最重要力量。"

华为30多年的发展史，其实也是一部精神文明与物质文明并建共进的历史，两种文明在不同的历史时期双轨驱动、交替支配，共同支撑着公司的发展。

随着华为业务的快速发展，公司的物质基础积累越发雄厚，每年平均超过10%的工资薪酬提升，激发了公司在职员工"拉车"的积极性、能动性；战略悬赏奖金、艰苦地区职级提升一至二级工资等倾斜措施有效地解决了发展中的难题。

应当承认，在企业业务发展中，物质激励驱动作用的直接性与高效性得到了最大的发挥。没有丰富的物质激励机制，很难想象任正非能有力地团结起如此大规模的高层次知识型劳动者，并在这么短的时间内使华为实现了从小到大、从弱到强的发展与超越。

任正非意识到，物质激励在企业与个人的任何发展阶段都很重要，衣、食、住、行是人类最基本的生存需要，从这层意义上说物质利益对人类具有永恒的激励作用。但单纯依靠物质激励也会产生激励的缺陷。正如美国管理学家汤姆斯·彼得斯指出的那样，"重赏也会带来副作用。重赏之下的激励，很容易让人们产生拜金主义"。

尤其是在高收入人群中出现过度追求物质激励的现象，本源是其精神需求没有得到完全的满足，试图通过更高的收入来强化精神需求以及自身价值认同。

任正非敏锐地察觉到在华为公司内部，一些令人忧虑的苗头正在暗暗滋生：有些中高层干部与专家在丰厚报酬面前开始产生"小富即安"的心理，满足于当期取得的成绩，习惯于发展惯性带来的增长，对于客户与环境变化不再敏感，懒于深究、封闭守成，缺乏使命感；一些"功成名就"者则更在乎"机会成本"，不愿流动，唯唯诺诺，缺乏担责铁骨；一些部门与干部开始热衷于"横向攀比"，重视小集体利益，纠结于涨幅的"公平"，忘记了"周边协同"和"责任贡献"等问题。

单纯、过度依靠物质激励驱动具有局限性，且达到一定程度时会产生弱效、低效甚至无效现象，更严重的是产生负效作用，即高度物质满足也可能会带来惰怠和进取心缺乏。任正非看清了这一点。

而当前移动宽带、智能技术（人工智能、大数据、云计算等）正在驱动行业数字化的深刻转型，变化的广度、深度、速度前所未有，公司正面临新的发展机遇与挑战，需要保持比过往更高的活力程度，更需要一支具有强烈使命感、高度责任感、愿奉献、有能力的作战队伍。

因此，任正非要求在坚持"奋斗者必将得到回报"的基础上，需要更持久的精神文明建设，需要使命感、责任感、贡献与奉献精神，形成员工与公司的长期共同奋斗机制。

也因此，华为采用物质激励和精神激励的双重驱动。华为的精神激励主要是荣誉激励。

在华为，各种各样的奖励应接不暇，公司还专门成立了一个荣誉部，负责对员工进行考核、评奖，只要员工在某方面有进步就能得到一定的奖励。

华为的荣誉奖有两个特点：第一，面广人多，所以员工常常在毫无预兆的情况下就获得了公司的某种奖励。只要你有自己的特点，工作有业绩，你就能得到一个荣誉奖。新员工有进步奖，你参与完成了一个项目就有项目奖。第二，物质激励和精神激励紧紧绑在一起。一旦得到荣誉奖，你就能得到相应的物质奖励，而且奖金没有上限，假如员工获得"金牌员工""蓝血十杰"称号，他的物质奖励就不菲了。

任正非认为，物质激励的边际效用是递减的，精神激励才是激发人性积极进取的重要力量。在公司发展的前20年，华为以物质激励来促进精神文明，让绝大多数骨干脱离了贫困。现在，华为一方面要坚持过去的分享制不动摇，另一方面要加强精神文明建设，建设一支有使命感、负责任、有能力、愿奉献的生力军，去为人类社会做出更大的贡献。任正非认为，华为要敢于用愿景去挑战自我，驱动奉献和投入，激发人性中积极进取的力量。古今中外所有做出成就的人，都有高度的精神渴求，苏格拉底、贝多芬、爱迪生、曹雪芹、乔布斯……他们都是由责任和意识驱动了人生。

物质和精神上的双重驱动，激发了员工的创业热情，为华为建设一支团结、高效、艰苦奋斗的团队提供了保障，也对华为"狼性文化"的形成发挥了关键作用。

华为在过去30多年的快速发展中，积累了雄厚的物质基础。在新的内外环境与业务发生变化的情形下，华为要在坚持"以客户为中心、以奋斗者为本、长期坚持艰苦奋斗"的基础上打造新的精神文明，让精神激励超越物质激励的极限，持久地激发公司挑战现状、不断进取的发展动力。

简单来说，精神激励从后方鞭策，物质激励在前方牵引，它们形成两种动力。对于员工来说，物质激励可以直接刺激其潜力，提高工作积极性，精神激励则作为一种软性的激励，会促进其社会价值的实现。双管齐下正好迎合了人最迫切的几种需求，这就是任正非的高明之处。

◆ 文化激励

艰苦奋斗是华为文化的魂，是华为文化的主旋律，我们任何时候都不能因为外界的误解或质疑而动摇我们的奋斗文化，我们任何时候都不能因为华为的发展壮大而丢掉了我们的根本——艰苦奋斗。

文化是企业的灵魂，为大家所认同的文化具有极强的凝聚力。文化激励在华为的创业初期曾经发挥了重大的作用。华为公司的核心文化包括以下几个方面：

一是"狼性"文化，其核心是互助、团结协作、集体奋斗，这是华为文化之魂。这一文化包含多方面内容：对于专业领域敏锐的嗅觉；对于事业不屈不挠、永不疲倦的进取精神；对于企业群策群力的团队精神。实事求是地讲，华为的"狼性"文化适合大部分年轻人，特别是投身于华为的青年大学生。因为华为能够提供的不仅是高薪，还有一个可以充分展现、发挥自我的大舞台。这种文化氛围的激励是对人实现自我需要的满足，也是华为公司的目标与员工个人目标达成一致的契合点，实际上是一种双赢的结果。

二是"奋斗文化"。"以奋斗者为本，长期坚持艰苦奋斗"是华为的核心价值观，任正非倡导并建立起了"奋斗文化"。

任正非说："艰苦奋斗是华为文化的魂，是华为文化的主旋律，我们任何时候都不能因为外界的误解或质疑而动摇我们的奋斗文化，我们任何时候都不能因为华为的发展壮大而丢掉了我们的根本——艰苦奋斗。"

"胜则举杯相庆，败则拼死相救"就是华为团队合作和艰苦奋斗精神的充分体现。正是在这种精神的激励下，华为19万名员工才能做到如臂使指，团结一心地为构建全联结世界而奋斗不止。

三是"家"氛围。华为一直强调企业就是家的理念，让员工感觉到时刻是在为自己的家服务，将企业文化建设融入八小时之内的日常管理中。在八小时之外，华为也努力丰富企业文化与生活，使家庭成员在文化活动中增进彼此的情感，提升员工的工作品质意识和思想境界，从而进一步提高八小时之内员工工作的协作精神和创新意识。华为公司成立了各种俱乐部，旨在丰富员工的生活，提升员工生活的品质。俱乐部为华为员工提供了互相交流的机会，有利于和谐同事关系的形成，满足了员工社会需要和归属需要。

在通常的观念中，工作被看成是谋生的手段，是为了索取报酬而必须付出的代价。工作和生活在内容上、时间上都有明确的分界线，在八小时之内，员工认为自己"卖"给了公司，八小时以外则是自己的时间。华为正在改变这种观念，努力让员工把公司当成是一个大家庭，一起工作是为了共同的事业。华为在八小时之外对员工关怀备至，组织多种多样的活动丰富员工的生活，使员工把从中获得的良好心情和饱满精力带入到工作中来。

华为采取灵活多变的方式来增加工作的趣味性。例如，选择高级的度假酒店来召开会议，这时与其说员工是在工作，还不如说他们是在享受。又如，华为给予工作小组一定的活动经费，鼓励他们下班后走出公司去共同活动，而不是各回各家。员工聚集在一起可以打球、聚餐等，进行多种多样的活动。华为的这些做法是聪明的，有效地提升了员工对工作的满意度。

四是"战马文化"。任正非强调"要让马儿跑，就给马儿吃草"。华为探索出了一整套关于知识型劳动者的管理理论和经验，即把"秀才"改造为"战士"，把"野马"训练成"战马"，从而推动华为获得成功。

"战马文化"是华为30多年来形成的既具有活力又具有秩序性的极为重要的组织性格，也是华为的战斗力源泉。华为在原始积累时期，上上下下充满了激情与"海盗精神"，但当它成功之后，通过文化改良和组织创新，19万华为人，坚持以客户为中心，以奋斗者为本，"屁股对着老板，眼睛对着客户"。

华为公司的激励体系和制度，既照顾了员工基本的物质需求，也满足了员工的精神需要和文化需求，应该说华为在多个层面上满足了员工的需求。马斯洛需求层次理论中的不同层次需求在华为公司的人力资源管理过程中基本上都可以得到关注和满足：员工持股满足了员工生理需求和安全需求，体面的工作和可观的经济收入保证了员工社会需求的满足，宽松的科学研究工作环境保证了尊重的需求满足，"狼性"文化的理念和"家"氛围的营造有利于员工自我实现需求的最大化满足。

◆ 职权和机会激励

> **我**们要求每个员工都要努力工作，在努力工作中得到任职资格的提升。我们认为待遇不仅仅指钱，还包括职务的分配、责任的承担。

1. 职位晋升

华为实行任职资格双向晋升通道，与岗位需求相结合，使有管理能力和管理潜质的员工顺利成长为管理者，同时也使潜心钻研技术、有技术特长的员工通过努力顺利成长为某个专业或业务领域的专家，为员工的职业成长提供了广阔的空间。这就充分激励着员工立足于本职工作，根据自身兴趣爱好，选择适合自身发展的职业道路，成就自己的人生价值。

华为保留职务上的公平竞争机制，坚决推行干部"能上能下"的制度。员工通过努力工作，凭着在工作中的贡献，大多能获得职务或任职资格的晋升。

任正非指出："我们要求每个员工都要努力工作，在努力工作中得到任职资格的提升。我们认为待遇不仅仅指钱，还包括职务的分配、责任的承担。"

在华为，职位不单单是权力的象征，也是收入的象征。华为把职权和收入捆绑在一起，如果员工上升到一个比较高的位置，从这个位置上获得的收入是起源收入的若干倍。

一个企业要激活组织活力,最大的一点就是让青年才俊脱颖而出,论资排辈是对人才的最大伤害,也是一个组织的最大浪费。

华为每年都提拔几千名年轻的干部。2016年,华为破格提拔了4000多人,2017年又破格提拔了5000多人。这样做的目的在于让优秀人才在最佳时间、以最佳角色做出最佳贡献。

破格提拔,在一定程度上赋予职位职级框架一定的灵活性,是一个打破平衡、再造平衡的过程。

但如果不做好氛围营造,不及时给破格提拔的员工赋能,这个机制也很容易走向失败,华为就发生过类似的事件。

华为的组织结构一共有五层,除了基层业务人员,其他四层都是有一定的职权的。虽然职权大小不一,但是这些职权却可以激励员工。

以华为销售人员为例,如果只想做销售,那么就可以从处于底层的、分布在各个地区办事处的销售代表做起,然后是客户经理。客户经理又有三个发展空间:国际、国内营销专家,国际、国内营销高级专家和国际、国内营销资深专家。员工一旦从事管理职位,那么发展的空间、可以获得的职权就更大了,比如公司以常务副总裁、市场部部长等职位作为奖励,提供给有贡献的员工。

对于基层员工来说,他们需要获得更大的发展机会。而追求人力资源的增值恰恰是华为的重要目标,华为强调人力资本不断增值的目标优先于财务资本增值的目标,并努力为员工提供成长和发展的机会,以激励员工。如公司为员工提供了大量培训、参观和学习的机会,华为的员工不再被看成是雇员,而是公司的主人,与公司一同成长。

华为的员工在企业内更享有建议权、质疑权和获得帮助等系列权力,能够获得公司开放的资源。这样,员工在有需要时就能够很方便地得到企业资源的滋养,因而更容易获得成长的机会。

职权的激励在华为是非常重要的,为华为留住人才起到了非常大的作用。通过给予一部分员工一定的职位,为员工提供晋升的机会,从而使员工有更强烈的进取心，还可以提升员工对工作的满意程度，获得员工的认同感与忠诚度。在华为，良好的氛围是华为宝贵的财富。其实在良好的氛围中工作，本身就是一种奖励，有员工就表示，这种满意感，也正是华为吸引他们的最大原因。

2. 成长锻炼的机会

任正非说："世界上最不值钱的就是金子，最值钱的是未来和机会。"华为赋予员工机会是企业最大的价值分配，但给予机会并不完全等同于权力获取或职位晋升。

认真负责和管理有效的员工是华为最大的财富。尊重知识、尊重个性、参与集体奋斗的员工，是事业可持续成长的内在要求。

任正非指出，华为要创造更多的机会，给那些严于律己、宽以待人，对工作高度投入，追求不懈改进，时而还会犯小错误和不善于原谅自己的员工。只有高度的投入，高度的敬业，才会看破"红尘"，找到改进的机会，才能找到自身的发展道路。敢于坚持真理，敢于讲真话，敢于自我批判，在没有深刻认识事物的时候不乱发言、不哗众取宠的员工是华为事业的希望。

华为给员工成长锻炼的机会有如下几种：

一是给予作战的机会。

在华为，每年都会创造大量的机会让年轻人去非洲、中东等地区的艰苦岗位、艰难项目中锻炼，直接参与项目作战，端到端地学习业务。

对一个企业来说，发展存在战略机会窗，对员工来说也同样如此，在职业生涯中如果能抓住几个关键的机会，不管在能力上还是收入上都会有很大的飞跃。

杨爱国在《华为奋斗密码》一书中写道："华为之所以非常重视小国市场，里面有一个很重要的逻辑：一方面小国是华为市场的战略缓冲带，另一方面还有一个更重要的作用，就是在小国有机会进行综合性作战，能够比较快地产生英雄和将军。"

二是给予赋能培训的机会。

一个英雄能攻上甘岭，但不一定能开航空母舰，企业一定要让英雄得到开航母的赋能机会。华为有青训班、高研班等各种学习班来给员工做赋能培训。

战略预备队，华为专门定义为训战赋能的组织，其中：重装旅主要培养从技术类别到服务类别的专家和管理干部；重大项目部主要培养、产生商业领袖。项目管理资源池是培养未来的机关管理干部，培养未来直接作战的职能经理人。

华为同时在内部人才市场，针对那些期望到更适合自己岗位上做出更大贡献的员工，以及组织精简释放的人员等，提供了培训转岗的机会，只要员工符合一定条件，在不经部门审批的情况下就可以直接进入内部人才市场。

三是给予犯错改正的机会。

任正非说："在华为公司的前进中，没有什么能够阻挡我们，能够阻止我们的，就是内部腐败。"

腐败在企业中并不鲜见，不可不防，但贪腐的员工往往掌握了所在企业的大量资源，并且这些员工通常是有一定能力的人。

华为每年都会反腐，最大的一次是在2013年，那次反腐涉及116名员工、69家经销商。

过程中，华为没有简单粗暴式地实施反腐，而是采用"自我申报"的方式，即只要如实申报并交代过往事实，就可以既往不咎。腐败有时是一念之差，这样做可以给员工一次改过的机会，并且帮助员工卸下沉重的历史包袱。

即便在查处环节中，华为也采用了查、处分离的原则，即严格调查，宽大处理，不搞非友即敌，而是以挽救为出发点。

3. 提供一流的工作、生活环境

在深圳，没有人不知道华为。当你走进华为园区，绿意盎然犹如森林公园，绿化程度居然高达40%以上，园区中心竟然还有一个人工湖。

华为有三个大型的员工公寓——位于深圳总部的百草园、荔枝苑和位于东莞的松山湖。百草园内树木葱郁，绿草如茵，景色宜人，生机勃勃；公寓园区内超市、饭店、图书馆、美发厅、艺术中心、会所、运动场地等设施一应俱全。洗衣房提供随时上门服务，员工在公寓内，不管是购物还是吃饭，一张工卡全部解决。居住在华为的员工公寓内，如度假般惬意自在。这对于那些整日忙于技术研究，无暇顾及自己日常生活的研究人员来说，无疑是一个很诱人的福利。

华为松山湖总部基地总投资100亿元，于2014年9月动工，2018年7月投入使用，占地面积为126.7万平方米。

松山湖基地的景色非常优美，房屋全部是欧式古堡建筑风格，基地建有12个欧式小镇，配有有轨电车，围绕12个小镇设立站点，使员工在不同区域之间可以乘坐小火车上下班，非常方便。园区配有东莞与深圳之间的通勤车，可前往科技园、坂田等地，为员工的工作生活创造了便利条件。

松山湖基地建成后约有三万名研发人员聚集于此，同时公司还计划把华为大学、研发中心等功能载体搬迁至松山湖，并在松山湖为员工提供低价的配套住房。

为了最大限度地方便员工出行，华为印制了一本《东莞行政服务指南》。在这本指南中，从园区布局、餐饮分布、小火车路线、班车路线到周边住房、社区服务等各类信息一应俱全。

松山湖基地不仅有住房，还有清澜山学校。该校由华为投资控股有限公司投资，由清华大学附属中学负责教育教学管理，学校提供从幼儿园、小学、初中到高中的15年全学段的国际品质教育。

企业的激励机制主要有三大功能：一是有利于调动职工的积极性、主动性和创造性，使人的潜在能力得到最大限度的发挥。二是有利于形成良好的工作氛围和团体奋斗的观念。三是有利于职工的素质提高。提高职工的素质，不仅可以通过培训来完成，员工激励也是一种有效的途径。

目前华为面对的是一个竞争更激烈、变化更复杂的外部环境，这意味着公司的创新活动处于高度的压力之下。员工只有在高度激励的状态之下，才能有效地应付这种超强的工作要求，这就要求企业做到长期激励和短期激励相结合，精神激励和物质激励双轮驱动，从而使员工能够持续保持工作热情、创新欲望、思想活跃，并保有强烈的进取心，从而保持企业的竞争力。

第四章

欲望的激发与约束之道

管理组织中的人，就是洞察人性，激发人的欲望。组织管理的机理在于：基于人性，基于人的动机，基于人的欲望，通过管理行为，激发人天使的一面，抑制人魔鬼的一面，以实现组织的目标。

——任正非

◆ 用饥饿感、危机感、使命感激活组织

任正非基于人性的、现实的、简单的管理实践，通过让基层有"饥饿感"、中层有"危机感"、高层有"使命感"的简单规则，锤炼出了一支敢打仗、能打仗、打胜仗的华为铁军。

法国著名思想家、文学家罗曼·罗兰说："懒惰是很奇怪的东西，它使你以为那是安逸，是休息，是福气；但实际上它所给你的是无聊，是倦怠，是消沉；它剥夺你对前途的希望，割断你和别人之间的友情，使你心胸日渐狭窄，对人生也越来越怀疑。"

那么，华为是如何打破企业一壮大就可能失去活力、僵化、官僚的宿命？又是如何克服人的惰性，激发员工斗志，让19万员工冲锋不止、奋斗不息、不断创造企业成长的奇迹的呢？

任正非基于人性的、现实的、简单的管理实践，通过让基层有"饥饿感"、中层有"危机感"、高层有"使命感"的简单规则，锤炼出了一支敢打仗、能打仗、打胜仗的华为铁军。

1. 让基层有"饥饿感"

任正非解释说，让基层有"饥饿感"，就是要让员工有企图心，有挣大钱的企图和愿望，尤其对于一线的营销人员更是如此，培养他们对奖金的渴望、晋级的渴望、成功的渴望，这一点上公司要从舆论上、政策上给

予充分的引导及政策支持。

华为在招聘新员工的时候，特别关注员工的成长背景，尤其钟爱那些出生寒门的学生。任正非曾明确要求人力资源部门多招聘经济不发达省份的学生，他认为家庭困难的学生对改善自己的生存现状有强烈的渴望，而这种渴望将会激发基层员工艰苦奋斗的精神。

华为很少招聘在大城市长大、家境富裕、衣食无忧、养尊处优的大学毕业生，他们往往个性自由、散漫、富于幻想，吃不了苦，受不了委屈，顶不住压力。他们即使加入了华为，也并不一定能深刻理解、接受和践行华为艰苦奋斗的文化。

华为从不掩饰、毫不讳言"饥饿感"的氛围导向。

深谙人性的任正非认为，对于金字塔底部的大量基层员工来说，"按劳取酬，多劳多得"是最现实的工作动机。

为什么华为人总能表现出超出常人的活力和能量呢？其中的玄机就在于"饥饿感"，或者说是一种"缺"的状态。打个比方，一头荒野中饥饿的狼，遇到了从小在动物园里被饲养长大的狮子。谁更有战斗力？毋庸置疑，一定是前者，尽管后者拥有堪称王者的天赋。所谓"生于忧患，死于安乐"，具有危机感的个体，更能做到终日乾乾，自强不息，保持力争上游的竞争状态，使自己变得更强更优秀。在荒野中经常挨饿的狼为了生存，不得不时刻为觅食保持战斗力，可以说饥饿感就是其力量的源泉。而被饲养长大的狮子，早就在失去饥饿感的同时，失去了其强大的力量。

"存天理，顺人欲"，华为的价值设计充分遵循了这一规律。"饥饿感"构成了基层员工的"狼性"精神，舍此，任何高调的宣传都是虚妄的。

2. 让中层有"危机感"

让中层有"危机感"，就是要让中层有强烈的责任心。

什么是责任心？用任正非的话说，就是以实现公司目标为中心为导向，对工作高度投入，追求不懈改进，向周边提供更多更好的服务。

在华为公司，作为中层管理者，凝聚不了队伍、完不成任务、斗志衰退、自私自利，那就对不起，你将很快被调离、被降职；但经过一段时间，你改变了，工作激情提升了，经过各方面考察合格了，你也可能重新得到提拔。

任正非从历史发展规律中深刻认识到，一个组织太平时间越长，危机意识越弱，生存能力就越差，最后一定走向寂灭、死亡。因此才会有华为1997年的"市场部集体大辞职"事件，以及2007年"7000名干部集体大辞职"事件。虽然外界对于这两起事件褒贬不一，但任正非向中层干部的太平意识宣战，营造"危机感"的决心从没有改变过。

华为对管理者实行严格的强制比例淘汰机制，每年至少有10%的管理者被撤职，转为普通员工。掉队的管理者将进入公司干部后备队学习营，进行脱产学习；三个月后，如果考试不合格，或者没有部门录用，工资将降低20%，并继续脱产学习；如果仍然不合格，工资将再次降低。华为管理干部的平均年龄每年必须下降，一大批优秀的年轻人得到提拔，管理者们丝毫不敢懈怠，否则，就会被淘汰出局。

任正非指出："要大胆提拔有危机感、使命感、责任感、做出贡献的员工，把升官的机会留给有危机感、使命感和想持续奋斗的人。"

华为公司还通过述职、业绩排名、岗位轮换、荣誉奖励、关键事件就地免职等机制传递压力给中层管理者，始终让小富即安的中间层觉得危机四伏、诚惶诚恐。唯有如此，才能克服人的惰性，驱动中间层持续奋斗，使大量有危机感、使命感的年轻人有机会担当重任，得到快速成长，也使得19万员工通过个人的努力，收获了合理的回报与值得回味的人生经历。

华为的实践证明：居安思危，"惶者生存"，有危机感的公司才能生存下来！

3. 让高层有"使命感"

让高层有"使命感",就是要让高层干部有事业心。

什么是使命感? 任正非用非常朴素的语言描述为: "有钱也干,没钱也干,我就是爱干这活。"

在华为公司,高层干部薪水相对要高,每年分红也要多一些,财富对他们来说仅具有符号意义。他们不能以物质利益为驱动力,而必须有强烈的事业心、使命感,这是一个已经完成了物质"原始积累"的精英团队,推动他们每日奋斗的是一种精神,一种源自本能的对事业的热爱和激情,非此别无其他。

华为的使命是: "致力于把数字世界带入每个人、每个家庭、每个组织,构建万物互联的智能世界。"

任正非认为,使命感是团队领导者最重要的驱动因素。处于高层管理岗位的干部应该是一群对事业充满使命感的人,这种使命感会使其保持持久的工作热情和高度负责任的工作态度,具有使命感才能够自我激励和激励他人。

在逆境中,这种使命感可以支持领导者永不放弃地带领他的团队循着胜利的微光前行;在顺境中,这种使命感可以支持领导者带领他的团队不断地挑战自我,追求卓越,而不会因"小富即安"的意识放弃更大的成功机会。

任正非说: "我们牺牲了个人、牺牲了家庭、牺牲了父母,就是为了一个理想,这个理想就是要站在世界的最高点。"

华为通过评定公司"蓝血十杰"来追认有历史贡献、有使命感的干部,通过评定"明日之星"来促使未来涌现更多有使命感的干部,通过轮值董事长制度来强化高层的使命感。

任正非指出:

华为要坚持从成功实践中选拔干部，打造富有高度使命感与责任感，具备战略洞察能力与决断力、战役的管控能力，崇尚战斗意志、自我牺牲和求真务实精神的干部队伍。敢于选拔优秀的低级别员工，也敢于淘汰不作为的高职级的主官。

要区分好领袖群体、主官群体、一般干部群体的不同作用。"仰望星空、洞察变化、把握好公司前行的宏观战略方向"是对公司领袖的要求，不是对主官的要求。主官就是要聚焦战略执行和作战成功，要求也不能过于宏观。

每个干部都要敢于担责，不敢担责、不行权的干部要问责、撤换。干部行权其实就是自己最大的机会，放弃使用就放弃了机会。干部要嗷嗷叫，公司才有希望。干部也不能拿公司做人情，对于做不出成绩，对于不敢淘汰和降级不合格员工的主官，要坚持每年10%的末位淘汰。

目前我们处在一个历史转折时期，战略预备队应围绕公司业务战略，聚焦能力、机会的探索和突破，选拔有使命感的高潜质人才参加训战，发育业务能力，培养并输出优秀的干部、专家和职员。对不作为、胡乱作为、不能作为、假作为的干部要末位淘汰，以激活正能量。（选自华为"心声社区"《任总关于人力资源管理纲要2.0修订与研讨的讲话纪要》）

在任正非看来，精神文明不是讲空话、表决心，而是要树立一些榜样出来。人人都想立功受奖，才是华为的优势。任正非引用了华为员工在论坛上的一段话："光有物质激励，就是雇佣军，雇佣军作战，有时候比正规军厉害得多。但是，如果没有使命感、责任感，没有这种精神驱使，这样的能力是短暂的，正是因为正规军有使命感和责任感驱动，他们才能长期作战。"

华为针对不同的员工、不同的层级，从动机的角度去设定一些基本的原则。比如，他们在设计激励机制的时候，只要遵循"让基层有'饥饿感'，中层有'危机感'，高层有'使命感'"的原则，就可能会激发这三个层级的员工。抓住这个动机之后，就可以把它转换成为员工工作的动力。基于这个动力，员工自然而然地就会表现出高绩效的动作和行为。

我在写本书的时候，看到一则报道，说华为在很短的时间内就成功动员了2000多名具有15至20年研发经验的高级专家及干部，把他们重新投放到非洲、中东等艰苦的一线去探索新的"无人区"，这些干部将用自己丰富的经验协助一线夺取华为未来成功的战略性高地。

这个做法听来并不复杂，但细想一下，这么多的高级专家和干部，按华为全员持股政策和优厚的薪酬体系，这些专家和干部都是千万乃至亿万富翁了。早已实现财富相对自由的他们，为什么在任正非一声令下就义无反顾地奔赴非洲、中东等艰苦的一线呢？相信除了华为，能做到这一点的企业不会太多。其实，这正是华为干部队伍的一个缩影。

华为之所以能够取得巨大的成功，可以说和它强大的干部队伍密不可分。这是一支名副其实的、具有使命感的钢铁队伍。华为为了打造这支派得出、动得了、打得赢、不变质的"铁军"，前后用了20年的时间。

管理学大师德鲁克基于企业特有的人、组织、分工的原理，预见未来企业规模持续扩大的趋势，提出有别于传统管理学的三大任务之一，即"确保工作富有生产力，并且使员工有所成就，产生效益"，这将是未来企业组织运作时面临的最大挑战。

华为管理如此庞大的商业组织，面对复杂的市场环境，还能让大象也跳舞，这是伟大的壮举。如何破解企业一壮大就可能失去活力、僵化、官僚的宿命？华为基于人性的、现实的、简单的管理实践，无疑为中国企业树立了学习的典范。

◆ 以合理的价值分配撬动最大价值创造

> **价**值分配要科学合理，就必须坚持"以奋斗者
> 为本"。

为了激活组织，华为建立了公平合理的价值创造、价值评价与价值分配机制，将19万华为人凝聚在一起，不让雷锋吃亏，让奉献者得到相应的回报，从而实现战略性绩效管理的目标：全力创造价值、正确评价价值、合理分配价值。

价值评价是价值分配的前提，价值评价做好了，有了客观公正的评价，价值分配才会更加科学合理。价值分配合理了，不会让员工"不患寡而患不均"，员工就充满了动力，然后就会充满激情地去创造更大的价值。这就是华为公司的整个价值链管理体系的内在逻辑。

华为价值链管理体系，主要包含三个部分的内容。

一是价值创造必须坚持"以客户为中心"。以客户为中心，就是要全力为客户创造价值，真正地成就客户。只有为客户创造了价值，员工才会有绩效，公司才会有利润。

二是公司有了利润就要分钱，分钱的前提就要有客观公正的评价。价值评价要客观公正，就必须坚持"以结果为导向"。华为的价值评价，是一个全面立体的评价体系，可以概括为：什么样的员工（任职资格）在什么样的职位（职位评估）创造出了什么样的业绩（绩效评价）。

三是有了客观公正的价值评价，就可以进行科学合理的分配。价值分

配要科学合理，就必须坚持"以奋斗者为本"。价值分配只有坚持了以奋斗者为本，才会促进更多的奋斗者涌现出来，并积极投入到价值创造中来。

华为通过这样的价值链管理体制，促进了价值链的正向循环，促进了企业的不断发展。

1. 全力创造价值

价值创造，在工作中就是做绩效管理。

在这里我们首先要弄清楚，什么是"绩效管理"？"绩效管理"与"绩效考核"有本质上的区别，绩效考核是一个管理动作，主要目的是对部门和个人进行考核和分类，目前大多数企业都只是在做"绩效考核"。而绩效管理是一个管理过程，主要目的是聚集全员力量达成公司战略目标，实现个人与组织共同成长。

绩效考核聚焦于价值分配，把绩效工资和奖金的合理分配作为工作目标，完不成目标，绩效工资就打折。绩效考核是一种"负向激励"的手段。而绩效管理则聚焦于价值创造，把达成公司战略目标和个人成长作为工作目标，始终牵引员工挑战卓越目标。绩效管理是一种"正向激励"的管理方法。

华为绩效管理的根本目的是为了引导和激励员工投身于组织的战略目标的实现，并最终实现个人和组织的共同成长。华为要求各级部门主管在做绩效管理的时候，绩效目标制定和绩效辅导与执行要花90%以上的精力，聚焦实现组织目标，这才能叫绩效管理。

要做好绩效管理，主管必须把绩效管理与日常管理工作结合起来，要做到"三个平时"，即沟通在平时、记录在平时、评价在平时。要真正做好绩效管理，还要坚持"双向沟通、激发潜能"的原则。

2. 公正地评价价值

华为任职资格体系是20世纪90年代从英国引进的，先是在"秘书体系"进行试点，然后再逐步推行。当时引进该体系的目的是为了解决分钱的问题，也就是对不同级别的员工定工资，那时还没引进职位评估的方法。

但事实证明，任职资格是一个比较大的"坑"，华为用了好几年才从坑里爬出来。在任职资格标准优化之前，要定任职资格标准，首先分职位族，然后分职位大类、职位小类，接着还要分级别。每个级别的任职资格标准的分界线非常难定，华为花了大量的人力、财力做了这个事，但后来发现这种标准定得毫无意义。

为什么？因为员工的任职资格或能力最终还要通过绩效来证明和体现，实际认证的时候还是看绩效贡献。最后，华为回归了以绩效贡献为主体的任职资格标准体系，这才算是从坑里爬了出来。

后来华为从合益集团（Hay Group）引进了职位评估体系，任职资格和职位职级两个体系经常吵架，吵着吵着就达成了一致：以任职资格为前提，先进行任职资格评定，然后职位的HAY等级自动跟上，以这样的一种方式完成了融合和拉通。有了HAY等级，就有了相对科学的薪酬标准体系，就有了"以岗定级，以级定薪，人岗匹配，易岗易薪"的薪酬管理16字方针。

3. 合理分配价值

华为员工的绩效结果，在整个分配体系中得以应用。华为的价值分配的原则是"以奋斗者为本"，导向就是"给火车头加满油""合理拉开差距"，真正实现多劳多得，不让雷锋吃亏，以合理的价值分配撬动最大价值创造。

华为公司的价值分配制度是建立在劳动、知识、企业家和资本共同创造了公司的全部价值的基础上的。

生产力决定生产关系，价值创造要素的贡献决定价值分配结构，重要的是处理好按劳分配与按资分配的关系。

华为视组织权力为一种可分配的价值,将发展机会和组织权力置于价值分配的优先位置。

华为的价值分配理念强调以奋斗者为本,导向队伍的奋斗和冲锋。华为的分配理念还承诺绝不让雷锋吃亏,奉献者定当得到合理的回报。

当员工接受这个假设去奋斗并一再得到验证时,这个假设就转化为一种信念,也就是我们通常所谓的价值观和企业文化。

作为价值分配主要形式的薪酬管理要解决好四个基本问题:以什么作为报酬、怎么报酬、报酬多少,以及支付能力。

华为是按贡献付酬的,强调"茶壶里的饺子倒不出来是不被承认的"。华为员工的报酬都有明确的定位,报酬体系只有结构合理、定位清晰才能发挥最大的作用。报酬的确定一是要考虑外部劳动力市场的报酬水平,二是要权衡内部应拉开多大差距,有差距才有动力。

支付能力是要在期望和可能之间找到平衡,以使报酬政策保持稳定。合理、适度、长久,是华为人力资源政策的长期方针。

华为的价值分配是一个体系,需要综合考虑多个维度,处理好多种矛盾。比如个人与集体,劳动与资本,公平与效率,短期与长期,历史贡献者与当前贡献者,期望与现实,等等。

任正非认为:"公司成长的动力和生命力来自于矛盾的冲突与平衡,解决了矛盾,动力就出来了。公司的运作应该是一种耗散结构。应该让公司在稳定与不稳定、平衡与不平衡间交替运行,这种交替运行就是一种耗散。过去形成的稳定、均衡、优势只有被耗散掉,才能在更高的水平上形成新的稳定、均衡和优势,这样公司才能保持活力。"

◆ 末位淘汰制祛除员工的平庸与惰性

> **末**位淘汰制是从美国西点军校学来的，它的目的是用来挤压队伍，激活组织，鼓励先进，鞭策后进，是选拔领袖的一种方式。

为了祛除员工的平庸与惰怠，激发员工的潜能，打造一支可支持公司在未来占领胜利制高点的钢铁队伍，华为从1996年开始推行末位淘汰制，对长期不在状态的干部和员工进行末位淘汰。

末位淘汰制是绩效考核的一种制度，虽然有些残酷，但它是激活组织最为有效的手段。在华为，员工的淘汰率保持在5%，干部的淘汰率高达10%。

华为最初将考核分为六个等级——A、B、C、D、E、F；由于操作起来较复杂，后来华为将考核标准简化为A、B、C、D四个等级，A表示"优秀"，占比10%；B为"良好"，占比40%；C为"正常"，占比45%；D为"须改进"，占比5%。员工连续两个季度考核成绩为D，就意味着将有可能被末位淘汰，考核成绩连续3个C，就意味着不能涨工资。

末位淘汰制是从美国西点军校学来的，它的目的是用来挤压队伍，激活组织，鼓励先进，鞭策后进，是选拔领袖的一种方式。

末位淘汰制是一种强势管理，给予了员工压力，也激发了他们的积极性，使整个企业处于一种积极向上的状态，进而提高工作的效率。华为就是通过这个制度促使员工不断进步。

通过末位淘汰制，坚决把"夹心阶层"消灭掉，这是任正非从苹果公司惨痛的教训中总结出来的。"夹心阶层"指的是那些既没有实践经验，又不理解华为企业文化，却被安置在较高职位上的人员。

"夹心阶层"的存在必然会形成不良文化，这种文化最后将导致公司失败。要把他们调到基层去锻炼，使其在基层形成领导力从而确立在华为的地位。干部能上能下一定要成为永恒的制度，成为公司的优良传统。

任正非说："公司一定要铲除沉淀层，铲除落后层，铲除不负责任的人，一定要整饬吏治。对于一个不负责任而且在岗位上的人，一定要把他的正职撤掉，等到有新的正职来时，副职也不能让他干。对于长期在岗位上不负责的人，可以立即辞退。若不辞退，这个队伍还有什么希望呢？"

"干部保持10%的末位淘汰的目的，是要公司活下去。只有让那些阻碍公司发展的人下去，公司才能得以生存。在任期届满，干部要通过自己的述职报告，以及下一阶段的任职申请，接受组织与群众评议以及重新讨论薪酬。长江一浪推一浪，没有新陈代谢就没有生命。"

华为的末位淘汰对员工相对宽松，对干部却毫不留情。华为的末位淘汰看起来很残酷，其实在执行中是一种比较人性化的"下岗培训"，即让不适应岗位的员工"下岗"，回公司总部的生产部门培训后，可去新岗位应聘，应聘成功后可转入新的岗位工作。也就是在真正的淘汰之前，再给员工一次上岗机会，如果他能在新的岗位上踏踏实实地做出成绩，做出贡献，公司还会给他机会，公司有许多曾经"下岗培训"后再应聘上岗的员工，甚至有机会再提拔为干部，如湖北武汉办事处曾有几位员工"下岗培训"后重新上岗，努力工作后被提拔为基层干部。

虽然公司已明确要坚定不移地坚持末位淘汰制度，但任正非出于人性化管理的考虑，执行起来都比较柔性，往往会保留部分人员，或者采取一些变通手段，给他们一个发展的机会。例如，华为会和想要主动离职的员工商议，让他们背5%的淘汰指标，如此，这些主动离职的员工也可以拿到《中华人民共和国劳动合同法》所规定的只有被公司辞退才能拿到的"N+1"的赔偿，而主动离职人员则不能拿到该赔偿。

华为通过末位淘汰制度，让员工由被动工作转变为主动自觉地工作，由懒散转变为更有干劲与冲劲。这个制度不仅将员工激活，也大大提高了绩效，提高了组织活力与战斗力。

领略企业管理智慧，教你打造职场铁军

◆ 愿景和使命驱动员工持续奋斗

华为能取得有今天的成就，其根本就是华为人对企业愿景和使命、对自身存在理由的一以贯之的坚持、几近疯狂和偏执的坚守。

卓越的企业家是能够制造信念、持续传播信念并巩固信念的极少数人。信念是联结使命、愿景、价值观的一整套的精神与文化体系。

在华为创立之初，任正非就明确了华为的使命：以客户为中心，为客户创造价值，为客户服务是华为存在的唯一理由。

华为能取得今天的成就，其根本就是华为人对企业愿景和使命、对自身存在理由的一以贯之的坚持、几近疯狂和偏执的坚守。

企业的使命就是组织的旗帜，领袖就是旗手，公司就是升旗和护旗队，他们最重要的职责就是日复一日、年复一年地升旗和护旗，"响鼓仍须重锤敲"，让整个组织始终处于使命的召唤之中。但更重要的是，使命必须落地，必须化成个体与组织的一连串行为。

任正非强调，无论是市场、研发、制造还是平台支撑系统，组织的全部体系、所有环节、每一个细胞都必须客户化，组织的所有成本都必须直接或者间接地服务于客户需求。

什么是愿景？在任正非看来，愿景就是一个组织关于未来发展的期许，也即组织的阶段性理想。

1997年，华为确立的愿景是"丰富人们的沟通和生活"，这也就决定了华为要在人与人的信息联结方面持续发力。

任正非擅长讲故事，他经常通过一个个生动感人的故事，慷慨激昂地向员工传递他的愿景。

在华为成立五周年的时候，任正非在厨房和厨师一起给员工做饭，中间他突然冲出厨房，大声宣布："20年后，世界通信市场三分天下，华为有其一！"当时，华为只有几名员工，外界很多人都觉得他是痴人说梦。

任正非的这句豪言壮语并没有被华为文本化，但却激励了一代又一代的华为人。有一位华为资深前高管说，事实上我们没多少人记得住纸上的华为愿景，但我们都记住了老板吹的牛：20年后三分天下，华为有其一！

"醉翁之意不在酒"，任正非的故事的意义在于：让员工充满斗志地投入到项目中去。特别是在公司创业初期，他运用这一战略，成为员工的思想导师和精神领袖。作为一位精神领袖，任正非不断给员工传递公司的愿景；作为一位思想导师，任正非引领员工朝目标迈进。例如，在创业初期，华为产品开发不尽如人意，任正非便亲自访问了很多海外研发机构。

1997年，任正非访问了美国贝尔实验室，对贝尔实验室的工作成果惊叹不已，竟然感动得哭了。回到深圳后，任正非告诉所有员工：他已经深深地爱上了贝尔实验室，将来华为也要建一个"贝尔实验室"！这一激昂陈词旨在鼓舞员工，让华为研发人员坚信：自己总有一天会超越贝尔实验室的研究人员！

19年后的2016年，华为已成为全球通信行业的领导者，任正非把自己吹的牛都实现了，并且超越了当时令业界"闻风丧胆"的贝尔实验室。

目前，华为在全球设有14个地区部，在170多个国家设有代表处，有23个研发中心，36个联合创新中心，100多个各类研发中心。

华为在2016年超越所有的竞争对手，成为世界通信行业的王者之后，把愿景改为："致力于把数字世界带入每个人、每个家庭、每个组织，构建万物互联的智能世界。"地位和局势变了，华为的新愿景更是霸气十足！

凡是成功的企业家既要能忽视现实、善于做梦，又能够用梦想去渲染追随者、牵引追随者，并进而用一群人的行动去创造一个新现实，实现一个新世界。

任正非的追随者们首先选择相信"我们在做一件伟大的事"，是值得一群人用青春甚至用生命去付出的事情。这就是信念的力量！

任正非说自己是阿甘不是没有道理的，阿甘是一个简单的人，一个偏执的小人物，一个怀有坚定信仰的英雄、体育明星和成功的企业家。

华为管理顾问田涛认为，好的商业信念有四大特性：正当性、崇高性、进取性与对称性。

追求财富的增长是合乎人性的，是应该被鼓励的，这即是正当性；拼命赚钱不是目的，赚钱是为了实现顾客理想，这即是崇高性；正因为有着崇高的使命承担，所以敢于和善于面向未来去冒险、去投入，这即是进取性；最后一点是对称性，它的深刻内涵是风险共担与利益共享，代表着企业经营与管理活动的基础理念和制度安排，即企业的核心价值观。

华为的企业文化打上了深刻的任正非烙印：理想主义、激进而宏大的愿景驱动以及一套充分闭环的价值创造、价值评价和价值分配的风险共担与利益共享体系。

愿景是灯塔，是阳光，信众们被太阳的光芒牵引，奋力向前奔跑，其实也是为了逃离恐惧的阴影。愿景是动力，恐惧是压力。对成功的个人与成功的组织来说，动力与压力缺一不可。

领导者不仅要为组织构建使命和愿景，洞察危机和转化恐惧，还有至为重要的一点是：永远在现场，永远与团队在一起，奉献利益的同时奉献爱的力量。这中间最根本的是领导者的格局与胸怀。

有华为员工在高原缺氧地带为了打开局面，爬雪山，越丛林，徒步行走了八天，为服务客户无怨无悔；有员工在国外遭歹徒袭击，头上缝了30

多针，康复后又投入工作；有员工在宿舍睡觉，半夜歹徒破门而入拿枪顶着他们进行抢劫；有员工在拉美某地的班车上遭遇歹徒持枪抢劫，即使是货物运送，也经常需要雇佣特殊人员护卫；有员工在飞机失事中幸存，惊魂未定又救助他人，赢得当地政府和人民的尊敬；也有员工在恐怖爆炸中受伤，或几度患疟疾，康复后继续坚守岗位。

一位曾在海外奋斗多年的华为高管对我说："从太平洋之东到大西洋之西，从北冰洋之北到南美洲之南，从玻利维亚高原到死海的谷地，从无边无际的热带雨林到赤日炎炎的沙漠……离开家乡，远离亲人，为了让网络覆盖全球，数万中外员工，奋斗在世界的每一个角落，只要有人的地方就有华为人的艰苦奋斗，我们肩负着为近30亿人的通信服务的职责，责任激励着我们、鼓舞着我们。"

据任正非介绍，现在华为奋斗在一线的骨干都是"80后""90后"，特别是在非洲、中东的战乱地区，阿富汗、也门、叙利亚等艰苦地区，活跃着他们的身影。"80后""90后"是有希望的一代。我在与一些在海外工作的"80后""90后"员工交流时，他们用快乐、阳光的语调，向我讲述了他们艰苦奋斗的感人故事。

故事一：2003年，尼日利亚——坚持不懈的真诚，就是最好的敲门砖。

2003年，华为员工李军被派到尼日利亚做销售。他面临环境陌生、语言不通、没有人脉的困境；试图谈合作，却一次次被拒绝，有的公司连门都不让他进，甚至被当地人嘲笑："华为？中国？我从来没听说过！"

不言放弃的人总会遇到机会。李军偶然得知当地项目负责人的女儿即将举行婚礼。婚礼当天，李军不顾天气恶劣和汽车抛锚，赶到现场，脸上混着泥和雨水，带去了最真挚的新婚祝福。不管感动对方的是真挚的祝福还是李军的坚持不懈，最终项目成功完成。

2003年，尼日利亚手机用户不到200万，而到2015年，就突破了1.3亿！这背后，是无数个像李军这样的华为员工的坚持与努力！

故事二：2005年，巴基斯坦——拼了命，也要守住客户对华为的信任。

2005年，华为公司某top（顶）级项目陷入僵局，项目实施进展缓慢，基站建设问题重重，客户已经完全失去了耐心，很有可能永久终止与华为的合作。孙继被任命为项目总监，力图挽回局面！

孙继在去往基站的路上遭遇交通拥堵，为了尽快到达基站，他弃车徒步40千米，全身衣服都被汗水湿透了。赶到基站后，顾不上休息，孙继立即投入工作，与客户沟通，推动项目进展，客户感动之情溢于言表。

他这种"一切为了客户"，想客户之所想，急客户之所急的工作精神感动了与他一起工作的员工！

在华为的服务文化中，一切都是为了客户，不管服务过程中有多少难以想象的困难，他们都会毫不犹豫地坚决执行，以赢得客户的满意。

坚持不懈的努力对应着丰硕的成果，孙继团队解决了客户问题，守住了客户对华为的信任，也赢得了员工们的心！能拼命，才是最强劲的动力。

故事三：2013年，法国——客户满意，设计才有价值。没有标准，就是最高的标准。

Bruce是华为的一名设计师。2013年的软银峰会，Bruce和他的团队受命做一个小基站的设计工作。组委会没有设定任何标准，但Bruce认为没有标准就是最高的标准。

面临前所未有的挑战，有恐高症的Bruce亲自爬上楼顶测试使用的场地，只为体会塔上安装的难处，力求更加人性化的设计！

最终，Bruce团队的设计斩获国际最著名的奖项之一：德国IF国际设计大奖。Bruce说：客户满意，设计才有价值。

故事四：巴西——任何一个路人甲，都可以成为一颗闪耀的星星。

Carlos是华为的一名法务专员，身边出色的人太多，他不爱表现，显得毫不起眼。直到有一天，Carlos发现INSS（国家社会福利基金）规定社保税可以抵扣，他深知，公司已经花了太多"冤枉钱"。

Carlos放弃休假，花了两个多月的时间，在堆积成山的文件中找到150多份退税证据。由于Carlos的努力，2007—2012年，华为总计从巴西税务局退回了3000万美元税款，约合两亿元人民币。

每个黯淡的个体里，都可能隐藏着强大的光芒。任何一个"路人甲"，都可以成为一颗闪耀的星星，照亮夜空！

在华为像这样真实感人的故事还有很多很多，这四个故事的主人公是成千上万个华为员工的缩影。一个个平凡的故事背后，都有着一段段不平凡的人生。他们为了追寻梦想，在自己的岗位上努力工作，为了华为可持续发展的目标和梦想，为了人类社会更美好而艰苦奋斗，贡献力量。

1987年，华为诞生于深圳一处普通民宅，从五六人起步，发展成员工数19万、年销售收入7000多亿元的世界500强企业，华为传奇是华为人用30多年的艰苦奋斗谱写的。

华为公司副董事长、CFO（首席财务官）孟晚舟说："华为人在海外需要面对战争、流血、疫情、疾病、贫穷、排外，但仍然能够坚守岗位，并且圆满完成具有挑战性的工作。就连乔布斯都望而生畏的巴西市场，华为都能实现扭亏为盈。一个个生动感人的小故事，传递出了华为人的奋斗精神与情怀。"

信念凝聚力量，使命催人奋进。真正的企业家都是为信念而活着、而奋斗、而进取不息的人，就像虔诚的教徒，他们的饥饿感更多的是在使命层面，是在过程的体验中，而非财富的堆积——财富对他们而言是工具，是实现使命的手段而已。

◆ 华为的"三权分立"防止腐败滋生

华为施行的"三权分立"指，公司各类组织在干部任用和员工评议、激励上采用分权制衡机制，即将干部任用、员工评议和激励中的建议权与建议否决权、评议权和审核权、否决权和弹劾权分立运作。

为了防止在干部选拔任用的过程中滋生腐败行为，华为在干部选拔和管理过程中推行"三权分立"制度。这三个权力是：建议权、评议权和否决权。

准确地来说，第一个权力是建议权与建议否决权，第二个是评议权和审核权，第三个是否决权和弹劾权。实际上也就是把干部选拔的过程——提名、发起建议、落实建议、审核评议、提出否决意见，分解为三种权力并分别由不同的组织行使，相互制衡。

在华为各个管理层级里面有两个组织，一个叫AT（行政管理团队），一个叫ST（经营管理团队）。

建议权，是由日常负责直接管辖的组织来行使，也就是说，某个干部属于某一个BU（业务单元），那么建议权由这个BU的AT来行使。ST则由组织常设的部门一把手来共同组成，所以它是跟岗位、角色直接相关的。

比如说华为中国地区部。中国地区部的ST是由中国地区部所有的一级部门的一把手来共同组成，那么他们来开展工作，进行决策，主要是针对于业务活动、业务事项。AT的成员是从ST中选拔而来，不是说所有部门的一把手都可以进入AT，而是在其中挑选在人员管理方面具有比较强的能力、具有丰富经验的人来组成。

AT的职权范围是所有跟人的评价相关的工作。譬如说干部选拔评议、绩效考核、调薪、股权发放等等。

建议权由日常直接管辖的组织的AT来行使，对于在举证组织里面的这些部门来讲，是由他举证的另一方来行使建议否决权。

关于评议权和审核权，评议权由促进公司成长的能力建设与提升的组织来行使，也就是华为大学。审核权由代表日常行政管辖的上级组织来行使，也就是由建议权行使的组织的上级部门来行使。

否决权和弹劾权，由代表公司全流程运作要求、全局性经营利益和长期发展的组织来行使，实际上就是党委。

党委在干部选拔任命的过程中间行使否决权，在干部日常管理的过程中间行使弹劾权。这个否决权和弹劾权都是要有基础的，要有依据。也就是在接到各级员工的举报后，经过调查核实，查实某干部确实有问题，才可以对其行使否决权和弹劾权。

三权分属于不同类的部门，各类组织在干部任用和员工激励等工作过程中，遵从上述分权制衡机制，合法行使相应权力，并接受监督，承担相关的责任连带，确保华为干部管理和人力资源管理的政策导向和制度要求得到充分落实。华为在干部任用与管理上为何要推行"三权分立"制度？

华为是一家世界级国际化科技公司，业务遍及170多个国家和地区。在华为全球化拓展中，干部培养和选拔问题日益突出，为保证干部任用和员工激励工作的客观性、全面性、公正性，避免单方面决策的片面性和倾向性，在明确干部选拔考核标准的同时，华为制订并推行了"三权分立"的干部管理制度。

出台这项制度，任正非是经过深思熟虑的。2005年，他就开始梳理组织治理架构，于2006年签发了一系列关于华为各组织设立与运作、公司治理的纲领性文件。通过各组织的设立，为"三权分立"机制的落实奠定了基础。

　　任正非在华为引入"三权分立"机制，主要是因为原有的干部选拔和任用机制已经不适应华为今天及未来的发展需求。

　　一方面，华为原有的干部选拔机制容易滋生腐败现象和不正之风。早期华为规模小，干部选拔由高层直接考察决定。随着华为快速发展，人员激增，高层不可能考察到各层干部，干部选拔权力落到各层主管手中。"绝对的权力导致绝对的腐败"，华为内部出现了一些负面现象，如某些主管任人唯亲，在华为内拉帮结派，根据个人好恶来提拔人才，使得真正在一线勤勉工作、一心扑在工作上的人才没有升职机会。还有些主管，只关注自身，不关注跨部门业务的推动，不能站在公司全局利益考虑。原有的选拔制度导致选出来的一些干部无法承担相关职责，在其位不谋其职，更无法带动团队持续艰苦奋斗，也使得一些有绩效、有管理潜质的员工被打压，对组织产生不满或失去信心。如何防止权力滥用，如何为公司选出优秀的、能为公司的发展不断冲锋陷阵的干部，这都是华为设立"三权分立"必须考虑的重要因素。

　　另一方面，原有制度下干部任用效率低，干部质量无法有效保证。原先，为了防止干部任用权力下放造成选拔质量下降的问题，各层管理者，甚至员工的任命最后都要由华为最高层签字批准。整个任命周期非常长，导致很多干部在岗位上做了很久还没有任命，造成一些重要责任岗位长期虚位以待。

　　这些矛盾，迫切要求华为必须有新的干部任命选拔机制来适应未来发展的需要。"三权分立"通过权力的分层授权，把一部分任命权下放给各层管理者，能够提升效率，又通过分权和制约，保证任命的质量。干部任命"三权分立"不仅意味着干部选拔工作方式的转变，它的终极目标是为了提升华为的管理能力，为华为的长远发展提供动力。

　　为了有效实行"三权分立"制度，华为首先将原来集中于一个主体身上的权力分给三类组织行使。在具体实施过程中，三类组织在分权中有合作也有制约。在三权行使的各个阶段，三类组织要依据当事人的品德、绩效和关键事件、干部四力（决断力、执行力、理解力、与人连接力）、各方面能力提升等对照干部选拔标准，各负其责进行评估。

其次是分层授权管理。华为总裁根据业务管理的要求，遵循一定的规则采用隔层授予的方式，将部分中高层干部、中基层干部和普通员工及业务技术专家的行政任命审批和发布的权利，授给相应层级的管理团队执行，被授权组织接受公司监督，以提高任命效率。很多干部和专业人员的任命，在遵循"三权分立"制度后，由体系团队来发布，公司文件夹上的公司发布的任命会相应减少。三权互相合作形成合力可以高质量、高效率地选出优秀干部，三权之间相互制约可以防止腐败滋生。

以华为国内市场部某代表处代表李明（化名）的任命为例。根据分层授权规则，此职位属于EMT（执行管理团队）任命批准职位，最终由总裁签发。

第一，建议权和建议否决权阶段。李明对照任用标准进行自我评价。评价的内容包括品德、绩效和改进点。品德项有20条，如：敬业、始终保持艰苦奋斗的工作作风、不利用职权和工作便利贪污受贿等。绩效必须优秀，为业务开拓做出贡献，这是被任命人对自己过去工作经验、教训的总结，其实也是陈述自己未来将如何更好地承担赋予的职责，是向公司全体员工和公司领导的郑重承诺；接着，李明的推荐人采用书面形式签字确认推荐意见，并对被推荐人上岗后所发生的问题承担三年连带责任；然后，国内市场部AT行使建议权。

所有成员须对评价结论签字确认。由于李明的职位涉及全球销售部的矩阵管理，因此，还需要经过全球销售市场部AT行使建议否决权。最后，国内市场部党总支行使否决权。

第二，评议权、审核权阶段。首先，销售与服务体系干部部对李明的绩效、任职能力、工作经验等方面进行评价；其次，华为大学对其在培训培养阶段表现出的华为领导力素质进行评价，人力资源部对该任命是否符合华为政策和原则以及程序规范性和公正性进行评价；之后，由销售与服务体系AT对该任命进行审核，并做出是否同意任命的结论。

第三，否决权阶段。华为党委组织干部部根据关键事件来审查李明的品德，如发现他在品德方面有严重问题，可以进行一票否决。在否决阶段，拟任命职位属于跨部门委员会的成员，还需经过跨部门委员会的否决。这两个组织其中任何一个环节未通过，都不能进行任命。

所有程序完成后，相关详细行权记录会提交华为EMT会议审议，经EMT批准后，报公司总裁签发。

由此可见，华为实行的"三权分立"制度，建立了一套标准严格、考量全面、程序完整、流程清晰的干部选拔机制，是一种多维度、多层级的考察和审核。假设在此制度下有人要舞弊、搞腐败，或者热衷于"内部公关"，除非将所有环节的人都"搞定"，否则其"努力"就是白费。在"三权分立"制度下，干部的选拔有千万只眼睛在盯着，是"拧麻花"拧出来的。

◆ 华为干部作风的八条准则

> " 华为干部作风八条"看似简单，其实蕴含着大道理。这
> 不是作秀，这是制度要求，也是行为准则，更是企业文
> 化宣导。

华为自创立起，就要求干部严于律己、自我批判，并提出要制度化地防止干部腐化、自私和得过且过。早在2005年，任正非就敏锐地觉察到华为最大的风险来自公司内部，必须保证干部的廉洁自律，并于2005年12月召开了EMT民主生活会。EMT成员认识到，作为公司的领导核心，必须做到正人先正己，以身作则，严于律己，做全体员工的楷模。

2007年，华为通过了《EMT团队宣言》，要求在此后的两年内从EMT团队成员到所有中高层，申报与清理所有与供应商的关联关系，以制度方式，对照检查、自查自纠，并接受全体员工的监督。后来华为固化此形式，每年举办一次宣誓大会。

2015年，华为发布了《华为改进作风的八条要求》（简称"华为干部作风八条"）。2017年，华为对"华为干部作风八条"进行了修订，并举行了华为干部工作作风宣誓仪式。以下是新修订的"华为干部作风八条"：

第一条　绝不搞迎来送往，不给上级送礼，不当面赞扬上级，把精力放在为客户服务上。

点评：干部没有特权。在员工面前，干部应该有高度、有格局。员工

不能溜须拍马、阿谀逢迎，始终保持艰苦奋斗的作风，"脑袋对着客户，屁股对着领导"，以客户为中心，为客户创造价值。

第二条　绝不动用公司资源，也不能占用工作时间为上级或其家属办私事。遇非办不可的特殊情况，应申报并由受益人支付相关费用。

点评：公私分明是干部的基本职业底线。干部都做不到廉洁奉公，整个企业就会腐烂。

第三条　绝不说假话，不捂盖子，不评价不了解的情况，不传播不实之词，有意见直接与当事人沟通或报告上级，更不能侵犯他人隐私。

点评：干部要做正气、正直、正能量的人。树干不歪，树就能笔直生长。俗话说，上梁不正下梁歪，中梁不正倒下来。中层干部承上启下，任重而道远。

第四条　认真阅读文件、理解指令。主管的责任是获取胜利，不是简单的服从。主管尽职尽责的标准是通过激发下属的积极性、主动性、创造性去获取胜利。

点评：干部做好自己是一种本分，带好团队、做出成绩、达成目标、改善绩效才是真正的高价值。

第五条　反对官僚主义，反对不作为，反对发牢骚讲怪话。对矛盾不回避，对困难不躲闪，积极探索，努力作为，勇于担当。

点评：干部要有能力，更要有责任心和使命感，要自我批判和自我反省，善于发现问题并及时解决问题。发现问题是能力，直面问题是担当，解决问题是勇气和智慧。

第六条　反对文山会海，反对繁文缛节。学会将复杂问题简单化，600字以内能说清一个重大问题。

点评：管理简单化是一门艺术。管理本身要简单，经营计划要细化，不要将时间花在低价值的文件、会议上，追求高效才能实现低成本运营。愚蠢的管理者将简单的问题复杂化，高明的管理者将复杂的问题简单化。很多实践证明：管理越简单越高效。

第七条 绝不偷窃，绝不私费公报，绝不贪污受贿，绝不造假，也绝不允许任何人这样做，要爱护自身人格。

点评：从严治干部，正本清源。干部要守住人格、职业操守的底线，做所有华为人的楷模和标杆。

第八条 绝不允许跟人、站队的不良行为在华为形成风气。个人应通过努力工作、创造价值去争取机会。

点评：干部应奉行劳动创造价值、价值决定命运的正确事业观，搞歪风邪气、拉帮结派只会将团队的力量分解，而无法形成合力。

"华为干部作风八条"看似简单，其实蕴含着大道理。这不是作秀，这是制度要求，也是行为准则，更是企业文化宣导。华为能把简单的规定落到实处，不是一件容易的事情。"华为干部作风八条"值得所有管理者细读、研究，并以此不断提升自我修养和领导素质，练就强大的执行力！

华为干部管理的二十一条军规

华为拥19万名知识型员工，其中1万名是干部，要管好这些干部职工不是一件容易的事情。华为的成功，不是偶然的，是"知识分子+军人能量"聚合的成功，是以知识型员工为主体的特别能担当、特别能战斗的华为人的成功，是始终充满激情和斗志的任正非及其领导团队的成功。

2016年8月11日，华为发布了《华为干部的二十一条军规》，这二十一条军规是在原"华为军规十六条"的基础上修订补充而成的，但在华为内部仍沿用"十六条军规"的提法。这二十一条军规是：

第一条　商业模式永远在变，唯一不变的是以真心换真金。

第二条　如果你的声音没人重视，那是因为你离客户不够近。

第三条　只要作战需要，造炮弹的也可以成为一个好炮手。

第四条　永远不要低估比你努力的人，因为你很快就需要去追赶他（她）了。

第五条　胶片（PPT）文化让你浮在半空，深入现场才是脚踏实地。

第六条　那个反对你的声音可能说出了成败的关键。

第七条　如果你觉得主管错了，请告诉他（她）。

第八条　讨好领导的最好方式，就是把工作做好。

第九条　逢迎上级一小时，不如服务客户一分钟。

第十条　如果你想跟人站队，请站在客户那队。

第十一条　忙着站队的结果只能是掉队。

第十二条　不要因为小圈子而失去了大家庭。

第十三条　简单粗暴就像一堵无形的墙，把你和他人隔开，你永远看不到墙那边的真实情况。

第十四条　大喊大叫的人只适合当拉拉队，真正有本事的人都在场上呢。

第十五条　最简单的是讲真话，最难的也是。

第十六条　你越试图掩盖问题，就越暴露你有问题。

第十七条　造假比诚实更辛苦，你永远需要用新的"造假"来掩盖上一个"造假"。

第十八条　公司机密跟你的灵魂永远是打包出卖的。

第十九条　从事第二职业的，请加倍努力，因为它将很快成为你唯一的职业。

第二十条　在大数据时代，任何以权谋私、贪污腐败都会留下痕迹。

第二十一条　所有想要一夜暴富的人，最终都一贫如洗。

坚持自我批判，消灭干部的惰怠行为

我们要深刻地剖析自己，要敢于自我批判，敢于与自己的惰怠行为做斗争。

惰怠是人生的天敌，更是组织的天敌！华为成功的一个很重要的因素，就是始终警惕员工惰怠的蔓延和泛滥。

任正非说："与懒惰相比，贪婪并不可怕，懒惰才是最大的敌人。没有什么能阻挡我们前进的步伐，唯有我们内部的惰怠与腐败。要杜绝腐败，惰怠就是一种最广泛、最有害的腐败，人人皆有可能为之，不要以为与己无关。置公司于死地的就是这种成功以后的惰怠。"

因此，华为副董事长、轮值CEO徐直军2011年5月10日在PSST（网络解决方案）体系干部大会上指出了华为管理者中存在的十八条惰怠行为。徐直军表示：我们要深刻地剖析自己，要敢于自我批判，敢于与自己的惰怠行为做斗争。

徐直军要求每一位管理者对照十八条惰怠行为来照照镜子，开展自我批判，消灭惰怠行为，并加快淘汰平庸干部，真正担负起管理者的责任和使命，提高组织活力和战斗力。这十八条惰怠行为整理摘录如下：

第一条　安于现状，不思进取。

安于现状、不思进取应该只适用于我们少数的管理者，虽然不多，但肯定存在。

对于管理者而言，你敢不敢于去挑战新的领域？敢不敢于去挑战新的难题？敢不敢于有所追求？如果是不敢的话，都是安于现状的表现，也是不思进取的表现。

第二条　明哲保身，怕得罪人。

我们有的管理者，什么事情心里都清楚，什么事情都讲得头头是道，但就是不敢站出来说话、反馈问题，或者不敢去推动，怕得罪周边，怕得罪领导，还怕得罪下属。

这样，在我们这么大的组织里，在流程还不健全的情况下，这种管理者怎么能推动问题解决，怎么能够当责，怎么能够持续改进？

第三条　以领导为核心，不以客户为中心。

现在公司最深恶痛绝的就是做胶片。有些主管在给上级做汇报前，为了做一个汇报胶片，不知道要召集自己的下属开多少次会。有的干部做胶片时，为了美观、格式好看，而浪费下属和自己大量的时间，这是不增值的。不能以领导为核心，我们首先不要组织大队人马来写汇报胶片。我们要做增值的部分，坚决不做不增值的部分。

所以任总说，以后要做什么事情都不敢提前通知，而是临时通知，别为了领导要来听一次汇报、要来看一看，下面就花费很多时间和人力去做胶片。如果做一套胶片要一二十人集体来做，那效率就太低了，就太以领导为中心了。按道理来说，主管自己的汇报，最好是自己来写胶片。

任总的所有讲话都是亲自写，从来都不让别人写，他写完后再征求EMT成员的意见，让大家看写得对不对。

第四条　推卸责任。

面对问题，部分高级主管已经形成了习惯：首先是搞清楚是别人的问题，那就跟自己没关系了。如果发生任何事情，主管都习惯性地先看自己有什么问题，都先把自己的原因找出来，那么真正的原因就出来了。

但是我们有些主管习惯找别人的问题，不找自己的问题；还有一种情况，就是老担心别人做不好，不担心自己做不好。现在很多人，很习惯去讲一大堆别人的问题，从来不讲自己的问题。

第五条　发现问题不找根由。

相当多的管理者，养成了一个非常不好的习惯，出了什么事情，打个电话"你搞定"；上级领导问他"你抓了没"，他说"抓了"。

我们只是打了一个电话，或者批示了一下，这样怎么能够把事情搞透彻，怎么能够找到解决办法？怎么能真正解决问题？

第六条　只顾部门局部利益没有整体利益。

有些主管为了自己的部门利益，明明知道影响公司利益，明明知道公司的想法和要求，却在下面想方设法，花了很多时间、精力去搞他的小九九。

尤其涉及业务拆分和整合，划分团队和人员的时候，就表现得非常明显。你这样做，公司怎么敢交给你更大的责任？如果你的责任更大，你更以局部利益为主的话，那以后公司的整体利益谁来保证？

第七条　不敢淘汰惰怠员工，不敢拉开差距，搞"平均主义"。

其实主管对他的下属有没有惰怠的很清楚，就是拉不下面子去处理，尤其是对老员工，有些还是自己的老领导或老同事，更拉不下面子。

在这种情况下，你不淘汰，你不拉开差距，你就是对那些高绩效者、对那些优秀者的不尊重。

在我们身边，惰怠的员工比比皆是，那我们敢不敢给他们降级、降等、降薪？

第八条　经常抱怨流程有问题，从来不推动流程改进。

有主管经常抱怨流程多、流程复杂，并且时时挂在口头上。如果真发现流程有问题，一定要指出哪里流程多、哪个流程有问题。我们希望所有觉得流程有问题、流程多的人，都要向所在组织的质量与运营组织、QA（品质保证）提出来，这样才好改进。

很多人就只抱怨，而且最后都成了口头禅，动不动就说流程很多、流程很长、流程阻碍了发展，但从来不去推动流程的改进，从来不指出哪里流程多了，哪个流程长了，哪个流程有问题。那怎么改进呢？

第九条　不敢接受新挑战，不愿意离开舒适区。

在研发这块还好一点，因为没有哪个地方很差。但也有主管不想去新领域，不敢接受挑战。近年一个很重要的导向就是希望干部、骨干能到新领域去，有人就怕这个怕那个，患得患失。

第十条　不敢为被冤枉的员工说话。

有的主管怕为被冤枉的员工说句公道话，因为说了，可能就会被公司"戴帽子"。如果你真的觉得某个员工被冤枉了，为什么不敢说呢？要么你根本就不对这个员工负责任，要么就是怕说了以后被主管批评，怕得罪人。但如果你都不敢说话，那又如何保护他们？

第十一条　只做二传手，不做过滤器。

有很多主管只做二传手，不做过滤器。任何地方来了事，他立即就传下去了，不管这个事情该不该做、要不要做，反正不是自己亲自做。这样一来，下属苦不堪言，不能专心工作。

第十二条　热衷于讨论存在的问题，从不去解决问题。

很多主管讨论存在问题的时候，都是洋洋洒洒，能道出具体问题来，但从不去解决问题。无论是潜规则还是流程问题，或者是现在政策执行上存在的问题。

作为主管，如果能够把你们授权范围内能解决掉的问题全部解决掉，那么很多问题就没有了，特别是潜规则。对于你解决不了的、不在你授权范围内的，若你不去推动解决，那怎么能够解决？

第十三条　只顾指标不顾目标。

在我们当中，存在一些主管只关注KPI（关键绩效指标）的完成，但不知道KPI完成得很好是为了什么。比如某个平台，每年的考核指标都很好，因为考核指标都是质量、进度、网上问题，但慢慢把自己做没了。

华为到底是为了追求一个卓越的、有竞争力的嵌入式操作系统，还是仅仅为了追求网上没事故？各级干部都要思考，我们的工作到底是为了什么，不是为了几个考核指标。仅仅为了考核指标工作，就是不当责。当责的干部是有清晰的目标的。

第十四条 把成绩透支在本任期，把问题留给下一任。

在研发部门出现较多的情况是，只关注当期不关注长期，只关注现在不关注未来；该投入的不敢投入，不敢在新领域、新产品上投入，不愿在架构、平台等长期才能看到绩效的工作上投入；甚至只关注仗打得漂亮，而忽视组织能力、流程优化、人员能力提升等长远的事情。如果我们只关注眼前，华为就会失去竞争力，这样的干部就是不当责。

第十五条 只报喜不报忧，不敢暴露问题。

捂盖子现象不能说少，无论是写总结还是做述职，讲起成绩、经验来头头是道，问题和不足则一笔带过。

最可怕的还是质量上的捂盖子，搞"和谐"，不主动暴露质量问题、流程执行问题，甚至为了过TR（技术评审）点而作假。如果我们睁一只眼、闭一只眼，马马虎虎应付了事，那产品的质量就没办法保证，我们就会失信于客户。

第十六条 不开放进取，不主动学习，业务能力下降。

有一部分干部凭着经验做事，走的是"经验主义"的老路。华为要从"土八路"走向正规军，过去的成功经验并不是未来前进的方向标，必须开放自己，自我批判，时刻学习。我们在CT（通信技术产业）领域的成功，不能确保我们在ICT（信息和通信技术）领域的成功。

第十七条　不敢决策，不当责，把责任推给公司。

这一点跟前面讲的抱怨流程的问题类似。举例说，绩效是评责任结果，还是评亮点和表扬信？说起来我们都清楚评的是责任结果，但真的评的时候却去评亮点。这些现象谁能纠正？就是我们各位主管。

第十八条　只对过程负责，不对结果负责。

这一点比较好理解，与只关注指标不顾目标相类似，有些主管只关注"我做了呀"，但不管"做的结果如何"。只对过程负责，不对结果负责，就会形式主义，很容易把事情复杂化，把动作做得很优美，效果却不好。

这些就是管理者的惰怠行为，华为希望管理者能将此惰怠行为作为自我批判的依据，每个人在自己身上找到几条，然后写几个案例，这也是一个反思的过程。如果有人不敢写自己的案例，事实上也是自我批判不够透彻。

华为希望，每个主管能把这些惰怠行为贴在办公桌上、放在笔记本里，经常看一看自己是不是又在产生惰怠行为了。这样，管理者才能真正地从自我批判开始，与惰怠行为做斗争，管理者才能真正地担起责来。

第五章

人性管理的九大要素

管理企业应以"人性"为基点，知人性，方能做管理，人性管理是最有效的管理。

——任正非

做管理必须懂得人性，遵循人性和欲望，人性管理是最有效的管理。世界上最难管理的是人，而人最难捉摸的是人性。因此，管理要以人性为基点，懂得如何从人性的角度去经营企业、管理企业。

华为是中国科技企业的标杆，很多企业都在学习华为，但是成效甚微，究其原因就是他们没有遵循人性和欲望逻辑。学习华为，首先要以人性为基点，遵循人性的逻辑，管理就会变简单而高效。

知人性，方能做管理，华为人性管理的九大要素值得管理者们学习借鉴。

◆ 要素一　目标激励

目标激励是指通过设置恰当的目标，激发人的动机，达到调动积极性的目的。目标之所以能够起到激励的作用，是因为目标是组织和个人的奋斗方向，完成目标是员工工作成果的一种体现，是员工成就感的体现。

目标激励的关键在于目标的设置，只有恰当的目标才有激励效果。

首先，员工的目标要与组织的目标一致。企业与员工都在追求自己的利益，在这个过程中，两者之间往往会有矛盾。协调好这对矛盾，使企业与员工的目标相一致是目标激励得以实现的基础。在企业目标中分离出员工的个人目标是非常重要的。

其次，目标必须是恰当的、具体的。目标恰当，是指目标的难度不能太大也不能太小。过高的目标，员工无法完成，会挫伤员工的积极性；过低的目标，员工无法在达成目标的同时体会到成就感。最好的目标应该是"跳一跳，够得着"的，既具有一定挑战性，还具有一定的可实施性。目标具体，是指目标不能含糊不清，目标最好能量化，这样不仅完成起来更有目的性，还便于评估。要想实现这些要求，就要求管理者在制定目标时，要与目标执行者沟通，了解其需要和能力，这样才能制定出恰当的目标。

再次，当员工取得阶段性成果时要及时反馈给员工，这样有助于他们进一步实现自己的目标。另外要对达成目标的员工予以奖励，认可其工作成果。

◆ **要素二　充分信任**

　　信任既是一种感觉又是一种情感，更是对人的肯定。

　　为了达成既定目标，任正非对下属给予充分的肯定和信任，充分放权、授权。他在致新员工书中写道："您有幸加入了华为公司，我们也有幸获得了与您合作的机会。我们将在相互尊重、相互理解和共同信任的基础上，与您一起度过在公司工作的岁月。这种尊重、理解和信任是愉快地进行共同奋斗的桥梁与纽带。"

　　信任他人，不仅能有效地激励人，更重要的是能塑造人。在人与人相互信任的氛围中，每个人的思维空前放松与活跃，每个人都能尽情地发挥自己的聪明才智。在这样的氛围里，人性的本能驱使人去维护这方相互信任的净土，当不光明的念头出现时，就会让人自惭形秽。

　　因为人有被尊重的需求与实现自我价值的需求。人是脸面动物，活在世上就是追求尊重与认同；尊重与认同体现的是一种自我价值，没有什么比被人理解、尊重更能调动人的劳动激情；而信任就是一种理解，就是一种尊重和认同。作为一名员工，他看重的是上司把他当作什么。你给他多少信任，他就会给你多少回报。信任对于员工而言，是一种最好的激励，而对于管理者而言，则代表一种能力。

　　给人以信任需要智慧、胆略、胸怀和勇气。信任，首先要有敢于授权的勇气。当然，给人以信任，不是无原则地放任，有问题不能视而不见，更不能盲目地理解与认可他人。正所谓"授权不等于放权，放权不等于弃权"。管理者必须敏锐地去发现、去防范问题，争取把问题解决在萌芽阶段，还要敢于看到问题并准确地判断其本质，然后恰到好处地予以扭转和修正。此外，管理者处理问题时要多一些理解，这样才能取得好的效果。

任正非认为，人与人之间的交流需要建立在尊重的基础上，没有尊重就没有包容，更不可能同心协力把事情做好。

任正非在《华为的红旗到底能打多久》中说道："公司与员工在选择权利上是对等的，员工对公司的贡献是自愿的。自由雇佣制度促使每个员工都成为自强、自立、自尊的强者，从而保证公司具有持久的竞争力。"

◆ 要素三　给予机会

成大事者，都是机会加能力，有了机会才有发挥能力的平台。

优秀的企业家都善于给员工提供赚钱的机会、表现的机会、成长的机会、发展的机会。

任正非说："让员工成功才是最好的人性管理。"华为给人才提供良好而又多样的学习与成长平台、职业发展机会，坚持"以奋斗者为本"，为奋斗者提供舞台，建立了以责任贡献为标准来评价员工、考核选拔干部的制度，为员工提供了全球化发展平台及与世界对话的机会。

在华为，人才不仅拥有自主选择工作的权利，而且拥有轮岗学习和其他多种学习机会。而且，华为为优秀人才的升迁提供了三条清晰的通道

（管理、技术和项目），这对那些希望获得职业成功的人才极具诱惑力。

华为唯才是举，不论资排辈，认为年轻人也能当将军。目前，华为60%的部门经理是"85后"，41%的各国驻点总经理是"80后"，华为还有"90后"的地区部总裁。在华为，花三年从士兵升为将军，不是神话。这使大量的年轻人有机会担当重任，快速成长，也使得19万华为员工通过个人的努力，不仅获得了合理的回报，而且实现了自身价值。

管理归根结底就是了解人性，解放人性。任正非的管理哲学更多是在引导员工对自身和社会价值的思考，逐步产生内心共鸣和行为改变，驱动自我进步。他在管理上强调人性和本能，用信念和使命凝聚饥饿的个体。

任正非用灰度的人才管理思维，宽容、不求全责备的机制，实现了个体价值创造，同时又能够在公司共同的目标下释放人性，使大家各自发挥所长，实现价值操作最大化。任正非高度信任人才，授予相应权力、配置资源、充分赋能。从管理哲学上来讲，这是基于人性善的一个假设，是正能量的一个牵引。

机会、人才、技术和产品是公司成长的主要牵引力。这四种力量之间存在着相互作用。机会牵引人才，人才牵引技术，技术牵引产品，产品牵引更多、更大的机会，员工在企业成长中处于重要的主动位置。

任正非认为，一位优秀的管理者是以帮助下属成长来证明自己的价值的，他的成功反映在帮助下属获得成功上。授之以渔而非授之以鱼，帮助下属成功不等于替代他们去做，或给予他们不属于自己努力获得的成果，而在于培养、鼓励、激发，最终让他们自力更生、自动自发，并获得成效！

◆ **要素四　授予员工恰当的权力**

现代人力资源管理的实践证明，现代员工大多有参与管理的要求和愿望。通过授权，让员工感受到被信任、被尊重和被需要。员工不想只是一个执行者，有参与决策的需求。满足员工的这种需求，不仅可以激励员工，还有利于企业的长期发展。

授权的过程中一定要注意，授权要恰当。权力过大，员工无法驾驭；权力过小，员工无法完成工作。只有恰当的授权才有激励作用。

授权后还要注意，不要对员工的权力乱加干涉，否则会使员工产生不被信任的感觉。授权还要避免重复交叉，一个权力只授予特定的员工。

授权不是放权，授权要进行监督，让权、责、利相结合。只有授权才能使下属有责任感，感觉自己肩负重任，反之就觉得即使做错事也与他无关，他会觉得这不是他决定做的；只有授权才能做出成绩，才能持续为客户和公司创造价值，提供更好的服务。

◆ **要素五　要有契约精神**

　　华为成功的关键在于契约精神，它被写进了《华为基本法》。正是这种包含了契约精神的《华为基本法》，规范了企业发展战略、策略、战术等一系列华为企业运营管理行为。

　　契约精神的本质是一种双向的联系和规范，以立约方式确定人类社会人与人之间的互动关系。

　　世界文明发展史已经证明，契约精神不仅是政体、民主和法治的前提和基础，而且是理解社会、政治和法律的钥匙。如果没有契约精神，社会的进步、经济的发展就缺少动力。

　　美国人的技术创新能力，日本人的卓越管理能力，德国人的严谨思维能力，无不可以从契约精神中探寻到渊源。而华为的成功，正是任正非把契约精神运用到企业经营管理中的优秀典范。我们在任正非的管理思想中，在《华为基本法》中，在华为的企业发展战略规划中，在华为工作流程条例规范中，都能感悟到浓厚的契约精神。

　　可以说，如果没有任正非把契约精神巧妙地、科学地融入华为的成长过程中，就没有华为的今天！正如市值管理专家周掌柜所说："华为创造了中国商业历史上前所未有的公司文明，任正非创立的商业精神遗产将不仅属于中国！"

　　任正非的思维方式和行为方式，源于契约精神。任正非关于企业发展、政府关系、企业内部关系、合作关系、竞争关系、消费者关系的管理思想和言论，不仅体现了中华文化智慧传承和人本创造创新能力，更重要的是融入了体现着符合社会和经济商业发展思想的契约精神。

◆ **要素六　鼓励竞争**

很多管理者害怕企业内的竞争现象，认为这样会破坏企业的秩序。其实，只要管理者合理引导，内部竞争可以起到激励员工的作用。

对于企业中的后进员工，管理者要鼓励他们迎头赶上；对于企业里的先进员工，管理者要勉励他们继续领先。在企业内合理提倡个人竞争、团队竞争，激发员工的工作激情，可以使企业形成良好的竞争氛围。

在企业内创造一个公平、有序的竞争环境，除了靠道德约束外，企业也可以制定一些奖惩措施来规范竞争。

◆ 要素七　做到公平

　　公开、公平、公正对管理者而言，公平最重要，只有一视同仁，公平对待下属才能形成有效指导。

　　员工难免将自己的报酬与其他人比较，如果员工感到不公平，就会失望，甚至有不努力工作或跳槽的可能。管理者在设计薪酬时，员工的经验、能力、努力程度等应当在薪水中获得公平的评价。只有公平的激励机制才能激发员工的工作热情。

　　有这样一个和尚分粥的故事：

　　庙里有七个小和尚，每天的早饭都是分一桶粥。但是因为粥总是分不平均，每天都有人不够吃。于是大家开始相互抱怨，指责别人存有私心，最后他们只能向师父求助，由师父决定该由谁来分粥。

　　老和尚捻着须髯说："谁分粥都可以，不过分粥的人要等到其他人都拿完后，才能拿最后一碗！"从此以后，不管轮到谁分粥，七份粥都一样多，大家也不再发生纠纷。

　　老和尚的方法很简单，效果极好，因为他了解人性。粥到底由谁来分？其实这个不重要，谁去分都会出现同样的问题，这个和道德无关。因为每个人在潜意识里都会选择对自己最有利的行为，并不是谁自私、谁无私的问题。

　　其实对于企业也是一样的。某些特殊岗位容易出现问题，一旦这些岗位的员工出问题了，老板往往把这个人定义为"道德品质败坏"并直接免职，再换一个新人上来，但后来发现还是会出现同样的问题。所以，老板应该怎么做？可以借鉴一下那位老和尚的办法，不要挑战人性，而是利用人性，从而获得自己想要的结果。

我们常说人心太复杂、看不透，其实是因为我们不了解人性。如果你不了解人性，你总觉你的下属、员工很复杂。如果能洞悉人性，在薪酬分配上做到公平合理，那么管理员工、带领团队都是轻而易举的事。

因此，任正非倡导"以奋斗者为本"，将薪酬、奖金的分配、股票激励、晋升和成长的机会优先向奋斗者倾斜，保证他们有丰厚的收入。同时，华为还建立一个公平、合理的价值评价体系、价值分配体系，保证华为的每一个员工做出贡献之后都能得到合理的回报，决不让雷锋吃亏。华为围绕这个价值环，以价值评价为支撑，实现价值的良性循环。

"效率优先，兼顾公平"是华为薪酬分配的原则。任正非曾以"拉车人"和"坐车人"为例打过形象的比方。"管理好拉车人和坐车人的分配比例，让拉车人比坐车人拿得多，拉车人在拉车时比不拉车的时候要拿得多。"在华为，员工的贡献越大，职级越高，获得的收益就越高。

华为的利益分享机制基于一个核心——满足客户需求、为客户创造价值的人，才能获得更多的工资、奖金、股权以及晋升的机会。正是因为任正非懂得与员工共享成果，华为才聚集了众多的优秀人才，他们的聪明才智在华为得到充分发挥。

◆ **要素八　尊重员工**

　　尊重员工，是人本管理的体现。尊重是加速员工自信力爆发的催化剂。尊重激励是一种基本的激励手段。员工之间的相互尊重是一股强大的精神力量，有助于员工之间的和谐，有助于凝聚力的形成。

　　企业在激励人才的过程中，最重要的一点，就是应把"以人为本"的理念落实到各项具体工作中，切实体现出对员工的尊重，这样才能赢得员工对企业的忠诚。

　　知识经济的发展要求企业员工具有灵活性、创造性、积极性。因此，人力资本的管理必须树立"以人为本"和"人高于一切"的价值观。这种价值观认为员工是公司最为重要的资产，他们值得信赖，应当受到尊重，能参与与工作有关的决策，会因为受到鼓励而不断成长，以及希望实现他们自己的最大潜力。

　　同时企业尊重员工，就应当为员工安排与其性格相匹配的职务。

　　组织行为学专家指出，员工的个性不相同，他们从事的职业也应有所不同。与员工个性相匹配的工作才能让员工感到满意、舒适。比如，喜欢稳定、程序化工作的传统型员工适宜会计、出纳员等工作，而充满自信、进取心强的员工则适宜让他们担任项目经理、公关部长等职务。如果让一个人干一种与其个性不匹配的工作，工作绩效可想而知。

◆ 要素九　遵循人性和欲望

任正非说："欲望是企业、组织和社会进步的一种动力。对员工欲望的激发和控制，就是华为的发展史、管理史。"这句话道出了华为取得巨大成就的秘诀。

任正非一直强调，基层员工要有"饥饿感"，中层员工要有"危机感"，高层员工要有"使命感"。这实际上就是对人性底层动机的深刻洞察。

2018年，任正非拆分了华为人力资源部，成立了总干部部，并提出了人力资源管理人员必须要来自业务一线，要让懂业务（具有人力资源专业管理能力和主航道业务洞察水平等）、有能力的人员上位担责，不懂的要赶快补课。

任正非指出："不懂人性，不能驾驭人性，你不配做HR！"

从某种意义上讲，华为现在这么强大，与任正非在华为设定的这些底层逻辑有很大关系。

许多企业为什么举步维艰，做得那么累，其根本原因，就是由于这些企业经营者的管理违背了人性的逻辑。

控制是手段，激发才是目的，一定要搞清楚逻辑才行。

任正非深知，华为的一切都是由员工创造的，如果没有19万华为人前赴后继地努力，没有他们对自我欲望的追求和满足，华为不可能取得今天的成就。

从华为早期的"床垫文化"，到"胜则举杯相庆，败则拼死相救"的狼性文化，都是基于人的欲望而建立起来的。个人的欲望实现了，企业的欲望自然也实现了。

任正非也有自己的欲望。

他的欲望是建功立业，成为乔布斯式的"超我意识的使命主义者"。

古人说"四十不惑"，任正非到43岁才开始创业，他本来准备到深圳做个技术研发人员的；如果任正非这样做，也许早就被"扫到历史的垃圾堆里"去了。后来他认识到，自己必须做个组织者，必须依靠集体主义才可以实现自己的抱负和欲望。

任正非说："认识到自己的渺小，人的行为才开始伟大。"

所以早在"个体户"的年代，任正非就采取了利益共享、责任共担的机制，其结果就是集体智慧和力量的大爆发。

所以，任正非说："把钱分好，把权分好，把名分好，这是相当重要的。"

《孙子兵法》中有云，"上下同欲者胜"。现在我们都看到了，当个人和集体的欲望一致时，其创造力和战斗力是巨大的。

长久以来，任正非为什么显得低调和神秘？

用他自己的话说，就是因为知道自己的渺小和无知，知道自己的名誉和成就都是华为人集体奋斗而来的，离开了员工，自己将一事无成。

因此，任正非努力让每个华为人的欲望都得到满足、尊重、肯定，从而实现自己的人生价值。

任正非还告诫华为高管们："财散人聚，做企业一定要把最基本的东西想明白，财富这个东西越散越多。"

华为能够一路披荆斩棘屹立行业之巅，就是因为任正非和团队做的事情符合企业发展的逻辑。逻辑相当于规律，其中最重要的规律就是华为实现了对人性规律的遵循。

管理是一门科学，也是一门艺术，有效的管理可以促进事业的成功。企业家可以不是哲学家，但必须懂得如何从人性的角度去经营企业、管理企业。在企业与员工之间、企业与社会之间树立一个共同的价值观，从而促进企业的稳定、快速发展，这是企业家应有的共性。

第六章

人性管理的核心就是要"把人当人看"

什么叫人性管理？人性管理就是要"把人当人看"。领导者关爱员工，尊重员工，员工才有归属感，才会死心塌地追随你！

——任正非

◆ 给员工提供有竞争力的福利待遇

公 司为员工提供有竞争力的薪酬是企业在人才竞争中最重要的手段之一，在充分肯定员工自身价值的同时，也希望能让员工获得与企业一起成长的成就感和自豪感。

众所周知，华为员工的薪酬福利在中国民营企业乃至全球同行业都是数一数二的。任正非在创立华为之初就提出："华为给员工提供有竞争力的薪酬福利待遇，让员工体面地生活。"

华为的薪酬机制的设想是，不仅为员工提供有竞争力的薪酬待遇，并随时根据外部劳动力市场变化、人才竞争状况，结合公司经营情况和员工个人绩效，对薪酬进行及时调整。

为此，华为人力资源部还专门聘请了两家顾问公司，一家为Hay Group（合益集团），另一家为Mercer（美世咨询公司），它们会定期对华为员工的工资数据进行调查，并根据调查结果和华为公司业绩对员工薪酬进行相应调整。

华为员工的薪酬主要包括工资、奖金和分红这三部分。对于其他企业员工而言，工资是最主要的薪酬收入。而在华为，工资反而不是最主要的收入来源，随着员工入职时间越久，做出的贡献越大，奖金和分红也越高。有这样一个有趣的说法——在华为奋斗越久越划算，华为员工主要不是拿工资，而是拿奖金和股权分红，工资逐步会变成零花钱。

华为员工的奖金主要根据员工个人季度工作所负的责任、工作业绩及完成项目的情况而定，同时也会考虑总薪酬包的情况。

总体而言，华为每年都会对薪酬计划进行审查和修改，以保证该项计划能在市场竞争和成本方面保持平衡。

近20年来，华为的业绩一直节节攀升，与此相应，员工的薪酬也水涨船高。华为2017年的年报显示，华为实现全球销售收入6036亿元，同比增长15.7%，净利润475亿元，同比增长28.1%。2017年华为研发费用达897亿元，同比增长17.4%，近10年投入研发费用超过3940亿元。

在业绩大幅增长的同时，华为员工的薪酬也增长迅速。华为2017年年报显示，当年支付雇员费用为1402.85亿元，比2016年的1218.72亿元增长了15.11%。

在雇员费用中，华为2017年支付雇员工资、薪金及其他福利为1068.51亿元，较2016年增长将近127亿元。此外还有171.55亿元的"时间单位计划"。

"时间单位计划"是华为集团范围内实行的基于员工绩效的利润分享和奖金计划，获得时间激励单位的员工自授予之日起五年可享有以现金支付的收益权，包括年度收益及累计期末增值收益。

此外，华为2017年在离职计划项目下还发生了162.79亿元费用，相比2016年的146.17亿元增加了16.62亿元。

截至2017年底，华为拥有超过160种国籍的约18万名员工，海外员工本地化比例约为70%。以18万员工计算，不计算离职计划项目下金额，仅以支付雇员工资、薪金及其他福利金额、时间单位计划项目下金额计算，2017年华为员工人均年薪为68.89万元。这一平均年薪水平，较2016年普涨10万。

华为是100%由员工持股的民营企业。股东为华为投资控股有限公司工会委员会和任正非。公司通过工会实行员工持股计划，截至2017年12月31日，员工持股计划参与人数为80818人，参与人均为公司员工。

据华为发布的《关于2017年虚拟受限股分红预测通知》显示：2017年

华为虚拟受限股每股预测收益为2.83元，预测现金分红每股为1.02元。

一位华为老员工向我介绍说，员工每年新增持股数量根据个人绩效、工作年限以及个人目前手上持有的股票数量进行分配，公司还提供个人信用借款，可以借钱给员工买股票。

任正非在创建华为之初就意识到，福利体系也是激励机制中的重要组成部分。完善的福利体系，不但不会让员工担忧、焦躁，而且可以让员工踏踏实实地工作。从2005年开始，华为就在全球进行员工保障和福利制度改革，建立了强制性社会保险、医疗保险等双重保障机制。因为华为的业务是全球的，所以华为的保险体系也接入国际化，根据不同地区进行调整。

华为的社会保障和福利机制一般不低于当地政策的要求，包括强制性的社会保险和额外福利等。

华为员工福利保障体系正在持续完善，2018年，华为全球员工保障投入135.1亿元（约合18.7亿美元）。

2014—2018年华为全球员工保障投入

任正非多次强调，"公司要关爱员工，在员工健康安全、互动交流、员工膳食、培训和学习等各个方面都要持续完善"。

从2009年开始，华为每年都发布《华为年度企业社会责任报告》，其中涉及，华为在绿色环保、提升供应链CSR管理、关爱员工、回馈社会等方面的内容。

任正非指出："华为一直秉承'以奋斗者为本'的理念，基于员工的绩效与贡献，提供及时、合理的回报，为员工提供全面的健康安全保障体系和成长机制。只有真正在实际行动中做到关爱员工，让员工有归属感，为员工的个人价值实现提供广阔的发展平台，企业才能充满活力、和谐有序地持续发展。"

"关爱员工"是华为企业社会责任战略的重要内容，而为员工提供有竞争力的薪酬更是华为企业社会责任战略的关键部分。

华为有四万名海外员工，当初他们选择远离亲人、朋友，奔赴海外奋斗，不是因为梦想、情怀、成就感，而是希望通过自己的努力，让疼爱他们的亲人过上更好的生活。

于是，任正非要求华为向奋斗者提供的回报一定要能满足员工的基本需求。

任正非认为，员工的人生意义在某种程度上是组织赋予的，组织也因此具有了使命，它一定要对得起自己的员工，员工把自己最好的时光、精力奉献了出来，你能给他们什么？这就是企业家的责任和使命了。

华为是100%员工持股的企业，企业的发展与每一位员工密切相关，随着企业的快速成长，最终获益的将是员工。

华为号称"三高"企业：高效率、高压力、高工资，激励机制和业绩压力是同步的。任正非认为："高工资是第一推动力。公司为员工提供有竞争力的薪酬是企业在人才竞争中最重要的手段之一，在充分肯定员工自身价值的同时，也希望能让员工获得与企业一起成长的成就感和自豪感。"

所有细胞都被激活，这个人就不会衰弱。对于华为来说，薪酬制度就是血液，社会保障机制是基础，两者确保，企业才能够健康持续发展。

用福利提升激励效应，可以很好地调动员工的积极性，增强员工的归属感，对于企业留住人才、增强企业凝聚力有巨大的作用。

◆ **在企业文化中加入更多"温情"**

> **注** 重人文关怀，企业才能持续发展。对于能够把员工权
> 益放在首位的企业，我们除了必要的期待外，还应给
> 予更多的掌声和赞誉，全社会就是要营造尊重员工权益光
> 荣、漠视员工权益可耻的氛围。

2008年，华为设立了首席员工健康与安全官，目的是进一步完善员工保障与职业健康计划。华为副总裁纪平是华为第一位"首席员工健康与安全官"。

华为不仅设立了这样一个岗位，还专门成立了健康指导中心，规范员工餐饮、办公等健康标准和疾病预防工作，提供健康与心理咨询。

华为员工从2008年下半年开始，邮箱里会不时收到首席员工健康与安全官发来的邮件，提醒大家注意安全（包括交通安全），要注意劳逸结合。

就在几乎所有人都将"狼性"作为华为企业文化的第一大关键词时，华为也逐渐在企业文化中加入更多"温情"。

华为设立首席员工健康与安全官的消息传出后，社会反响热烈，多家网站的调查显示，超过九成的网友对华为设立首席员工健康与安全官表示支持。但是，也有人认为，指望华为由此改变自己的企业文化，也是不现实的。如果没有了那股搏命的劲儿，如果失去了激烈的内部竞争，华为还是华为吗？还能成为中国优秀企业的典范吗？

我认为，华为设立首席员工健康与安全官，这是华为应对成长过程中必然出现的问题的必然举措，是华为文化创新的必然结果，是任正非的一种管理智慧，体现了任正非对员工的人性化关爱，至少可以给予我们以下启示：

华为的狼性文化中本身就包含"关爱""温情"的元素。设立首席员工健康与安全官，进而完善员工保障与职业健康计划，正是华为为了顺应现实需求的变化，而采取的企业文化创新行为。这对于彰显华为文化的深刻内涵、更好地凝聚和激励员工、树立良好的企业形象、打造企业的核心竞争力，有着十分积极的作用。

由于任正非在企业内部的特殊地位，华为企业文化的变革，离不开任正非的亲自推动和示范带头。

众所周知，华为创始人任正非在华为的历次文化变革中，均扮演了倡导者和推动者的角色。

2006年以来，任正非已经在华为内部的多个场合发表演讲，帮助员工解决各种精神压力和思想困惑。比如在参加华为优秀党员座谈会时，他就以自身为例，讲述在1999年到2007年间有过很痛苦、很抑郁的经历，但最终通过多与外界交流、多交朋友等方式把自己解放了出来。

任正非劝告员工，不要做一个完人，做完人很痛苦。他对员工出现自杀现象很痛心，认为华为忽略了心理疏导，对员工的心理关怀也不够。

因此，华为实施了一系列措施，那些在前线竞争投标、进行高强度作业、压力太大的员工，可以到海滨进行短期度假，费用由公司支付。还有一些由于工作强度太大，短期身体不适的员工，可以临时到五星级酒店进行缓冲。华为员工在海外发生意外，可以安排飞机送到医院治疗。

任正非说："华为公司总的来说是个内部很宽容的公司，不像社会上想象的那样。有些误解的人，主要是不了解我们，我也是可以理解的。"

在谈到设立首席员工健康与安全官的目的和背景时，任正非更是强调："员工不能成为守财奴，丰厚的薪酬是为了通过优裕、高雅的生活，激发人们更加努力、有效地工作，不是使我们精神自闭、自锁。"

首席员工健康与安全官在领导和员工之间建立了平等的互动交流平台，形成了良性的沟通氛围。关爱员工是全球众多优秀公司的共性特征。因为只有这样，才能有效地增进员工的归属感，充分保护、发挥员工的积极主动性和创造活力，同时也十分有利于雇主品牌的塑造，使企业有能力吸纳更多的优秀人才加盟。

从2006到2008年，华为发生了几名员工自杀、猝死的事故。但是，与外界的质疑所不同的是，华为的狼性文化有着深厚的群众基础，得到了广大员工的认同。2008年，一位华为老员工在接受我的采访时说："华为成长的道路上一直面临以小博大、虎口夺食的压力，到今天都是如此。一路上都在充当鲨鱼堆里的'鲇鱼'角色，公司压力以及员工压力可想而知。"

华为目前的员工总数已经突破19万，其中有45%从事研发工作，员工构成明显以知识型员工居多。随着生活水平越来越高，员工从单纯追求丰厚的物质回报，转向关注睡眠、休息、娱乐、健康等在内的更多人性化的因素。为顺应这种趋势，华为已经做了很多努力。设立首席员工健康与安全官这一岗位，不仅使得这些元素瞬间变得清晰、明朗，同时，由于相应的配套机制和政策的出台，更使得这些元素变得真实和可以触摸，让广大员工乃至社会公众都能够深切地感知到企业的关爱之心。华为每年用于员工各种健康保障的支出，从2008年的14.4亿元，增加到2018年的135.1亿元，10年增加了近10倍。

华为还根据员工体检结果发布员工健康报告，在总结员工高发病症的基础上，详细介绍了这些疾病的诱因、危害以及预防、治疗方法。

由此可见，设立首席员工健康与安全官，是华为致力于人性化关爱的最佳体现，代表了企业文化创造的一种必然趋势。

应该说，华为设立首席员工健康与安全官，体现了其为了改善员工生存状况的努力，也展现了一个优秀企业的人文关怀和人性化管理。这使我不由地联想起了谷歌。网上曾流行一组照片，是谷歌公司办公室的一些场景：吃的、喝的各种食品，玩的、用的各种设施异常丰富，那份自由、休闲、活力和趣味令人羡慕不已。有好几次，我都很认真地问过谷歌的高管和员工：在谷歌工作真的可以带狗上班吗？我得到的答案是：我没带，但理论上是可以的。至于这种人性化的管理和企业文化是不是过于自由散漫，那还是见仁见智的。但我想，也正是因为这份悠闲与开放，谷歌才拥有持续不断的创造力，才能够凝聚优秀的人才不断开发出令人惊讶的产品。

华为与谷歌，是那么的不同，但殊途同归，它们又有相似之处，那便是企业的活力和创造力。只能说，世界上没有千篇一律的企业文化，也没有一成不变的管理方式，无论踩在哪一极，都不妨碍它们的成功。只不过，无论坚持严格的管理还是奉行宽松的文化，有一点是不能变的，那便是对员工的人性化关爱。也只有这样，才能体现出企业文化善的一面。而人身安全、身体健康和精神快乐，乃是最基本的员工权利，如果这些都做不好，那这样的企业也许离优秀很近，离卓越却很远。

但必须指出的是，企业文化创造是一个系统工程，涉及企业经营管理的方方面面。如何才能找准正确的变革方向？文化变革应该从哪里入手？有无文化变革的捷径？这是众多企业领导者和企业文化管理者经常思考的问题。

华为设立首席员工健康与安全官在国内企业中尚属首例。这方面比较超前的公司是IBM（国际机器商业公司），但其目前仅有资深健康保健顾问一职，并有专门的团队负责员工健康问题；在级别和权限上，华为显然略胜一筹。

华为设立首席员工健康与安全官的经验再次为我们给出了很好的答案：文化变革应从现实问题入手。"如何解决因工作压力和工作环境而引发的员工非正常死亡和健康与安全问题？"这是近年来华为遭遇到的最不容忽视的棘手问题，也是华为企业文化建设面临的最大挑战。

作为一个有社会责任感的企业，华为文化将温情因素注入并强化，无疑是一种进步，是符合社会总体和谐价值需求的体现。一般而言，员工的怨气多来自企业老板的傲慢与不真诚。所以像任正非那样积极与员工互动、谈出自己真实感受的做法是一种很好的激励。其次，对待员工怨气，没有什么大小与程度问题，而在于其性质，即员工与企业老板的离心离德，所以华为设立首席员工健康与安全官很好地打破了老板与员工的隔膜，是一种企业文化的良性运转方式。

对于当下盛行的"加班文化"，华为副董事长、CFO孟晚舟表示，华为并不鼓励员工加班。"我们希望员工能高效工作，在工作时间内完成工作任务。我们评价员工是以责任结果为导向，而不是看你是否加班。"孟晚舟认为，人生的差别就在八小时之外，工作了八小时之后，有的人选择放松娱乐，而有的人选择阅读学习，不断提升自己。人与人之间的差距就是这样拉开的。

2018年3月，华为被德国商业杂志《第一品牌》（*brand eins*）评为最具创新力的企业之一，并在"2018年领英（Linked In）德国最佳雇主"榜单中位列第四。领英强调，华为的雇主品牌非常具有吸引力，并使得华为成为德国人现在最希望去工作的最佳企业之一。在25个获奖企业中，华为排名第四，位居麦肯锡、Alphabet和亚马逊之后，但领先于波士顿咨询、苹果、宝马、IBM和思科等公司。

任正非指出："注重人文关怀，企业才能持续发展。对于能够把员工权益放在首位的企业，我们除了必要的期待外，还应给予更多的掌声和赞誉，全社会就是要营造尊重员工权益光荣、漠视员工权益可耻的氛围。"毕竟，只有这样有道义、有良知、有温情的企业，才会为员工们创造更大的福祉。

总而言之，现代企业管理的重大责任，就在于谋求企业目标与个人目标两者的一致，两者越一致管理效果就越好。管理者只有给予员工人性化关爱，才能真正凝聚员工，激发员工的工作热情。只有散发着人性光芒的企业才能基业长青。

为员工构筑起全覆盖的"安全保护伞"

华为全力整合内外部健康资源，打造一体化平台，提供多元化获取渠道及健康服务，与员工一起防范健康风险。

华为作为全球知名的500强企业，拥有完善的员工保障体系，除了商业保险，还有职业健康体检、年度体检。在华为的园区中，也分布着医疗门诊和健康中心。同时，华为还经常聘请业内知名专家进行健康生活指导。华为全力整合内外部健康资源，打造一体化平台，提供多元化获取渠道及健康服务，与员工一起防范健康风险，为全球员工构筑起全覆盖的"安全保护伞"。

华为强有力的健康保障体系

为了应对外派工作人员可能遇到的突发事件，华为以制度化的形式设立了突发事件应急处理的相关流程及常设组织。华为制定了员工全球紧急医疗救助服务方案，保障员工在紧急情况下，可以享受由专机送抵医疗条件较好的地方接受妥善和及时救治的福利。

在员工保障方面，除了法律规定的社会保障外，华为公司还提供了人身意外伤害险、重大疾病险、寿险及商务旅行险等商业保险和医疗救助，为员工保驾护航。

2013年1月4日晚，华为公司安哥拉代表处员工王琮突发急恶性疟疾，代表处立即将其护送至当地专科医院进行治疗。1月5日，王琮出现肾衰迹象。为了避免病情进一步恶化，华为包下专机将王琮转至医疗条件较好的南非接受治疗。同时，华为总部启动应急机制，成立了"王琮事件应急处理小组"，通知商业险公司启动紧急救助程序，并安排家属前往探望。华为公司和代表处安排专人在医院照顾。华为安哥拉、南非代表处多次发动血型匹配的员工、使馆人员和其他中资企业员工为其献血。在前后方通力配合下，王琮最终脱离危险。

王琮的家属在给华为的感谢信中这样写道："正是华为强大的爱心阵容，拧成一股巨大的力量，把王琮从死亡线上拉了回来。"

近年来，华为针对非洲等艰苦地区，成立了健康保障项目组，派驻多名医生及保障专家前往喀麦隆、中非、布基纳法索、尼日利亚等十余个国家，通过专业梳理及属地医疗资源适配，改善艰苦地区健康环境，从而降低疾病发生率，让员工安心工作，并将成功经验复制到其他艰苦国家。

2018年5月，埃博拉疫情又一次在西非爆发，华为第一时间响应，在疫情蔓延的国家和地区，成立了由专人负责的监控小组，建立信息通报机制及疫区人员出入管理规定。同时，公司邀请中国国家卫健委和国家疾控中心的相关防控专家开展了多场次的埃博拉知识讲座，并派遣具有丰富医疗经验的专家前往一线，系统地管理疫区员工及家属健康。截至2018年底，华为员工及家属无一人感染埃博拉病毒。

◆ 全方位呵护员工身心健康

企业的根基在员工，而员工的根基在健康。从社会层面看，健康就是生产力，而对于企业来说，员工的健康就是企业的资源和财富。

社会上有很多人认为华为只有狼性，没有人性。这是对华为的误解。其实，华为公司非常关爱员工，用心呵护员工的身心健康，努力营造"快乐工作、健康生活"的氛围。

任正非说："企业的根基在员工，而员工的根基在健康。从社会层面看，健康就是生产力，而对于企业来说，员工的健康就是企业的资源和财富。只有员工的健康不打折，社会发展、企业运行才有坚实的人才资源保障，各项工作才能顺利、平稳推进。忽视了员工健康，不仅会造成生产力和财富的巨大浪费，还会埋下严重的事故隐患。"人们常说，身体是革命的本钱。确实，离开了健康，工作就无从开展。

华为积极探索"以防代治"，充分调动健康行业、保险行业资源，开展"健康积分制"试点，牵引员工主动投入到健步走、慢跑、瑜伽、游泳等运动中，以自己的健康行为换取健康主题产品或服务激励，如健康餐、健康饮品、健康保险等，吸引员工热情踊跃参与，践行了华为公司一向倡导的"我的健康我做主"的健康管理理念。

员工的心理健康一直是华为关注的重点。除了通过压力测试问卷，定期对员工的心理健康状况做评估以及提供健康指导，华为还通过搭建资源平台，汇聚大批优质心理健康专家和机构，及时满足员工的需求。对在海外艰苦地区的员工，由于自然条件及工作条件的困难，华为给予了更高的关注，设立了心理咨询热线，建立起员工及家属的心理安全屏障。

2007年7月，任正非发表了题为《完善和提高对艰苦地区员工的保障措施》的讲话。他指出，在海外艰苦地区进行工程项目的员工，每半年要进行强制性体检，体检通不过的，不再留驻艰苦地区工作；各级主管要合理安排工作，逐步减少员工过度加班情况；对于过度加班员工已出现身体不适的，可就近安排在宾馆酒店等高级休养场所休整，费用可计入成本。

任正非还强调，各级主管要积极安排员工休假。不关心员工休假、探亲的领导是不合格的领导。

华为公司的健康指导中心不仅要做好员工医疗救治和人身意外伤害的保障工作，也要继续加强预防措施，指导员工进行适度合理的锻炼和休息。要尽快将公司已通过的员工社保、商业保险和救治体系运作起来，充分合理地利用全球商业保险公司的可用资源，对于路遇抢劫等危害员工人身安全的情况，应教育员工采取以保障人身安全为最基本要素的处理方法，不要不顾一切地去争夺与保护财产。

在当下的社会环境中，员工的健康问题日益凸显，健康成为人才存留的重要影响因素，向企业效率提出挑战。尤其对华为这样的高科技企业来说，人才是企业的最大财富。拥有健康的员工，企业才能更好地发展。华为不仅在管理和创新层面值得研究，在健康管理方面也会成为众多企业纷纷效仿的风向标。

用心呵护员工身心健康，是企业兴旺发达的资本。伴随社会的快速发展，职场竞争日趋激烈，工作压力越来越大，大多数员工不可避免地要花更多时间、精力在工作上。长此以往，不少员工处于紧张、失眠、疲劳、颈椎疼、腰疼等亚健康状态。这在长期久坐、伏案工作的人员中更是十分普遍，严重危害员工的身心健康，同时也给职工健康管理带来更大挑战。华为积极探索"以防代治"，全方位呵护员工身心健康，让员工快乐工作、健康生活。这些投入是值得的，因为员工健康不仅是员工自身的事情，更是企业发展壮大的保障。

◆ 无微不至的人文关怀

华为对人力资源进行管理就是要支持与理解那些坚持艰苦奋斗精神的员工，要坚持完善和提高对其提供的保障措施，要强调生命高于一切。

任正非说："员工是企业最宝贵的财富，只有给予员工更多的人文关怀，为员工提供全面的健康安全保障体系和成长机制，员工才有归属感，企业才能充满活力。"

截至2019年6月30日，华为全球员工总数达19万人。华为的员工来自全球170多个国家和地区，海外员工总数达4万人。

华为无微不至地关怀海外员工的工作和生活。任正非2016年3月7日在EMT办公会议上，就如何改善艰苦国家的工作条件提出了新的要求，他说："这次考核基线改变后，在艰苦国家多出来的费用，用于改善当地的作战环境，如果不用，公司就收回来了。这样代表处可以买好一点的车辆，虽然我们同意用Uber（优步）租车，但代表处还是要有几辆自己的好车；危险国家的办公和住宿场所，外面的围墙不变，在里面可以贴一层钢筋混凝土；宿舍房间靠近睡觉的墙壁可以加一些钢板，而且建议员工不要睡在窗户边；出于安全原因，代表处在人力资源上稍微富余一点也是可以的……各方面合理调整一下，我们还是要建立自我保护意识。"

2007年7月，任正非发表了《完善和提高对艰苦地区员工的保障措施》的讲话。他在讲话中指出：

坚持艰苦奋斗，尤其是在海外艰苦地区仍能艰苦奋斗的员工，是华为宝贵的财富。公司对于这些奋斗者，一直努力改善他们的生活、医疗（条件）及安全保障措施。公司对人力资源进行管理就是要支持与理解那些坚持艰苦奋斗精神的员工，要坚持完善和提高对其提供的保障措施，要强调生命高于一切。各级主管要将为在艰苦地区持续奋斗的员工建立健全健康与生命保障措施作为工作的重点。

员工保障措施的落实和生活条件的改善工作，首先要改善和提高那些在艰苦地区工作的员工的生活条件，并且可以优先考虑海外的艰苦地区，因为在海外克服困难的难度比国内大。积累一些好的经验之后，就要形成制度，然后再逐步推广。

要解决好海外工作人员的伙食保障、医疗和生命保障以及住宿条件的改善问题，进而解决赴海外工作员工的家属随队生活的安排及帮助等问题。

在继续完善各种保障措施的过程中，我们还要善于学习别人的成功经验。比如其他公司有的在海外驻地建设活动设施等。我们公司也要采取必要措施，确保员工住宿条件的逐步改善。

在一些贫穷落后国家办事要给小费，有时不给小费还会面临生命威胁。为此，任正非当即拍板："不给小费，就是不跟国际接轨！小费，也可以列入报销！"

任正非指出："各级干部还是要在自己的部门把小费制度推起来，我们已经是与国际接轨的公司了，不给小费就是不与国际接轨。给劳动者一点补偿也是感恩嘛，心对心，你给了黑人保姆一点点钱，人家把你的衬衣烫得平平整整的，你出去就像绅士一样，有什么不好呢？南非地区部这方面就做得很好，所以各方关系很融洽。为了提高工作效率，处理好关系，确保海外员工的人身安全，花点钱是值得的。这些费用还可用于当地公共关系，比如你到这个站点去，买几只羊给村民，买些文具送给当地的小学，出去的时候带一个本地人，给外包司机一点小费，也可以由公司报销，并且在当地就审结了不用再回公司报销。真正危险的时候，请两个保镖也是可以的……这样去和当地人搞好关系，一旦出现危险的时候，他们可以帮助我们甚至保护我们的安全，我们员工心里就踏实了。"

任正非还表示："这方面我们也要向美军学习，一线的战士开着悍马到处跑，但后方的国防大学就只有校长有专车。我们也要这样子，一线的员工得意地开着好车，一会儿见总统，一会儿见部长，我们就是要给在艰苦国家奋斗的员工提供让他自豪的条件，这样大家才愿意去一线奋斗呀。不愿意继续在艰苦一线奋斗的人可以回来，与用人单位进行双向选择；不能适应岗位的，可以到资源池重新回炉深造。非洲的将军撤回来，为什么不可以在机关做职员呢？可以的。我们也要有宗教般的虔诚挺进，但我们要提供足够的弹药和装备让员工有自豪感。如果艰苦地区只有艰苦，北京上海只有挥霍，还有谁愿意去艰苦地区呢？我们要从预算里面拿出些钱来，厕所打扫干净了、绿化搞好了、安全搞好了……给劳动者发点奖金，员工给服务人员一点小费，虽然我们把服务外包了，但外包公司也不一定能把钱给到劳动者的。"

细微之处见精神。"小费"确实是跟国际化挂钩的，也是一种沟通，是搞好周边关系的手段，利人利己。任正非胸怀宽广，也只有他才关注这种细节，恐怕在世界500强企业的领导者中也只有任正非对这种"小事"这么上心！

◆ 让员工吃好，才能工作好

让员工吃好对于华为公司来说就是一件天大的事情！让员工吃好，员工才能工作好！

有人说，老板对员工好不好，看看员工食堂就知道。我认为这句话有道理。正所谓"想要留住员工的心，先要留住员工的胃"。

任正非对此自然是谙熟于心。为了留住员工，他除了开出让人无法拒绝的高薪外，还把员工们的胃守得死死的！他说："让员工吃好对于华为公司来说就是一件天大的事情！让员工吃好，员工才能工作好！"

任正非在内部讲话时指出，不关心员工饮食的干部是不合格的干部，我们要采用各种可能的形式，建好食堂，让员工吃饱、吃好，才不想家。同时优先抓好艰苦地区和工程项目的野战食堂建设问题。野战食堂的形式包括并且不限于驻地食堂、流动食堂、认证订餐服务等形式。各片区、代表处和工程项目组可根据公司原则，因地制宜地解决本地野战食堂建设问题。原则上五至六人以上的就可以建立野战食堂，两至三人的要确保员工能吃到可口的饭菜。

为此，华为出台了以下五大措施，不惜重金支持员工食堂的快速建设：

措施一：在野战食堂就餐的费用，公司进行等额补贴，即按实际消费数额，员工和公司各负担一半。

措施二：食堂必要的装修费用和设备购置费用等可由公司负担；雇佣厨师和保姆的费用等可以纳入日常行政成本费用管理，暂不由员工分摊；厨师、保姆聘用要两条腿走路，以代表处自己解决为主，公司帮助为辅。

措施三：为了支持野战食堂的快速建设，公司各部门应积极响应，迅速投入。

措施四：行政系统要抽调一些干部，紧急动员起来，尽快投入这项工作；原党委下属有关海外艰苦地区员工保障服务的职能转入行政保障部门。

措施五：其他各代表处和区域机构的食堂也要加紧建设，要通过合理调整补贴发放模式、区域机构伙食保障制度建设等方面的工作，切实落实并可根据地区差异适当调整伙食标准。另外也要鼓励员工让家属陪同驻外生活，各级主管要起带头作用。原则上，随队生活的家属可以在驻地食堂用餐，也可以给予适当的伙食补助。

近几年来，网上经常爆出华为食堂的美食照片，引发网友的热烈讨论，不知多少吃货看着馋人的美食照片流出了口水。

新进华为的员工，大都先被公司食堂丰盛的菜式弄得眼花缭乱，川、粤、湘、鲁、淮扬各大菜系花样翻新，另加各色面食糕点，不管你喜欢什么口味，保管吃得称心如意。

我到很多知名企业采访时，都喜欢去他们的食堂看看，因为一个企业对待员工好不好，看看员工食堂就知道。食堂就是企业是否关爱员工最真实的体现。

我是一个美食家，对吃很讲究，出去采访，老板们都把我请到当地最高档、最好的酒店吃饭，可以说吃遍了中国美食。但是，自从我参观华为公司总部、北京研究所和松山湖基地的员工食堂后，我被各种各样的美食所吸引，食欲被极大地调动起来。打那以后，我就跟陪同我参观采访的华为领导说："我们就在员工食堂吃饭吧！"吃了几次后，我觉得华为员工食堂的饭菜比五星级酒店的还要好吃。可见华为员工多有口福！

仅仅为了这些美食，就有很多年轻人想要投奔到华为的怀抱。华为的员工食堂的诱惑力可见一斑。

记得2017年，华为心声社区曝光了华为沙特办事处员工在食堂吃海鲜的照片，结果刷爆了网络。

沙特虽然地处沙漠，华为员工在食堂却可以尽情吃海鲜和各种特色美食。有网友惊呼：有一种食堂，叫华为食堂！难怪华为员工这么努力，想必都是吃出来的！

当然这些却不是重点，重点的是华为海外食堂还坚持每日都不重样，每天都有特色菜。

然而这些只是华为海外食堂的冰山一角。

2000年，第一批公派出国的华为员工，因为外汇管制刷不了卡，一日三餐只能在快餐店啃着单调的垃圾食品。

十几年过去了，华为越做越强，人越来越多，也更加重视员工的餐饮。华为的饭菜越来越丰富了，用其官方的话来说就是：抚慰你胃的不止龙虾，还有烤鱼；你在孟加拉吃着烤全羊，我在金沙萨享用烧烤大餐；你在莫斯科吃烤鱼，我在加纳吃羊肉泡馍……现在我们的目标是吃遍全球！

华为把食堂建设作为公司的头等大事，舍得花钱。如今，华为的员工食堂建设得更加人性化。看来饭勺子真是华为的核心竞争力之一。

华为公司的办事处、研究所建在哪里，餐馆老板们就如影随形，华为人凭工卡还能打八折，让其他公司的人心生不平：华为的工资那么高，为什么吃饭还打折？老板说：由于华为人对餐馆的要求高，能得到他们的认可，可以为餐馆带来生意。

华为公司高级管理顾问吴春波先生说："'吃'在华为受到高度重视，早已被提到安定团结、上下沟通的高度上。从开始时家庭式的小食堂到记账式的"大锅饭"，再到今天无纸化先进管理的大餐厅，华为不断改进的管理方式辅以不断更新换代的餐饮设施，令员工可以大饱口福。"

华为之所以如此注重员工吃饭的问题，这与任正非有很大的关系。

为了让员工吃好饭，任正非曾多次组织食堂大比武，并亲自担任评委，激励食堂的师傅们把饭菜做好。

华为招聘厨师跟招技术研发人员一样严格，华为的厨师个个身怀绝技，做得出拿手的好饭菜。

吃文化是华为文化的组成部分。在20世纪90年代中后期制定的《华为员工守则》里就专门有一条："公司提倡'吃文化'，上下级和同事之间互相请客吃饭、吃面条，在饭桌上沟通思想、交流工作。日常生活的方方面面，只要有两个以上华为员工，也就形成了沟通的机会。生产协调委员会及其分会为兴趣相投的员工又打开了一扇沟通之门。"

华为的干部们大多是吃文化的倡导者，不仅自己吃出了个中滋味，而且不断进行总结和推广，影响下属也用心去"吃"，一边吃一边沟通交流。员工们心领神会，大面积的推广和实践自然就开始了。

任正非对华为的干部们说："吃是为了工作。搞管理的，就要经常在一起聚聚餐。谁多请下属吃饭，谁就提拔得快！"

吴春波介绍说，在正式和非正式的场合，任正非多次提到要让华为"吃文化"发扬光大："你感觉自己进步了，就自己请自己撮一顿。你要当好领导吗？那么，多请部下吃几盘炒粉吧。在轻松自由的氛围里，很轻易就做到了上下沟通，协同工作，部门的效率也就提高了；你想做大秘书，也要多请客，你的工作经过沟通开放了，大家帮助你，互相又了解，你就能成为'大秘'；搞管理的，更要经常这样在一起聚餐。"

在2008年的一次讲话中，任正非鼓励干部请下属吃饭："记得当年在北京，我请三个小青年吃饭。我开了个玩笑说，你们年底盘算，谁请客付钱最多，他一定是老大。十几年过去了，事实证明，他们三个人的差别，是上百倍的差别。老大吃亏了吗？那饭能吃多少钱，你说中午，大家几个人跑到凯宾斯基，吃饭喝酒，有什么不好的。"

任正非是军人出身，深知"兵马未动，粮草先行"的道理。所以，华为公司的后勤服务一直是任正非关注的焦点。

任正非为了检验食堂的饭菜好不好吃，经常去员工食堂排队吃饭。后来，很多新来的员工想见一见任总，就去食堂吃饭，说不定就能遇到。

很多人第一次在公司见到任正非，都觉得他像个大厨师傅。一位老员工回忆："我第一次见任总就是在食堂里。当时我们正在排队打饭，就看到一个微胖的中年人站在队伍旁边，一边看大家打饭，一边大声地叫着：'我看谁打肉多，谁就是新来的。'那个人头发乱乱的，脸上胡子拉碴，身上穿的衣服皱巴巴的，我以为他是食堂做饭的师傅，所以也没怎么理会。过两天开会，才知道这个人就是我们的老板任正非。"

在创业之初，为了鼓励研发人员搞技术攻关，任正非晚上还亲自给研发人员送夜宵，慰问一线员工。

任正非也喜欢将华为文化比作食物。他说："华为是包容性的洋葱头，华为文化是一种开放、兼容并蓄的文化，这层是英国文化，那层是中国文化。华为的文化是中西融合，取其精华。"

在华为，吃不仅是一种文化，还是一种分享、沟通的手段，任正非喜欢和大家一起分享。华为的分享机制，从"吃"上就可以看出来，或者反过来讲，华为的"吃"本身就是一种分享机制。只有让员工吃好，才能工作好！

第七章

执行力就是竞争力

执行力就是企业的竞争力。一家企业的成功，30%靠战略，40%靠执行，30%靠运气。无论多么宏伟的蓝图，多么正确的决策，多么严谨的计划，如果没有严格高效的执行，结果与预期将会大相径庭。

——任正非

◆ **充分放权，让听得见炮声的人来决策**

正 是因为任正非舍得放权，才使得华为员工的聪明才智得到充分发挥。

"三分战略，七分执行"。对个人来说，执行力是领导力的一部分，对公司来说，执行力是企业成败的关键。

华为成功的因素之一，就是其高效的组织执行力。华为高效的执行力来自于华为创始人、总裁任正非充分地放权、授权。

2010年，任正非在意识到华为的管理模式遇到了瓶颈之后，他决定进行一次新的改革，就是在华为内部实行充分放权。目的是把决策权按一定的方式尽量下放给一线团队，从而精简一些不必要的流程和人员，提高华为的运行效率。

于是华为就形成了面向客户的"铁三角"作战单元：以客户经理、解决方案专家、交付专家组成的工作小组。其目的是发现机会，咬住机会，将作战规划前移，呼唤与组织力量，从而完成组织的目标。

不仅如此，任正非让"听得见炮声的人来决策"，在一线的团队和员工也都得到了充分的授权。

作为公司创始人和总裁，任正非主动放弃了公司的决策权，仅保留了否决权。这样让公司内部那些拥有事业雄心或发展野心的员工，通过自身的努力就能够拥有管理权，充分施展个人的才干。

任正非在华为实行轮值董事长制度，把经营管理权直接授予三位轮值董事长，为公司培养接班人。

2019年3月底，任正非签发文件，宣布华为消费者业务独立运营，把组织设计和薪酬分配权授予给消费者业务CEO余承东。

同时，任正非给消费者业务军团设定了新的目标：到2023年完成1500亿美元的销售目标。华为的这个行动一方面是看到了消费者业务集团取得的成绩，更重要的是看到了发展的前景和机会。

但是，仅有分权还不够，如果不能做到上下一心，企业分权就会乱。华为的分权，是建立在员工高度认可企业之上的。任正非认为，"只有员工真正认为自己是企业的主人，分权才有基础"。

从普通员工到中层干部再到高管，每个人都尽其才、展其能，企业又怎么可能不发展、不壮大、不成功呢？

正是因为任正非舍得放权，才使得各路诸侯的聪明才智得到充分发挥。任正非的分享理念让我们认识到了企业家在管理上的个人局限，只有借助组织、员工的力量，企业才能驾驭不断变化的时代，才能立于不败之地。

而且任正非在华为充分放权、授权，并没有造就个人英雄。我在跟华为高层交流时，发现他们更强调团队的作用和力量。任正非的人格魅力，感染和熏陶了每一位华为人。

◆ 向军队学习，打造极具战斗力的团队

再穷不能穷教育，让最优秀的人培养更优秀的人，让更多的人才考上西点军校。

一直以来，华为的军事化管理是赫赫有名的。一方面，是因为任正非是军人出身，带有军人情结；另一方面，是因为军队的确有很多值得企业学习的地方。

华为能有今日的成就，与任正非从军的经历是不可分割的。任正非经常强调要向军队学习，将华为打造成像军队一样具有高凝聚力、执行力、战斗力的团队。

众所周知，军队是具有高效率、强执行力的组织。"世界上最优秀的管理在军队！"任正非非常认可这句话。

任正非非常推崇美国西点军校的管理智慧，他在内部讲话中经常提到西点军校，因为美国西点军校更是商业领袖的摇篮之一。

任正非认为，要想让企业像军队一样高效，就需要对企业进行军事化管理。

西点军校堪称美国军队的摇篮，因为这里培养出了3700多名将军，其中包括布莱德雷、潘兴、格兰特、罗伯特·李、乔治·巴顿、麦克阿瑟以及艾森豪威尔等名垂青史的美军将领，格兰特和艾森豪威尔后来还当选了美国总统。

任正非认为，名将辈出并不是西点军校最为人称道的地方，西点军

校真正的骄傲在于，它不仅能培养出将军，而且其毕业生在离开军队之后，同样能成为社会各界的精英，尤其在企业管理领域。英特尔公司中国区总裁简睿杰，国际电话电报公司总裁兰德·艾拉斯科，美国在线创业的CEO詹姆斯·金姆赛，康帕斯集团的总裁约翰·克利斯劳，美国东方航空公司的总裁、宇航员法兰克·波曼，全美第二大零售商西尔斯的总裁罗伯特·伍德……翻看这些人的履历，你会发现，他们全都是西点军校的校友。

在美国有这样一个说法，最好的商学院不是在哈佛、耶鲁，而是西点军校。

哈佛、耶鲁、斯坦福有世界顶级商学院，培养了很多企业家，但它们都比不上西点军校。为什么这么说呢？

《财富》杂志曾做了一个统计，在世界500强的企业中，有1000多位董事长、2000多位副董事长、5000多位总经理来自西点军校，所以它被公认为是最好的商学院。

为什么一所军校可以培养出如此之多的管理人才？"军事化"这三个字便是答案。一支优秀的、能打胜仗的军队，不会存在推诿扯皮、消极怠工这类低级行为。因为在军队里，命令永远凌驾于道理之上，服从永远凌驾于个人意志之上，战斗的成败永远凌驾于个人的荣辱之上。作为管理者，我想，你绝对希望自己的企业也能成为这样的组织。

1998年，任正非向华为培训中心推荐的第一本书就是美国西点军校退役上校所写的《西点军校领导魂》，书中主要介绍西点军校如何培养军队的领导者。任正非还特别将麦克阿瑟将军要求西点军人始终坚持的三大信念"责任、荣誉、国家"改为"责任、荣誉、事业、国家"，以此作为华为新员工必须永远铭记的誓言。任正非经常精神振奋地和员工谈论三大战役、抗美援朝，对他来说商战不过是自己与命运斗争历程的继续。

任正非于2019年5月21日接受媒体采访时说："再穷不能穷教育，让最优秀的人培养更优秀的人，让更多的人才考上西点军校。"他还希望华为能够像西点军校一样成为培养将军和优秀经理人的摇篮。

任正非在创立华为之初就学习军队组织设立了"铁三角模式"。操作具体项目时，华为会从各个部门抽调成员，组建一个跨功能部门的团队。团队里有三类成员，一是核心成员，二是项目扩展角色成员，三是支撑性功能岗位成员。

也就是说，这个项目组既有业务人员，又有技术支持团队，还包括财务、行政、人力、后勤等功能岗位的团队。

当然，除了上面提到的这两点，任正非认为，军队里还有值得学习的其他方面。比如军队有选拔机制，会采取精英模式，进行优中选优。

再比如危机意识。兵法有云"骄兵必败，哀兵必胜""天下虽安，忘战必危"，任正非也具有这样强烈的忧患意识，明白居安思危、惶者生存的道理，一直在不断变革。

虽然艰苦的军旅生涯并没有带给任正非多少物质财富，但军队的生涯却深深地影响了他的信念并锻造了他的钢铁意志、强执行力和社会责任感。

任正非具备军人雷厉风行的性格，要做的事就必须立即做到，有时简直是逼着人变出业绩来。在任正非亲自主持的会议上，干部发言都是直奔主题，否则就等着老板的厉声呵斥吧。他从军队继承的"攻无不克"的精神成了华为强大执行力的来源。每年他都会为华为制定下一个目标，很多人都不相信能够实现，但是多年以来，每年所提出的目标居然大都实现了。

任正非的强势风格使他在华为几乎是一言九鼎，一声令下所有人就立即行动起来。员工在做事的时候不用多想，你只要按照老板的要求执行就行，这种雷厉风行经常会把对手打个措手不及。

任正非所用的掷地有声的词汇绝大多数来自军队用语。他2016年1月13日在华为市场大会上指出："胜利取决于坚如磐石的信念，信念来自专注；华为的唯一的武器是团结，唯一的战术是开放。当前企业、政府对云服务的需求，使网络及数据中心出现了战略机会，这是我们的重要机会窗，我们要敢于在这个战略机会窗开启时，聚集力量，密集投资，进行'饱和'攻击。扑上去、撕开它，向纵深发展，向横向扩张。"

任正非借用现代美军组织运行机制与管理模式，不断优化华为的组织与流程，使华为的组织变得更"轻"、更具综合作战能力。任正非认为军队是最具变革精神和最具战斗力的组织。

2015年11月29日，任正非亲临现场与数千名华为高管聆听金一南将军的两场讲座。任正非为金一南的文章《胜利的刀锋——论军人的灵魂与血性》专门撰写编者按："军人的责任就是夺取胜利，牺牲只是一种精神。华为的干部和员工不仅要拥有奋斗精神，更要把这种精神落实到脚踏实地的学习中与技能提升上，在实际工作中体现出效率和效益来。"

任正非提出，要学习美军的用人观和人才评价观。他说："金一南将军讲美国军队，美国军队是世界上最有文化的军队之一，西点军校录取的学生是高中生中的前10名的学生，美国安那波利斯海军军官学校录取的学生是高中生中的前5名的学生……所以，美军军官都是美国最优秀的青年。美军的考核方式最简单，没有对学历、能力的考核，只考核'上没上过战场，开没开过枪，受没受过伤'，所以美军其实是最能作战的。他们先学会战争，再学会管理国家。将来我们也要学习美军的考核方法。"

此外，任正非还借鉴现代军队组织的运行机制与文化，给知识型员工注入军人的灵魂与血性，提升员工战斗力与执行力。

不少学者和专家认为华为是靠"狼性文化"驱动知识型员工充分发挥其内在价值创造的血性，使其勇于承担更大的责任，创造超出常人的高绩效。

一位华为的高管告诉我：其实任总在华为从来没有倡导过"狼性文化"，只是提倡过"狼狈机制"，强调前方是狼，后方是狈，前方要善于捕捉机会，捕杀猎物，后方要为前方提供强有力的保障支持服务。

任何一个企业的文化特性都与其创始人的价值取向和行为风格密切相

关，任正非是军人+知识分子出身，因此，华为文化的基因自然带有军人的"灵魂"和知识分子的个性。华为文化的本质是军队文化与校园文化的完美结合，这种"军队+校园"的混合式文化，既符合知识分子的个性，又给知识分子注入了军人的"灵魂"与血性，从而提升了知识型员工的价值创造战斗力与执行力。

打造流程化组织，让执行变得简单而高效

> **我**们的工作方法，其实就是一系列流程化的组织建设。明确了目标，我们就要建立流程化的组织。

华为高效的执行力得益于打通端到端的业务流程，建立支撑业务发展的流程化组织。所谓端到端，就是从客户的需求端来，到准确、及时地满足客户需求端去。

著名管理学家迈克尔·哈默说："任何流程都比没有流程强，好流程比坏流程强，但是即使是好流程也需要改善。"因此，执行者应该善于改善不合理的流程，去繁就简，让执行变得简单高效。

有效流程应该能长期稳定地实行。企业要想长治久安，就要拥有超越个人英雄色彩的流程化管理，实现"无为而治"。"无为而治"是管理的最高境界，指企业在不依赖人为控制的情况下，也能达到既定的目标。在这种管理模式下，企业不会过分依赖管理者，而是通过内在控制激发员工的工作积极性，实现自我管理和自我控制。

任正非也深谙此道。他说："我们所有的目标都是以客户需求为导向，充分满足客户需求以增强核心竞争力。我们的工作方法，其实就是一系列流程化的组织建设。明确了目标，我们就要建立流程化的组织。"

华为最初没有流程管理。从1999年起，华为花巨资向IBM先后引进IPD、ISC（集成供应链）、ITR（售后）三大流程，同时用流程IT的方式进行固化，支撑华为产品的交付和实现研发。最后，在"以客户为中心"

的理论指导下，进行组织配置，包括责任人、考核方式等，并坚决按流程来确定责任、权利，以及角色设计，逐步淡化功能组织的权威，同时结合企业实际情况持续优化，从而确保流程体系在结构上处于领先水平。华为用了八年的时间完成了构筑流程框架，保证"瞎子都能共同拼出一头大象"。

IPD为华为公司"万里长城"的发展奠定了坚实的基石。供应链被华为看作是企业"第三利润"的源泉，IPD和ISC的贯通从根本上提升了华为整体竞争力，保障华为全面走向国际化。

对人负责制和对事负责制，是管理的两个原则。华为确立的是对事负责的流程责任制，在持续的流程改进和管理过程中，任正非要求管理干部要担负起流程的责任，建立起行政管理与业务流程管理适当分离的运作机制。

任正非指出："我们把权力下放给最明白、最有责任心的人，让他们对流程进行例行管理。高层实行委员会制，把例外管理的权力下放给委员会，并不断把例外管理转变为例行管理。流程中设立若干监控点，由上级部门不断执行监察控制。这样公司才能做到无为而治。"

任正非提出流程管理的三个有效标准：一是正确、及时交付；二是赚到钱；三是没有腐败。

同时，华为要求管理干部要站在全局的高度来看待公司的整体管理构架，强调继承与发扬，不要轻易做管理变革，防止撕裂与周边的关系，要避免因此带来新的流程壁垒。

华为不断改进业务流程，不是让员工失业，而是让员工更能发挥自己的价值。不仅是发挥主管的价值，更是发挥所有人的价值。因为这样可以从海量、低价值、简单重复枯燥的工作中把每一个人解放出来。

华为总是从下往上设计组织，客户需要什么组织，华为就建设什么样的组织，后面所有的组织都是围绕客户，让组织提供炮火。这样倒着设计，如果上面的组织不给力就剪掉。

华为围绕给客户创造价值，建立了端到端的流程。华为有15个核心流程，他们全部叫端到端——从客户端到客户端。

举个例子，从线索到回款的流程为：线索→机会点→提供解决方案→讨论合同→签订合同→合同归档→生产和备货→发货→海外发货要清关→一次物流→二次物流→工程实施→工程分包与合作→工程合作采购→硬件安装→软件联调→出样→收样→回款。

华为这样的流程需要横跨十几个部门，有24道环节。如果这个流程效率低，就要流程的负责人负责。

华为围绕业务、场景建设了15条"高速公路"，每年变革都在把"高速公路"做到围绕客户最快速、最便宜、最简单、最正确来优化。它是通过流程来作战，通过流程授权和赋能，这就是端到端的流程建设。

华为在每个国家的队伍，一旦出现问题，都会启动相应的应急响应流程。

华为有很多元器件是在日本采购的。2011年3月11日，日本发生大地震，华为在半小时内就启动了应急响应流程。

2019年5月16日，美国政府将华为列入"实体管制名单"，华为各个部门随即进入战时状态，加班加点采购零部件，一周之内备足了三个月所需的配件。

遇到紧急情况，华为各个部门不需要等待决策，而是有专门的授权规则，能够快速在账上调动几十上百亿元资金将所有货物和零部件全部买断，这就是安全。

流程是什么？流程就是钱，产品快也是竞争力，比别人运作效率高也是竞争力。

华为业务流程设计的最大特点，就是主干清晰、末端灵活。

华为的流程是为了胜利，不是为了规范，也不是为了按照你的要求来。流程的目标是为客户创造价值，流程的目标是为了胜利，而不是取悦机关领导。

华为专门有一个部门负责流程，这个部门会告知流程所属者，现在流程遇到了什么问题，有什么痛点，流程效率哪里低了，然后每年例行优化，这就是流程的例行优化组织，这就是运营官。

华为组织建设的特点，是前线组织建设中"让听得见炮声的人来呼唤炮火"，后方组织建设中支持服务要联勤化。联勤就是客户呼唤一个点，剩下的是各个部门之间通力协同作战。

如何建立一个能够快速"呼唤炮火"的机制？华为的办法是沿着业务流程构建匹配的流程化组织。

综合来看，华为的流程体系具有以下特点：

第一，每个一级流程都是端到端设计的，都是直指利益相关方价值创造需求的，而不是被职能割裂成一段一段的流程碎片。

第二，在高阶流程架构设计中引入了最佳业务模型，比如：IPD、ISC等，从流程结构上实现了整体优化。

第三，真正做到了"横向拉通，纵向集成"，流程体系成为一个目标一致、主次分明的整体。

第四，体现华为的中长期战略发展要求，将战略所需的核心能力落实到架构设计里。

华为在流程架构设计上的先进性，从格局上已经与绝大多数国内企业拉开了差距：研产销价值链高度协同，实行一体化运作；前、中、后台一体化运作；业务模式设计为卓越级，直接采取业界最佳实践；流程体系与战略相对接，从结构上保证了华为整体的卓越运营。在某个点上，看不出华为的优势，但在整体链条上，在公司整体运营上，华为的优势却非常明显。

另外，华为采取全球统一流程的策略，对于170多个国家和地区原则上采用同一套流程标准，推行全球统一流程。这种流程管控结构，做到了一次设计、全领域共享，并且共享的是全球最佳业务实践。同时，由于高度标准，带来了组织运作效率的大幅提升。

我们再来看看华为的财务系统。

华为拥有非常先进的财务系统，效率非常高。我们从小小的费用报销这个环节就能看出来！

华为有19万名员工，遍布全球170多个国家和地区，财务系统业务量非常大，但华为总部的财务系统很少有人加班。华为员工报销费用时，可能既见不着会计人员，也见不着出纳，华为实现了费用报销IT流程化处理。

华为对员工出差有着非常严格的规定，在审批上更是严格把关，充分放权，员工和主管都必须承担相应的责任，避免弄虚作假。

10年前，智能手机尚未普及，华为就已经在互联网上开发了SSE费用报销系统，在节约了人力、物力的同时也收到了良好的管理与控制效果。在能上网的地方华为员工就能登录SSE系统填写费用报销单，填写完毕后费用报销单系统会自动提交领导审批。

我们以员工报销差旅费为例，来了解一下华为费用报销的全部流程：

首先上网填报费用报销信息，信息将自动提交到主管处；主管需确认差旅事项的真实性及费用的合理性；主管确认后，再由上级权签人审批。

同时，报销人员需将费用报销单打印出来，附上相应发票，提交给部门秘书。秘书会集中将部门的费用报销单发至财务共享中心。

财务共享中心签收后，出纳会集中打款。这时，整个报销流程结束，剩下的就是会计做账了。

在员工报销费用的过程中，华为财务对几个环节进行了优化。在会计核算领域，华为积极尝试自动化、智能化，将标准业务场景的会计核算工作交给机器完成。目前，华为年平均约有120万单的员工费用报销，员工在自助报销的同时，机器根据既定规则直接生成会计凭证。

由此可见，华为真正实现了流程驱动组织，是一个典型的流程型组织。流程不是挂在墙上的标准，也不是锁在抽屉里的文档，而是真实地体现在业务运作过程中，极大地提升了业务流程运作的效率。

◆ **沟通让工作更高效**

公司应该创造出民主的氛围，要让员工敢讲真话，多讲真话，如果每个人都将话闷在心里，那么华为的进步也就无从谈起。

为什么华为员工的工作效率很高？为什么华为员工的执行力处于业内一流水平？华为是怎样培养团队精神的？华为是如何让员工互相帮助、互相关心、自觉约束自己、维护集体荣誉感的？关键就在于华为建立了顺畅的沟通机制，尤其是鼓励上下级之间进行沟通和交流，将沟通文化作为企业文化的重要组成部分，让沟通畅通无阻，实现无缝对接。

华为有这样一条不成文的规矩："各级主管和下属之间都必须实现良好的沟通，以加强相互的理解和信任。沟通将列入对各级主管的考评。"

华为一位员工遇到过这样一件事：

为了能够快速有效地完成工作，该员工每天除了正常上班外，还坚持加班，周末也不休息。似乎只有这样才能让他安心，让他有充足的时间完成自己的工作，才对得起同事的鼓励和领导的信任。但是这样超负荷的工作，该员工却并没有像想象中那样完成本来可以完成的工作，效率还大大下降，那段时间动不动就发火、烦闷，和同事说不上两句就开始争执，连家人也开始埋怨他。

有一次，一个项目要过技术审核点，有个物料设备不妥，该员工没有同意他们过点。开发代表很生气，还表示要向公司投诉。该员工觉得心里很委屈，加上工作上的不顺心，一生气，就跟开发代表说："反正该做的我都做了，我只是按流程办事，你想投诉就投诉，这工作大不了我不干了。"

主管知道这件事之后，专门找该员工沟通工作方法，还组织了"怎样做好采购代表"的研讨会，使他从中受益匪浅。

在工作上，员工经常会遇到很多的困难和委屈，这时，批评是不可取的，反而会让员工产生更多的负面情绪，感受到更大的压力，而有效沟通却可以让企业理解员工的处境，找到更好的解决办法。

任正非曾经对新入职的员工说："不要将领导干部当成洪水猛兽，干部们也不是老顽固，有些意见和建议还是应该主动提出来为好。公司应该创造出民主的氛围，要让员工敢讲真话，多讲真话，如果每个人都将话闷在心里，那么华为的进步也就无从谈起。"

华为每年都有大批新员工加入，他们每月领取的薪水和华为老员工有较大的差距。这时新员工难免会产生失落感、焦虑感、不公平感，从而严重影响到他们的工作积极性。当员工因绩效水平明显低于其他同事而心理消极时，如果不能及时得到疏导，其工作的主动性、积极性就会受到影响，甚至影响团队团结，进而影响到企业绩效。有统计显示，一个积极主动工作的团体，所带来的企业的利润率，要比士气低落、被动工作的团体高出2%～4%。

那么，如何摒弃消极的攀比风气，形成健康良性的比较机制呢？绩效沟通中的绩效面谈和绩效辅导工作就可以有效地解决这一问题。绩效面谈是针对员工的绩效结果，管理者和员工进行的正式交流。这可以缓解员工和管理者之间的对立情绪，帮助员工认识实现绩效过程中的问题。任正非特别重视新员工的思想工作问题，他强调新员工应该对差异的形成有正确的认识。

通过绩效沟通解决了员工的思想问题，接着华为公司还要通过绩效辅导帮助员工，化消极因素为积极因素，提高他们的绩效水平。这种辅导既体现在员工工作过程中，也体现在工作之余。例如，针对新老员工的待遇差异问题，帮助员工从正确的角度看待、比较。那些基于工作岗位和工作贡献的比较才是有建设性的、健康的、积极的因素。华为提倡在绩效公示后，所有员工要及时反省，进行自我批评，找出差距，并要以开放的心态去找寻他人的优点，向他人学习。

绩效公示后，各团队要及时做好沟通工作，完善工作总结，分享给团队的每个成员，使每个成员都看到前进的方向，激发他们持续上进的动力。

任何问题都可以通过沟通来解决，有效的沟通可以消除人与人之间的矛盾，让企业的团队精神更加坚实。可见，华为良好的沟通策略对于团队精神的延续和发扬，起到了至关重要的作用。

员工和员工之间、员工和管理者之间，都能通过沟通来缩小距离，减少冲突。在华为，员工打破了部门、专业之间的界限，各部门之间协同合作，互助互利。员工能够通过不同的视角看待问题，互相理解，产生共同的使命感和荣誉感，便于领导有效地管理和控制，因此华为的凝聚力特别强。

管理学家彼得·德鲁克说："一个人必须知道该说什么，一个人必须知道什么时候说，一个人必须知道对谁说，一个人必须知道怎么说。"这些就是沟通的窍门。

有问题及时沟通，不要首先想着放弃，对同事常怀感恩的心，是团队和谐相处的秘诀之一。没有最完美的人，只有最完美的团队。团队精神是一种信念，是一个企业不可或缺的灵魂支柱。

任正非认为，员工都有自己的缺点和优势，只有让员工团结起来，相互依存，相互合作，有了团队荣誉感，员工的思想和工作方式才会发生转变，才能创造出更大的个人价值；企业上下一心，共同努力，完成任务，才能在激烈的市场竞争中求得生存与发展。

细节决定成败

把 每一件简单的事做好就是不简单，把每一件平凡的事做好就是不平凡。

细节决定成败，这在华为体现得淋漓尽致：卫生间里永远都有质地很好的手纸、面巾纸、洗手液，有些还有擦手的湿毛巾、一次性梳子；华为人在推行职业化管理后始终坚持了"放置水笔的时候笔尖朝下"等行为规范；员工购餐也是清一色一字长龙，秩序井然……就是这样一些毫不起眼的细节，成就了华为。

任正非说："把每一件简单的事做好就是不简单，把每一件平凡的事做好就是不平凡。"

在华为人看来，庞大的华为机器只有两条清晰的主线：客户线和产品线。管理与服务的进步远远比技术进步重要。没有管理，人才、技术和资金就形不成合力；没有服务，管理就没有方向。

我在华为采访时看到华为的清洁工是这样清扫厕所的：他们在主管的带领下分组进行清扫，运用事前准备的各种专业清扫工具，刷洗地板与便器，包括洗手台、墙壁、天花板、灯具，甚至连窗户、门把手等每一个微小的地方都不放过。华为公司的厕所里没有一点臭味，跟五星级酒店一样洁净、舒适。华为员工们都养成凡事注重细节、做到完美的习惯。

我经常去华为采访和参加会议，每次都有专车接送。我认为华为接送客户不仅用的车好，司机的服务更好。

华为的司机都受过专门培训，素质较高，很有礼貌，技术和服务一流。我仔细观察，发现他们在日常工作中都能够不折不扣地做到以下几点：

- 西装革履，即使在盛夏也衬衣领带，干净整洁。
- 车里一尘不染，空气清新。
- 无论客户级别高低，他们早早就打开车门，一手扶着车门，一手扶着车顶上沿，说："您好！请当心。"
- 精力集中，不开快车，不会猛踩刹车和油门，车速平稳。深圳市里的公路和高速无异，然而司机任凭一辆辆车超过去，绝不会"动情"地把车开到50迈（约80千米/小时）以上。
- 情绪始终平稳，不急不躁。如果觉得你有说话的兴趣，他会对你得体地介绍深圳、介绍华为，解说很专业，有的还会讲一口流利的外语，他们还可以得体地和你拉拉家常。
- 车上一般放着比较悠扬的轻音乐。客户去游玩，他们在车里静静地等待。放心，当你第一眼看到他的时候，他肯定已经把车门拉开，一手扶着车门，一手扶着车顶上沿，说："您好！请当心。"
- 到了吃饭时间，如果不需要等，无论你如何诚心邀请，他也不会与客户在一起吃饭。等你吃完了，他会准时等在门口。如果全程用车，除非是比较随便的场合，同时销售人员也允许，否则他们也是自己解决，绝不会和客户一起吃饭。如果是与客户吃饭，他也是快速把饭吃完，不在桌子上随便说话，然后到车里等着。

参观过华为的客户，没有不被华为司机的风范所折服的。而且，在华为公司各办事处的司机的行为规范都是一样的。

华为的客户能真正体会到"上帝"的滋味，这让前来参观的人对华为的管理、文化感到钦佩。这些细节可以体现出华为"以客户为中心"的核心价值观和强大的组织执行力。

细节决定成败，每一项工作都是由无数的细节组合起来的，要想把工作完成好，就必须不遗漏每一个细节。一次就把工作做对，才能避免毫无必要的工作重复。这是一种以结果为导向的工作方法，是避免时间和资源浪费的最有效策略。

应该说，细节管理的背后，是华为"以客户为中心"的企业文化精髓。这份适者生存的秘籍，被华为发扬到极致，并创造了中国乃至世界企业高速成长的奇迹。

◆ 去掉平庸与惰性，打造华为铁军

要 大胆在火线中选拔，在战壕中提拔干部、专家、专业人员，要让一些优秀人员直接穿越上来，以激活干部群体和组织。

任正非认为，华为能够走到今天，干部管理是关键因素。目前，华为有19万名员工，其中有1万名干部和各类专家。面对美国的围追堵截，华为随即进入战时状态，任正非一声令下，所有干部和专家义无反顾去前线冲锋陷阵、忘我奋斗，与公司生死与共，成功实现了突围，从而锤炼了一支派得出、动得了、打得赢、不变质的华为"铁军"。

2019年6月18日，华为心声社区刊发了任正非在干部管理工作汇报会议上的讲话。任正非在讲话中指出：战时状态下，干部既要火线选拔，又要每年10%的末位淘汰，坚持"能者上、庸者下"，加快干部队伍的新陈代谢，去除平庸与惰怠，让干部队伍活起来，持续奋斗，打造一支可支持公司在未来占领胜利制高点的钢铁干部队伍。华为的这些打造铁军的成功经验，以及支撑这些成功经验背后的干部管理思想，非常值得企业管理者们学习借鉴。

为了让大家全面了解华为战时状态下的干部管理和选人用人策略，现将任正非在华为干部管理工作汇报会议上的讲话摘录如下：

一、干部管理工作一定要对准贡献这个目标，在贡献面前人人平等。总干部部要抓住时机，支撑公司队伍换血，以去除平庸与惰怠，打造一支可支持公司在未来占领胜利制高点的钢铁干部队伍。

总干部部以及各级干部管理的所有一切工作要对准目标，这个目标就是贡献。管理就是要强调干部的实际贡献，而不是过于强调干部的素质。过去把素质看得很重，没有贡献怎么可以？这个人能力用素质模型去评价或许不强，但实际贡献很大，为什么不可以先提起来？提起来后继续考核、考试素质，不行还可以下去，归队当兵。每个干部都说自己有贡献，那就公示出来，大家评议。

要大胆在火线中选拔，在战壕中提拔干部、专家、专业人员，要让一些优秀人员直接穿越上来，以激活干部群体和组织。干部要抓得住主要矛盾和矛盾的主要方面，聚焦胜利。

主官、主管一定实行每年10%的末位淘汰，迫使自我学习，科学奋斗。下岗的管理干部一律去内部人才市场重找工作机会。实在需要向下安排岗位的，一定先降到所去岗位的职级，并继续考核不放松。

专家一定要通过"以考促训"来提高自己的能力，不断地通过循环考核、考试，在实践中做出贡献才给以评价。在循环考核、考试中区别使用，以及合理淘汰。

专业人士主要做好自己的本职工作，对过程负责，不对结果负责，准确、及时、认真的服务，实行绝对考核，不进行相对考核，不实行末位淘汰。考试岗位不变，也许每次考试题目也不变，不同专业、不同职级考试不同。可以工作到五六十岁。

出成绩的地方要出干部、出专家、出优秀职员，没有出成绩的地方，要客观评价、综合考虑，不完全是简单的数据。我们对干部不求全责备，可以提拔起来再要求他改正自己不足的地方，不要总是提拔乖孩子上来。我们现在就要通过这三到五年把一批平庸或惰怠的干部更替掉，要下决心换一批血。不然五年以后，我们要去争夺世界战争的制高点时，干部还是稀稀拉拉的样子，那么现在留下那些干部有什么用？

干部管理是每个部门一把手的责任，总干部部及各级干部管理体系是支撑系统。在这个大原则定下来以后，也要允许总干部部大胆行使一些必要的权力，将不合适的干部及时识别、铲除和替换。

二、抓紧时间精兵简政，加快干部专家破格提拔步伐，加快对平庸干部淘汰。淘汰从机关开始、从高级干部开始，从一层AT开始。

不是可以永恒在华为工作的，要抓紧时间精兵简政、减少不贡献或贡献不大的冗员。合理分步骤地改组AT团队，AT必须是领导胜利的团队。当前形势下公司不是大力扩张阶段，而是战略收缩与巩固阶段，不能好好干活的人就应该离开。精简的对象也可以是高级干部，高级干部有什么不可以淘汰的？平庸、惰怠和落后的高管淘汰了，下面的优秀基层员工就可以升上来成为高级干部，淘汰一个落后的高管可以支撑好几个优秀员工的激励。

机关干部不能官官相护，能干的人没贡献也要退出。随着我们管理水平的越来越高，也不需要这么多所谓能干的人待在机关，能干的人没贡献也要走人。要加快基层专家、客户经理、支撑服务的人员破格提拔的步伐，因为流水不腐、户枢不蠹，平庸与落后干部堆积，公司迟早要败掉。所以机关干部不能官官相护，机关要接受一线的评价，努力为前线服务、支持前线、合理监管前线，基层才会信任你。机关铲除了平庸的人员，一线还有其他优秀人才可以上来。在当前的干部梳理中，这个干部原来是正职，现在改为副职，为什么要做这样的事？在正职岗位上不合格被清理的，就可以直接到内部劳动力市场找工作去了。我在公共关系部讲话，英国、法国这些公共关系的头，如果不冲锋上战场，只会写PPT，那就转为负责日常流程的执行。

总部机关应优化管理，实行大部门制，减少重复劳动。你们的重复"劳动"，就是搞乱整个战场，增加一线负担。机关人浮于事、重复劳动，这种创造就业方式，就是逃避上战场，责任由各体系干部部长承担，你看不清本部门的人浮于事以及整个机关的平台的重复建设，就是你的任职还不合格。

机关当前要加快专业队伍的建设，分清楚哪些是专业岗位，让他们稳定工作，不流动，不相对考核，只有不合格才淘汰。这样机关逐渐转成专业岗位的稳定，大量的人现在所从事的工作，由于其流程和体系的约束，都是相对确定的，都是专业岗位工作。一是流程稳定了，二是专业操作岗位稳定了，放权的工作就可以大胆一些。美国就是职员制，所以一换领袖，它完全转得过来。它有两条边界，一条是宗教，一条是法律，有了这两条边界，它就放得开，让创新汹涌澎湃。

在实施机关挤压时，不准机关利用权力往下塞人，除非你能找到帮助作战胜利的机会点。若机关的人都挤压到一线去，不就把一线英雄的岗位抢了么？说下面的员工水平没有你高，但是人家在战场上爬冰卧雪，在直接贡献，你凭什么要挤掉人家？所以，机关挤压出来的干部专家，就是到内部劳动力市场，再组成敢死队上战场。机关人员到一线打赢了，可以拿奖金，但不能涨级，涨级机会主要留给在一线作战的基层人员，若一线存在空额，再填补上去。当一线也不需要那么多人时，就大量组织机关人员退出，带股票走没问题。

AT组织要定期改组，要敢于将AT中不能履责、不能管理的人剔除掉，他们要从AT团队出去，不管是多高级别。落后的部门连一把手都不能进AT，可以置换一些基层优秀员工上到AT团队来。我们改革AT团队，可以先从一层AT开始改。要认识到当前的考军长就是要检验个人贡献与能力，是去除平庸惰怠的一种重要方法，各部门要认真开展好。对于考军长工作有意见、不满意的高级干部，转做别的工作，现在我们就要精兵简政。

各部门要对干部群体进行主动梳理，对于不敢调整或调整不够的，部门的薪酬包可以打折、职级晋升要受控制。比如我们要求降级、降职的人要有百分之多少（辞职走的人不算），那些降职降级不够的组织，薪酬包要打折，升职也不给你；降职降级到位了，保留你的薪酬包。现在不能像过去那样盲目涨工资了，薪酬激励要聚焦业务连续性、关键项目以及绩效优秀的贡献者。今年我们降级只有13人，这么温和的干部部门，怎么胜任战胜制裁。

2019年虚拟股票要加大对中基层，以及破格提拔人员的配股力度。今年配股优先对15～18级，包括19级的优秀人员多配股。再往上，对破格提拔上来的人可以优先配。

对今年入职的应届生，通过考试选拔一批人员上关键项目或战略攻关项目，未能通过考核选拔的，可以进其他项目等统一安排工作。

对于11万软件人员，要通过考试筛选和尽职筛选，以提高我们软件开发的组织能力。比如考不好、干得好的，给他们做"黄继光"的机会；考得不好、干得也不好的，就淘汰；考得好、又干得好的，就是苗子。考核和考试双管齐下，以这个方式来持续过滤人员。

三、总干部部自己部门的改组要对准结果、对准胜利。大原则确定下来后，可以先开始干起来，其他细节方案再梳理、讨论，不断迭代组织建设的过程。

我们常说，监管的第一责任，不敢得罪人，还搞什么监管。一把手也不能把责任推给监管。干部管理工作要对结果负责，若管理结果不好，则相关干部管理组织要整建制置换；管干部的人，如果不是"赵刚"那样的，也要置换掉，到内部劳动力市场去，去找工作机会去。

大部门顶层机关的人力资源部负责政策的制定，还要进行相关数量的计算，可以考虑与干部部门分立设置，各负其责。但到下面的组织，人力资源和干部部主要工作是执行，应该可以合并。总干部部可以拿出解决方案来，再与人力资源部一起讨论。近期要拿出总干部部编制计划，以便上报审批。

华为大学是一个专业功能模块，是总干部部开展管理的一个工具。怎么用好这个工具，你们探讨，发挥它的作用就行。华为大学不要去对标社会上的培训考核指标，要对准胜利。世界上有最好的两个大学，黄埔军校就是两条绑腿，抗大就是一条小板凳，小青年、初中生坐那里听一点革命真理，拿到一点火花，就去当高级干部了。

具体的工作思路不用过多沟通、汇报，大原则现在定下来后，应该允许你们行使权力，就大胆的先干起来。

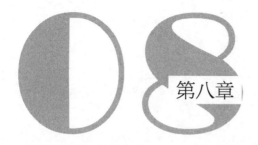

第八章

争夺未来人才的机会窗

我们强调在全球进行能力布局，把能力布局在人才聚集的地方，在有凤的地方筑巢，而不是筑巢引凤。离开了人才生长的环境，凤凰就变成了鸡，而不再是凤凰。

——任正非

◆ 用人不求全责备

> 公司在用人上不能求全责备，要敢于使用有问题、有能力的干部，要宽容"歪瓜裂枣"，他们可以给企业带来业绩上的突破。

华为创立伊始，任正非就十分求贤若渴，在选人用人上从不求全责备，而是用人所长。华为早期的成功，就在于"不懂技术"的任正非用对了人才。

任正非在人才培养和干部选拔上，有一个"歪瓜裂枣"理论。他把华为公司里一些有个性、有些小问题、有能力的"歪才""怪才"称为"歪瓜裂枣"。

"歪瓜"，是指长得不圆、不好看的西瓜；"裂枣"，是指表面平滑但有裂痕的大枣。虽然歪瓜裂枣看起来并不完美，但它们反而比正常的西瓜和枣更甜，更好吃！

任正非指出："公司在用人上不能求全责备，要敢于使用'有问题'、有能力的干部，要宽容'歪瓜裂枣'，他们可以给企业带来业绩上的突破。那些在某些方面不遵从公司规章的员工，尤其是一些技术专家，都有着特别的个性和习惯。这些'歪瓜裂枣'有奇思异想，以前一说歪瓜裂枣，就把'裂'写成'劣等'的'劣'。你们搞错了，枣是裂的最甜，瓜是歪的最甜。他们虽然不被大家看好，但我们从战略眼光上看好这些人。今天我们重新看王国维、李鸿章，实际上他们就是历史上的'歪瓜

裂枣'。我们要理解这些'歪瓜裂枣',并支持他们,他们可能超前了时
代,令人不可理解。你怎么知道他们就不是这个时代的凡·高、这个时代
的贝多芬、未来的谷歌?"

如何正确评价"歪瓜裂枣",让这些"歪瓜裂枣"真正发挥自己的价
值并获得与其贡献相符合的回报?任正非明确表示:"作为管理者,要在
公司价值观和导向的指引下,基于政策和制度实事求是地去评价一个人,
而不能僵化地去执行公司的规章制度。在价值分配方面要敢于为有缺点的
奋斗者说话,要抓住贡献这个主要矛盾,不求全责备,要用人所长。"

举一个例子。2011年初,任正非让敢打敢拼的余承东担任华为消费
者业务CEO。余承东上任后,立即采取了完全不同于华为运营商业务的
打法。

2012年在巴塞罗那举行的全球电信展上,华为消费者业务CEO余承东
别出心裁地在会场搭建了一座由3500台华为手机组成、高达6米的飞马雕
像,引起了现场轰动。

当然此举也引起了部分华为干部的不满,因为过去华为都是低调做生
意,从来没有这么张扬过。

此外,余承东在微博上频频与粉丝互动,使劲地夸自己的产品,经常
与苹果产品比拼。这也让一些老华为人看不惯,他们就跑到任正非那里告
状,说余承东爱出风头,搞个人崇拜。

好在任正非一直秉承着"用人不疑"的原则,也知道新业务必须用新
办法,每次都是坚定地支持余承东。

在华为终端业务的拓展中,余承东确实也遇到了诸多挑战。他大刀
阔斧地砍掉了功能手机,砍掉了90%以上的机型,大幅度地降低对运营商
渠道的过度依赖。这些动刀的行为,一度使得华为终端业务的收入直线下
降。而花重金打造的Ascend D1、P1、Mate1等精品手机一开始也并没有达
到预期的效果。

一时间,华为内部要求撤换余承东的声音不绝于耳。不过,任正非并

没有听从一些人的"风言风语"，把他换掉，而是坚决使用"歪瓜裂枣"式的人才，相信华为手机定会成功逆袭。

余承东果然不负重望，他从零起步，仅用7年时间就把华为打造成全球第二大智能手机厂商，华为Mate、P系列手机成为畅销全球的高端手机，让华为手机成功逆袭。2018年，华为消费者业务收入3489亿元，同比增长45.1%，该业务销售收入占华为总收入的48.4%，超过运营商业务，撑起华为的半壁江山。

2019年，华为手机出货量为2.4亿部，同比增长16%，这在手机行业负增长的大背景下实属不易。

用人不拘一格，不论资历和学历，只凭业绩和能力，这就是华为的用人之道。任正非认为，一个人有缺点，反而说明这个人还有很大的提升空间，更应该珍惜这种"努力贡献而不听话"的人。而企业用人、评估人，则应更多用绩效成果来看。业绩好，哪怕性格上有缺陷，也要认可其贡献，同时用其长处，不求全责备，让优秀人才快速成长。

◆ 让人才雇佣资本

过去资本雇佣人才，现在和未来，是人才雇佣资本。

任正非从创办华为开始，就有很强的人才资源意识。华为是中国最早将人才作为战略性资源的企业之一。任正非前瞻性地提出人才是第一资源，是企业最重要的资本，人力资本的增值要优先于财务资本的增值的目标。而很多企业当时乃至现在还停留在人力成本控制的概念上。

创立初期的华为对于技术人才的招聘可谓不惜一切代价，对国内重点理工大学的应届毕业生甚至采取了"掠夺式"的策略。华为就凭借高薪积聚了大量来自著名高校的毕业生，一年招聘几百名大学生，甚至一次性招聘5000人。

任正非1996年邀请中国人民大学六位教授撰写《华为基本法》的时候，就创造性地提出了"知本主义"的概念：知本主义，知识就是资本。可见他对人才的高度重视。

任正非所倡导的"知本主义"不是资本主义，不是人本主义，而是知本主义；华为的价值分配理论，可以称为"知本论"。华为公司在创业初期，没有资本，只有知本，华为的资本是靠知本积累起来的。

任正非认为，"过去，资本是比较稀缺的资源，支配力更大。现在情况发生了变化。过去资本雇佣人才，现在和未来，是人才雇佣资本。人才会起到更主导的作用，人才创造价值更大。资本需要附着在人才身上，才能够保值增值"。

任正非在明确提出"知本主义"的概念之前，就有了一种当时还无法用语言和文字表达的理念和机制。华为在创立初期就设置了以劳动为本的产权结构，让员工在企业拥有股权。在提出"知本主义"的概念之后，任正非在各种场合多次讲到，高科技企业就是要"以知为本"。要让员工为客户创造价值，就应该承认知识的价值及其具有的巨大力量，要敢于涨工资，这样人力资源改革的胆子就大一些，底气就足一些。员工贡献多，就多拿钱，让知识不断增值。

任正非倡导的"知本主义"实践的真正意义在于在知识和资本（股权）、知识和管理（职权）之间打开了一条通路。关键不在"钱"字上，而是在"权"字上。

华为的"知本主义"实践突破了传统资本主义和传统经济学"财富使人获得权力，权力又使人获得财富"的固定思维模式，使知识和权力（股权和职权）结合起来。华为既不完全否定财富的力量，又创造了"知识使人获得权力，权力又使人获得知识"的全新的思维模式。

任正非介绍，目前华为至少有700名数学家、800名物理学家、120名化学家、6000名基础研究专家、6万名各种工程师，华为就是以这种组合在前进。华为15000多名从事基础研究的科学家和专家把金钱变成知识，同时还有6万多应用型人才负责开发产品，把知识变成金钱。

华为是高科技企业，不缺钱，但光有钱是没有用的。因为当今世界，资金是无穷的，而知识、知本是稀缺的。如果人的脑子得不到激励，大家干活不动脑子，高科技企业的生命就终止了。企业最大的前进动力来自于"知本"，而不是"资本"，华为的大煤矿、大森林、大油田都是从人的脑子里挖出来的，是由知识转化而成的资本，而不是资本来了就能起作用。

在华为，股份比例不起作用，任正非只拥有1.14%的股权。资本的逻辑是按投资比例决定经营权，华为如果这样就没法玩儿了，高科技企业如果被资本的力量主导了，它就完了。

任正非表示，企业的经营权按资本分配是错误的，应该按知识分配，按贡献分配。华为发展到现在，为什么还在变革呢？它还在不断改革，比如过去分下去的好多股权，后来跟着业绩一直在涨红利，现在对不起，封顶了，不许增加了。过去华为员工拿的股权分红包括了资产的增量部分，退休的人如果还分享资产增值的红利，那么还在做贡献的奋斗者就吃亏了。因此，华为又推出了TUP计划，让资产增值的部分由继续做贡献的人分享，而不是由拥有资本的人坐享红利。

华为突破了发展边界，以责任结果为导向。不"拼爹"，不"拼妈"，一切看贡献和能力。

正如任正非所说，未来的竞争，一定是人才与人才的竞争，企业的竞争力也决定于是否拥有最优秀的人才。如果不给人才新机会和有竞争力的薪酬，就吸引不来真正有竞争力的人才。

◆ 用最优秀的人培养更优秀的人

企业要想成功，就离不开对员工的培训。员工培训是贯彻公司战略意图、推动管理进步和培训干部的重要手段，是华为公司通向未来、通向明天的重要阶梯。

华为始终坚持用优秀的人培养更优秀的人。新员工进入华为后，要根据不同岗位，进行三个月到半年的入职培训。

任正非说："员工培训很重要，不培训不成才！企业要想成功，就离不开对员工的培训。员工培训是贯彻公司战略意图、推动管理进步和培训干部的重要手段，是华为公司通向未来、通向明天的重要阶梯。"为帮助员工不断超越自我，华为建立了严格的培训制度，设立了多个培训中心。

任正非在给新员工的信里表示，新员工要充分利用华为这个"大平台"，努力学习先进的科学技术、管理技能、科学的思维方法和工作方法，"培训也是你们走向成功的阶梯"。

华为注重对员工技能、思维方法、工作方法以及企业文化和价值观的培训。

为了取得好的培训效果，华为摸索出了独特的"全员导师制"人才培养模式，培养了大量的优秀人才。

"全员导师制"是华为新员工培训的一种方式。华为挑选在公司工作一年以上，绩效非常突出，立过"战功"的老员工担任导师，对新员工进行一对一培训。让公司最优秀的员工来培训新员工。

华为大学是华为优秀人才的摇篮，是企业的"黄埔军校"。为了把华为打造成一个学习型组织，华为进行了多方面的努力。2005年华为正式组建了华为大学，为华为员工及客户提供众多培训课程，包括新员工文化培训、上岗培训和针对客户的培训等。华为大学培养出了一批又一批研发、销售、客服、供应链、财经、法务、人力资源等领域的专家。

任正非提出："华为大学要具备两个基因：一个是像'黄埔'和'抗大'采用短训的方式来培养人才的'基因'；另一个是西方职业教育的'基因'，给学生赋能。"任正非明确要求，华为大学一定要办得不像大学，因为华为的学员都接受过正规教育。华为大学的特色就是要训战结合，赋予学员专业作战能力。

任正非对华为大学提出了要求，华为大学要为华为主航道业务培育和输送人才，特色是训战结合，最终目的是要作战胜利。华为大学的职责是对已经受过正规教育的人进行再教育，再教育的内容跟岗位要求有直接关系，不再与基础知识有关系。华为大学的目标是建设战略预备队，培养一批能抢占战略机会的人。

为保证华为大学不偏离教学方向，华为在华为大学成立了一个指导委员会，任正非亲自做指导员，三个轮值董事长（2018年前称轮值CEO）做委员，半年开一次会。然后成立校级行政组织，由需求拉动供给，"片联"（华为重要组织）代表需求方，华为大学是供给方。

任正非指出："华为大学实行赋能管理模式，我们要什么样的干部，华为大学就给我们培养什么样的干部。没有老师，就去找。华为大学主要以赋能为中心，教学任务要和客户需求相结合，这个客户就是"片联"所需要培养的作战队伍。学员在赋能期间的评价由华为大学说了算。"

企业毕竟是一个功利的组织，一切行为动作都必须体现价值，培训也是一样的道理。

在华为培训新员工的过程中，任正非还讲述了《把信送给加西亚》的故事。

任正非很推崇送信的罗文中尉，但他认为，光读书是不够的，做游戏也未必达到效果。

任正非建议组织员工讨论，比如归纳总结罗文的特点，"每个人去找自己身边的罗文，再讨论各自的案例，共同归纳，通过讨论和归纳，各自学会找到加西亚的方法，找罗文的过程就是自我向罗文学习的过程"。

讨论案例也是员工进行交流的方式之一，"这些活动还可促进员工之间的交流，提高他们待人、处事的方法，也能交一些朋友，分配到天涯海角还可以多联系，郁闷了还可以相互倾诉"。

当然，新员工和老员工的培训侧重点是不一样的，新员工主要是学习精神、价值观和模板、流程、管理规定，老员工主要是学习方法。

任正非认为，"游击队要想变成正规军，就必然要经历多次的培训，十天是培养不出来孔圣人的"。

除了注重价值观之外，任正非还对后备干部的培养方法提出了其他意见，他认为针对一把手的培训和针对副职的培训应有所不同。

副职一定要讲精细化管理，撕开口子后，要能精耕细作，守得住。而一把手要有狼的精神，狼有三个特点：敏锐的嗅觉、矢志不渝的进攻性和团队合作精神。

而且培训是一个输入再输出的过程，不能是填鸭式的教育，要生动活泼，要注意方式方法。

业精于勤，青年员工只有加速磨炼，才能茁壮成长。另外，文化要落实在"以客户为中心，为客户创造价值和艰苦奋斗"上，这也是培训的意义所在。但参加培训也是有条件的，培训等同于机会和进步，这也是要经过筛选的。

任正非认为："每个人都不能说他最优秀，比如，我年轻时很优秀，我89岁时还优秀吗？人的优秀、人生的优秀，只有短短的一段时间，你把这段'输出去'，然后再去干其他事情。"

为了帮助新员工尽快适应公司文化，华为大学对新员工的培训内容涵盖了企业文化、产品知识、营销技巧及产品开发标准等多个方面。针对不同的工作岗位和工作性质，培训时间从一个月到六个月不等。

华为还拥有完善的在职培训计划，包括管理和技术两方面。不同的职业资格、级别及员工类别会有不同的培训计划，这为每个员工的事业发展提供了有力的帮助。

除了为员工提供多种培训资源，帮助其进行自我提高外，华为大学还设有能力与资格鉴定体系，对员工的技术水平和能力进行鉴定。

为了帮助华为中高级干部实现从"术"向"道"的转变，华为规定每位中高级干部都必须参加华为大学的干部高级管理研究班的学习。

干部高级管理研究班的主要目标不仅是让学员理解并应用干部管理的政策、制度和管理方法，更重要的是组织学员研讨公司的核心战略和管理理念，传递公司的管理哲学和核心价值观。

与一般企业大学的做法不同，华为大学的干部高级管理研讨班向每位参训学员收取20000元的学费，学费由学员个人承担，目的是让每位参训干部增强自主学习的意识。

一批批年轻人被派往国外考察学习，并走向领导岗位。用优秀的人来培养更优秀的人，这就是华为成功的秘诀之一。

◆ 共建ICT人才生态体系

华为始终坚持围绕客户需求进行持续创新，在ICT人才
发展领域构筑端到端的解决方案，致力于为客户创
造最大的价值，提供有竞争力的ICT人才发展解决方案，
共建ICT人才生态。

为了给世界各国培养更多的ICT人才，推动知识迁移，提升人们对于ICT行业的了解和兴趣，并鼓励各国家及地区参与到建立数字化社区的工作中，华为于2008年启动了"未来种子"计划项目。

"未来种子"（Seeds for the future）是华为全球CSR（企业社会责任）旗舰项目，是华为在全球投入最大，并将长期持续投入的CSR活动。截至2018年底，"未来种子"项目已在108个国家和地区撒下希望的种子，全球350多所高校共30000余名学生从中受益，其中有4700多名来自全球各地的学生曾到华为总部学习。

此外，为了助力行业企业转型升级，提升整个社会的信息化水平，华为还成立了华为信息与网络技术学院（简称华为ICT学院），该学院是以华为为主导的、面向全球的校企合作项目。

华为ICT学院向全球在校大学生传递华为的ICT理念与产品知识，鼓励学生参加华为职业技术认证，在全球范围内为社会及ICT产业链培养创新型和应用型技术人才。

截至2018年底，华为ICT学院已经覆盖60多个国家和地区的577所

高校。

任正非意识到，进入21世纪，以云计算、大数据、物联网、人工智能等为代表的信息技术不断向各行各业渗透。与此同时，ICT人才短缺现象也逐渐成为一种结构性挑战：一方面，在校学生学习内容跟不上ICT高速发展的节奏，理论无法和实践相结合；另一方面，企业没有足够的ICT人才，难以支撑公司业务高速发展的需求。

2019年4月正式启用的华为全球培训中心，立足ICT行业人才生态建设，为全球170多个国家和地区的客户及高端人才提供ICT人才发展咨询、ICT技术培训、行业人才培养和数字化领导力培训服务。

该培训中心坐落在杭州市区的钱塘江畔，毗邻钱塘江边最美的樱花跑道，与西湖及龙井风景区隔江相望，为杭州的人文底色平添一抹数字化的华彩。其建筑结构借鉴了莫斯科红场古姆百货的钢型拱顶建筑风格，将古典建筑拱廊放在建筑中心，四周以内院围合，外立面呈现简约的当代风格，典雅大气而不失时尚。

为充分满足不同国度、不同宗教信仰的学员学习、生活的需要，在多元风格的华美建筑内部，配置了中西自助餐厅、咖啡馆、便利店、图书馆、祈祷室、医务室和健身房等功能区。

该培训中心总占地面积132000平方米，约等于20个足球场大小，拥有7大产品线实验室（核心网、无线、传输、数通、接入、能源、IT），实验面积达32630平方米，每天可同时接待约2000人进行培训。

该培训中心提供IT教室、研讨教室、多媒体教室、阶梯教室等多种教室，其中IT教室、多媒体教室前后摄像机具备录播和直播功能，左右两侧电子白板具备互动功能。

除了传统的授课培训之外，该培训中心投资搭建30余种典型现网模拟环境，设计200多个实训任务，推出了以业务场景为主线、以学员为中心的训战学习模式，提升学员的实战能力，支撑业务发展。作为学员训战基地及远程镜像中心，各大实验室提供现场实践授课和eLearning、eClass等在线学习解决方案，满足不同学员的学习需求。

该培训中心以华为在ICT产业长期积累的技术、知识、经验和成功实践为基础，与各类生态合作伙伴一起，网罗各行业尖兵，为ICT人才和行业客户精心研发智能网络、5G、大数据、智能计算、AI等系列课程，并持续构建具有全球影响力的华为认证体系，打造一站式极致体验的知识学习和人才获取运营平台，致力于壮大产业人才队伍。

目前，以华为全球培训中心为核心，华为的培训业务遍及170多个国家和地区，拥有1200多名专兼职讲师，能用16种语言开展3000多门培训课程。

华为培训业务自1997年开展以来，至今已有23年。华为始终坚持围绕客户需求进行持续创新，在ICT人才发展领域构筑端到端的解决方案，致力于为客户创造最大的价值，提供有竞争力的ICT人才发展解决方案，共建ICT人才生态。

2020年初，华为宣布，启动华为ICT学院2.0计划，未来5年，华为将投入5000亿美元，为全球培养200万ICT人才。

任正非在接受我的采访时表示："面向未来，华为将继续坚持开放、合作、共赢理念，做大产业、做大市场，坚持做'黑土地'和使能者。我们始终相信开放合作才能使得ICT产业变得更为强大，数字世界、智能世界的构建和落地，把数字世界带给每个人、每个家庭、每个组织，共同构建万物互联的智能世界。"

◆ 鼓励探索，宽容失败

大胆创新，宽容失败，只有这样才会有真正的创新，才能继续领导世界。

华为能走到今天，靠的是技术创新。在技术创新上，华为宽容失败，鼓励技术人员大胆探索。

任正非说："未来二三十年，人类社会会演变成为智能社会，其广度、深度我们现在还难以想象。如何让人才在良性约束下自由发挥，创造出最大价值？如何用人才的确定性去应对未来的不确定性？新格局重塑之际，华为既在反思过去，又在寻路未来。我们要形成一种风气，关心优秀人才的成长，坚定不移地支持科学家和技术人员进行探索，大胆创新，宽容失败，只有这样才会有真正的创新，才能继续领导世界。"

因此，华为在研发的过程中允许失败，允许适度的浪费，即在资源许可的情况下，允许多个团队同时研发一款产品。这种竞争机制有效地激发了企业的活力，提高了可选择性，保证了充足的安全冗余，从而帮助企业免受极端伤害，实现反脆弱。

《黑天鹅》的作者纳西姆·塔勒布指出，个体越脆弱、越容易死亡，整体则越高效、越长久。如果能理性地进行试错，将失败和错误当作探索不确定性的手段和方法，那么每次试错都能让企业了解到什么是行不通的。逐渐地，企业便可能接近更为有效的解决方案，防止遭遇极端事件造成高昂的机会成本或学习成本。

试错的过程会犯小错误，但却能从连续的、细小的、局部的错误中获得潜在的大收益，这就是任正非在技术创新上宽容失败，允许浪费，不追求完美的原因。

我们现在所熟知的华为手机，几年前还默默无闻。2013年前后，华为推出几款中高端手机，从P1、P2到D1、D2，基本上都失败了，只卖出几十万部。华为在朝"精品战略"迈进的道路上，摔了好几次跟头，也被看衰过，被讥讽过。但通过几次探索，华为积累起了一定的经验，从华为Mate7后，华为在中高端市场逐渐站稳脚跟。今天，P系列和Mate系列，成为华为的双旗舰，赢得了消费者的认同。

事实上，早期华为手机的销量，主要来自定制机，运营商渠道占有绝对比例。但是，手机一出厂就与华为无关了，他们不是华为的用户。余承东上任后，对华为手机进行自我否定，重新出发，果断削减廉价定制机，确立高端精品手机的战略路线。

没有前面几次试错，就没有华为手机的今天。华为能宽容失败，允许试错，这是很多中国企业做不到的。通常，一些企业不给技术人才犯错的机会，一年没有干出成绩，管理层就会被大换血，不利于人才沉淀。任正非坦言，华为的产品研究成功率不超过50%，每年有几十亿美元被浪费了。但是，华为宽容失败的机制，培养起了一大批"高级将领"，他们在各个领域能独当一面，替华为打了更多粮食。

任正非强调，华为对未来的不确定性，不仅允许犯错，而且允许多路径、多层次、多梯队去阐释。但另一方面，华为对确定性产品的开发，要讲求效率，不允许犯低级错误。

在算法上，过去不同网络制式，用不同的算法，后来被华为俄罗斯研究所的一位小伙子给打通了。这位小伙子的经历，充分体现了华为对人才的包容。俗话说，天才往往都带有缺陷，没有完美的天才。华为的这位技术天才，性格上十分特立独行，在很长一段时间里，华为都不知道他在倒腾什么。但是，华为允许他按自己的生活习惯行事。这种宽容，让华为收获了惊喜——突然有一天，他宣布把算法打通了。这可是颠覆式的创新，确立了华为在算法方面的全球领先优势。

任正非在对人才与创新的问题上，态度很坚定。他说："对真正有奇思妙想又可能在主航道上有科学合理成分的人，要让这些新苗不断成长。科学研究，没有浪费就不可能有成功。"

事实上，华为极其重视在创新研发上的投入。根据华为2018年财报显示，华为研发费用支出为1015亿元，获得专利授权数量全球第一。

数据显示，华为2018年在全球无线技术研发方面的投入增速超过了同期的苹果、微软和三星，位居全球第四。在全球研发投入排名前50的企业中，只有一家中国企业上榜，那就是华为。

根据华为2018年财报上的数据，简单算一下，可知在2018年，华为每天平均收入19亿元、净赚1.6亿元，同时每天在研发上平均投入2.78亿元。

我们在看一家公司是否"强大"的时候，常常喜欢比较市值，比如谁会成为第一家市值超过千亿美元的公司。然而，研发投入以及研发投入占比，才是判断这家公司是否会继续强大的重要依据。可以说，华为在人才创新方面的战略是国内很多大企业都难以望其项背的。

任正非说："创新是有代价的，必须把自己置于风险中。"华为自创立以来，一直在宽容失败，不停地犯错、试错。但是，华为曾错过小趋势，大方向始终没错。

作为华为公司的舵手，任正非总能保持清醒的认识——对行业的清醒认识，对华为的清醒认识。在外界赞美华为时，他会及时指出华为的弱点，让公司踏踏实实，不为虚名所累，不被浮云遮眼。他指出，华为在云、人工智能上有些落后，但不能泡沫式地追赶。

前30年跟着机会跑，让华为得以生存下来。2019年，华为的销售收入突破8500亿元，在一些领域已攻入无人区。但在大机会面前，华为要拒绝机会主义，理论创新的时机已经到来，这就需要科学家去把握。对待科学家，对待技术创新，任正非认为需要包容，要允许他们犯错，只有这样才会有真正的创新，让华为的"黑土地"更加肥沃。

企业要想更加成功，不是什么事情都要做，而是寻求各种可能性之下的最优解决方案。这个最优解决方案，是一个概率分布，不是一个确定的数字。

普通人会去追求一个百分之百的结果，而高手则追求概率上的优势。普通人在失败时痛不欲生，高手则调整策略，继续寻求下一个概率优势。

所有成功的产品，一开始都不是完美无缺的，都是先满足一个或少数几个最关键的需求，然后再通过不断地测试和创新去迭代优化。

如果乔布斯最初因为屏幕易碎而不敢推出苹果手机，他就不会开创出伟大的智能手机时代。所以，在创新上，任正非允许下属犯错，宽容创新失败，允许适度的浪费，只有这样才会取得科技成果，才能推动企业不断进步。无数案例证明，那些急功近利，不敢大胆探索，不宽容失败，不允许浪费，不允许下属犯错、不允许冒险的企业，不是倒闭了，就是正走在倒闭的路上。

用最高的薪酬，找最优秀的人才

任正非对于人才一直求贤若渴，爱才如命，坚持用最高的薪酬，找最优秀的人才，不惜代价争夺未来人才的机会窗。

任正非说："得人才者，得天下。"华为在对待人才上，是用真金白银说话的，其人才的薪酬待遇在科技行业是最高的。华为曾为应届毕业生开出高达201万的年薪。

21世纪什么最贵？人才！任正非对于人才一直求贤若渴，爱才如命，坚持用高的薪酬，找最优秀的人才，不惜代价争夺未来人才的机会窗。

任正非认为："华为能发展，首先是这个行业给了我们机会，我们抓住这个机会以后，又引进了很多人才，我们把这些人才用好，把他们激励起来以后，又获得了产品的开发，生产出产品，最后获得更大的机会，是这么一个循环的过程。"

我们处在一个变革巨大的时代，这也是一个伟大的时代，谁也无法看清楚五年以后的行业和机会，但这又意味着巨大的机会和潜力。这一切的不确定性，都需要我们有优秀的团队来进行管理和面对，也只能靠最优秀的人来管理不确定性。

在任正非看来，竞争的本质从来都是人才的对抗。美国之所以强大，关键在于美国拥有适合人才成长的土壤和机制。所以，华为要向美国学习，要破格提拔优秀人才，要敢于吸收全世界的优秀人才。

为了吸引全球更多的人才加入，华为打破组织的边界，包括合作的边界、地理的边界和文化的边界。

任正非提醒华为的干部，说："现在我们和美国赛跑，到了提枪跨马上战场的时候，一定要把英雄选出来，没有英雄就没有未来，英雄犯错了就下去，改了再上来。我们一定要改变用人的格局和机制。我们要敢于团结一切可以团结的人，我们唯一的武器是团结，唯一的战术是开放。我们公司整体情况是好的，整个公司嗷嗷叫，不怕谁。我们有能力自己站起来，不做亡国奴。大家要不断研究，加强国际交流，不断开放思想。我们只有敢于敞开心胸，容纳人才，我们才有未来！"

任正非2019年2月16日在华为内部会议上指出：当前个别国家想阻断我们对科学要素的研究投资，阻断我们对先进科学的吸取，我们要有所准备，扩大我们对未来研究方向的探索与投资。合理布局，建立理论研究、基础研究基地和平台，也要发挥我们现在的工程研究基地的优势。那样我们就要学会宽容失败的科学家，理解博士们的学有专长。我们的高级干部要增加阅读量，增加见识，增加沟通，理解对未来路途探索的艰辛。我们要有周公吐哺的精神，爱惜人才，珍重人才。我们要敢于挑战困难，大事临头要沉着淡定，持续不断地努力。任何困难都阻止不了我们前进，也许极端困难的外部条件，还会把我们逼得更团结，把我们逼得更先进，更受客户喜欢。逼得我们真正从上到下都能接受自我批判，自我优化。

我潜心研究华为22年，发现华为的商业模式其实非常简单，华为就是一家经营人才的公司，而人才的成功又不断创造出华为源源不绝的竞争力。

这就形成了一个良性的循环，让华为建立了不可阻挡的势能，哪怕是面对美国的阻挠，19万华为人的势能也是勇往直前的。

任正非认为，如今又到了华为布局未来的时候，为此要不惜代价地拥抱机遇，面向世界广纳顶尖人才。

"世界的第二次人才大转移已经开始了。所以，华为一定要抓住这次历史机遇，争取发展和未来。"任正非看清了一点，"第二次世界大战后有一次人才大迁移，是300万犹太人从苏联迁移到以色列，促进了以色列的高科技发展。现在美国这么排外，将有一大批科学家也会离开美国，好在我们在世界各国都有科研中心，他们想在哪儿，我们就可以把他们安置在哪儿。我们有钱，又有平台，不能错过天赐良机。只有抓住这次良机，我们才能获得对未来结构性、思维性的突破。小家子气是交不到朋友、学不到东西的。"

任正非表示，华为扩大了与美国公司争夺人才的机会窗，但公司的实力还不够，"对世界各国的优秀大学生，从大二开始，我们就给他们发offer。这些孩子超级聪明，举一个例子，新西伯利亚大学的学生连续六年拿到世界计算机竞赛冠军、亚军，但是所有冠军、亚军都被谷歌用五六倍的工资挖走了。从2019年开始，我们要开出比谷歌更高的薪酬挖他们过来，我们要和谷歌争夺人才。我们支持科学家的创新，对科学家不要求追求成功，失败也是成功，因为他们把人才培养出来了。只有这样，我们才有可能源源不断地前进"。

任正非2019年6月20日在华为EMT会议上指出："华为要打赢未来的技术与商业战争，技术创新与商业创新双轮驱动是核心动力。创新就必须要有世界顶尖的人才，要有顶尖人才能够充分挥发才智的组织土壤。我们首先要用顶级的挑战和顶级的薪酬去吸引顶尖人才，今年我们将先从全世界招进20～30名天才少年，明年我们还想从世界范围招进200～300名。未来三到五年，相信我们公司会焕然一新，全部'换枪换炮'，一定要打赢这场'战争'。"

而打赢战争靠的就是人才。显然，经济竞争和科技竞争，归根到底是人才的竞争。

2019年，华为发布了《关于对部分2019届顶尖学生实行年薪制管理的通知》。

华为招聘的首批八名顶尖学生全部为2019届应届毕业生，其年薪最低的为89.6万元，最高达201万元。他们分别来自清华大学、中国科学院、香港科技大学等名牌学校，所涉课题包括人工智能、操作系统等领域。

华为官方在文件中针对顶尖人才有两种表述：顶尖学生和天才少年。此次华为披露的是为顶尖学生制定的年薪制方案，未来针对天才少年或许将会开出更具吸引力的薪酬。

钟钊是中国科学院自动化研究所2014级硕士生、2016级博士生，硕士和博士阶段攻读专业都是"模式识别和智能系统"。

钟钊的导师在接受媒体采访时，谈到华为201万高薪纳英才一事，连呼："我的学生刚毕业，到华为工作就能拿200万的高薪，让我羡慕不已！"

更令人惊奇的是，这八位高薪聘请的毕业生，不过是华为2019年"天才计划"中的一部分。

"201万年薪""天才少年""名校毕业""学历博士""专业高精"……这些光环和资源，并非人人可得，甚至从概率上来讲，它们只属于一小部分人。

众所周知，目前华为因为美国的打压处于非常时期，内部的说法是处于战时状态，即便如此，华为仍然认为，"华为公司未来要拖着这个世界往前走，自己创造标准。只要能做成世界最先进，那我们就是标准，别人都会向我们靠拢"。

为此，华为要求每个体系都要调整到冲锋状态，不要有条条框框，发挥所有人的聪明才智，英勇作战，努力向前冲。

在此背景下，华为启动顶尖人才招聘计划，其目的在于"让这些天才少年像'泥鳅'一样，钻活华为的组织，激活华为的队伍"。

在早前的深圳咖啡谈话中，任正非表示："我们现在对外部的300所大学、900多个科研机构都给予了支持，我们也力图将来能在理论创新上做一些贡献，现在我们还没有，但我们并不因为受到一定的打击就萎缩了。"

2019年5月，美国商务部将华为列入"实体清单"后，华为就开始大力在全社会上招揽人才。海思公司发布了《华为海思2020届应届生招聘》《2020届华为海思全球博士招聘》和《华为海思社会招聘》三则招聘广告，大量招收芯片及相关领域开发人才。

另据《日本经济新闻》报道，日本高科技调查企业Techanalye曾分别对华为Mate20 Pro和苹果XS手机进行拆解。对控制整个手机运行的核心半导体芯片的性能做了比较。该公司称，通过拆解可以确认"海思半导体的精细电路设计能力具有世界顶级水平"。

除了研发的投入，华为对于人才的培养也是未雨绸缪。"做芯片光砸钱不行，企业更需要物理学家、数学家等。"任正非说。

任正非还表示，更希望把世界人才吸纳到中国。关于人才招聘，华为招统计、数学方面的人才很好招，因为全世界这方面的博士很多，特别是这些年我们国家发展起来了，大量的人才回国，这对我们国家来说是一次机会。正如任正非所说："华为没有可以依存的自然资源，唯有在人的头脑中挖掘出大油田、大森林、大煤矿。"

◆ **机构随着人才走**

离开了人才生长的环境，凤凰就变成了鸡，而不再是凤凰。

任正非说，华为前20年是走向国际化，是以中国为中心走向世界；华为后20年是全球化，以全球的优秀人才建立覆盖全球的能力中心，来辐射全球。全球能力中心的布局和建设将会持续下去，这些能力中心会逐渐补足各专业组织的能力。

华为坚持打开边界，与世界握手，把能力布局在人才聚集的地方，"在有凤的地方筑巢，而不是筑巢引凤"，引进了一大批国际化管理人才和顶尖技术人才。

与一些企业把人才招回国内使用的方式不同，华为在全球找人才，找到人才后围绕他建一个团队，不是一定要把他招到中国来，这叫"机构随着人才走，不是人才随着机构走"。

华为规定，跨国招聘应遵循属地化管理原则。在遵从当地法律的前提下，当地用人需求优先考虑在当地聘用，做到人才在哪里，华为就在哪里。

华为的微波技术全球领先，就是因为华为从意大利挖来了一个"牛人"——隆巴迪。

意大利人隆巴迪是著名的微波研究专家。10年前，华为因为他把华为微波研究中心设在米兰。

2004年，隆巴迪在西门子公司工作，负责将微波产品卖给华为，用于华为在柬埔寨的一个项目。不久，隆巴迪参观了华为深圳总部，去了"高大上"的F1展厅，见识了深圳的工厂，特别是看了华为的发展轨迹后，一下子感觉到华为并不是一般意义上的中国公司。在华为，负责生产制造的员工很少，负责研发的人员占了非常大的比例，这样的华为更关注长远的创新和发展。

回去后，隆巴迪在西门子内部做了一个报告，告诉同事："华为作为一家跨国公司，虽然它的规模还比较小，但在将来几年甚至数个月，我们就能看到它发展壮大。"

2008年夏天，隆巴迪成为华为的一员，并全权负责华为米兰微波研究中心的筹建。他利用一切机会和资源向业界专家介绍华为和微波发展平台，还将与他共事过的、在业界具有10年甚至20年以上成功经验的专家都拉到了华为，组建了微波专家核心团队。

目前，米兰微波研究中心拥有50多人的专家团队，取得了丰硕的研究成果，引领微波行业的前沿技术，成为华为微波的全球能力中心，占据了全球最大的微波市场份额。

隆巴迪喜欢给别人看他的华为工卡，他自豪地告诉团队成员："我的工号是900004，是华为欧洲研究院的第四名外籍员工，也是意大利米兰微波分部第一个外籍员工。直到现在，我依然觉得自己来华为是幸运的，能和非常优秀的团队一起做着业界最前沿的研究，贡献着新的思路和想法。而华为米兰微波从无到有，从有到强，研究所就像我的孩子一样，已经成为我生命的一部分。展望未来，我看到了米兰微波的无限机会。"

南橘北枳，一个橘子生长在南方叫橘，生长在北方叫枳。任正非认为，人才的产生是需要环境的，一个人的创新能力与他在哪个环境的关系很大。

任正非认为，华为之所以在米兰建微波研究中心，是因为米兰有微波环境，有人才、产业环境和高校资源。米兰是全球知名的微波之乡，诸多知名公司如西门子、阿朗、爱立信在米兰都设有微波研发和销售机构。该地还有米兰理工大学等高校，人才资源丰富，微波的产学研生态系统完整。隆巴迪和他的团队在这样的环境里，与别人喝咖啡的时候就能得到各种信息。如果他们离开米兰到了中国，会怎样？中国没有微波的产业环境，他连喝咖啡都不知道与谁去喝。

任正非指出，企业永远要有新生的"血液"往前冲，而不能使人才和干部流动板结化、干部结构老化，新生"血液"包括愿意接受新事物、新观点，能保持持续学习能力和意愿的主管与专家。在引进人才和培养人才的路上，华为一直在学习。人才在哪里，资源在哪里，华为就在哪里，这就是华为的人才管理逻辑。

第九章

任正非成就华为的
十大领导力

什么叫领导？领导就是影响一个
人或一个团队的行为，将其带到一个
既定的方向。领导力是对他人产生影
响的过程，影响他人做本来他不会做
的事情。领导力就是影响力，而不是
操纵力和控制力。

——任正非

◆ 严于律己

任正非有一句名言："自律永远是最低成本的管理。"

众所周知，军人出身的任正非向来以自律著称。而纵观企业界，大凡有所成就者都是严于律己的人。

任正非是中国最大的民企老板之一，但在他的身上却没有大老板的派头。他在华为要求别人做到的他总是严于律己，率先垂范，从不搞特殊化。

2013年，任正非去日本出差，回来后不小心将100多元的洗衣费放到差旅费用中报销了，被审计部查出后，任正非感到十分尴尬，不仅退还了多报的费用，还自己签发文件，在全公司通报批评自己。

他在华为公司没有专车、没有保镖，也没有私人飞机和游艇。即便现在他已70多岁了，还坐商务舱和经济舱，下飞机后仍自己打的，拒绝下属和客户接机。

任正非在华为内部颁布了一条禁令：严禁讨好上司，机场接机也不行。在华为只有客户才享有专车接送的待遇。

没有架子，是华为员工对任正非的一致评价。2016年4月15日晚，72岁的任正非在上海虹桥机场排队等出租车的照片，刷爆朋友圈。照片上，任正非独自拉着拉杆箱，在排队等候出租车，没有保镖和专车，神态自若。

当天，华为消费者业务CEO余承东与我交流时说："过去20多年，任总一个人打出租车是常事。昨天早晨我在酒店向他汇报工作，他就是打出租车来的。他把自己的股票分给了员工，公司又没有上市，他不是大富翁，就无须保镖了。"

任正非的生活非常简朴，经常去职工食堂和员工一起吃工作餐。对于任正非来说，打的、坐经济舱、乘摆渡车、到职工食堂吃饭只不过是内化到他骨子里的一种习惯而已，华为人对此已经习以为常。这就是任正非和其他企业家的不同之处。

在管理中，任正非铁面无私、严于律己，在处罚下属的时候，甚至会先惩罚自己。

2006年3月20日，因"在高培楼东侧PARTY区的建设过程中，由于事前对设计方案考虑不周，造成已完工后又重新更改设计方案并返工，给公司造成了损失。公司决定对该设计方案的审核责任人任正非予以相应处罚，罚款金额按照该项工程损失的10%计。"当日，任正非下发了处以他本人4万元罚款的文件。

2018年1月15日，因公司经营管理存在问题，出现业务造假行为，华为对经营管理不善的领导人进行问责。任正非带头自罚100万元，华为副董事长胡厚崑，华为轮值CEO郭平、徐直军，人力资源总裁李杰等四位高管每人罚款50万元。同时对海外的一些代表处数据造假的主要领导做出了降职降薪、冻结晋升的处罚。

打铁还需自身硬。这个世界上最难的不是管理他人，而是管理自己，管理自己的欲望、动机和人性。

此次任正非亲手签下罚单，给公司所有高管做了表率，也是干部宣言的落实。

从2007年9月29日开始，华为董事会成员每年都举行《EMT自律宣言》宣誓大会，并将宣誓活动制度化开展至今。

任正非告诫华为高管："能打败华为的只有华为自己，只有腐败才能击败华为。"

每个人都喜欢自由，不喜欢被约束、限制，但事实却是绝对的自由是不存在的，要想个人有所成就，事业有所发展，就必须主动自制，合道而行。作为一个管理者，更需如此。

孔子曰："其身正，不令而行；其身不正，虽令不从。"对于管理者来说，若要安天下，必须先正其身，甚至越是管理者越需要克己、自制、自律。唯其如此，才能形成一种上行下效、上治下仿的氛围，才能实现一种真正的低成本的管理。

◆ 简单朴实

大道至简是管理哲学，是管理的最高境界。面对繁杂的内部环境和复杂多变的外部形势，企业管理者，特别是高层管理者，如果能够清醒地透过事物的表面来把握其本质，采取简单有效的手段解决企业内部存在的问题，并制定让管理简单化的机制，那么，这将成为企业可持续发展的不二法门。

任正非在企业管理中追求大道至简，最讨厌空谈主义。他在内部发表讲话时，虽言语平淡，但从不讲废话、空话和大话，直奔主题，言简意赅。我们可以从中一窥任正非的管理思想和华为不断超越自我的内在动力。

任正非坚定不移地在华为推行持续变革，全面学习西方公司的先进管理经验，打通端到端的流程。经过30多年的努力，终于让华为的内部管理流程化、简单化，华为为此交了几十亿元的学费。

任正非推行管理变革的目的就是"要多产粮食，以及增加土地肥力，不能对这两个目的直接和间接做出贡献的流程、制度都要逐步简单化"。要让"听得见炮声"的人来呼唤"炮火"，一定要分层分级授权，使管理标准化、简单化，把精力主要集中在"产粮食"上，按贡献评价人。

在任正非看来，管理不要怕员工有缺点，企业管理者要把主要精力用在引导员工的思维和反思自己的管理行为上，而不是盯在员工的行为和缺陷上。

作为管理者不要怕员工抱怨，而要怕自己不当的管理行为造成员工的抱怨，所以，管理者需要经常反省和自我批判。好公司出现问题经常自我检查，坏公司出现问题总是批评别人。任正非指出，管理知识不等于管理能力，企业管理者的能力不等于管理素养。高层管理者做正确的事，中层管理者正确地做事，执行层人员把事做正确。

很多企业都有自己的核心价值观，看上去都高大上，其实只是一种响亮的口号，喊在嘴上，很少落实在行动上。

而任正非将华为的核心价值观简单归纳为"以客户为中心，以奋斗者为本，长期坚持艰苦奋斗，坚持自我批判"。"以客户为中心"，告诉员工价值来源，钱从哪里来；"以奋斗者为本"，是员工力量来源，员工多劳多得，持股、福利、培训，还有公平晋升机会；"长期坚持艰苦奋斗"，是员工们的行为来源，任何为客户创造价值的微小行动都是奋斗；"坚持自我批判"，是员工们的精神来源，动态的创新来源，是不满足、持续改进的过程和动力。这几句话既是任正非始终践行的核心价值观，也是他的理想和信念。

华为的核心价值观非常简单、朴素、明了、指向单一、可以衡量，它被大家认同、信仰。所以，19万华为员工会自觉践行。

古人云："大道至简。"大道理都是很简单的，简单到一两句话就可以说明白。

任正非对我说："外面有很多文章和书籍，把我和华为神化了，我很无奈。做企业要回归商业本质，不要有太多方法论，认认真真地把豆腐磨好就有人买，而且能卖个好价钱。"对华为人来说，这就是"天理"和生存之本。

任总举例说："我有一次在日本排了很长的队去吃面条，人家反复给我介绍这面条来自中国，怎么中国人面条没有做好，让日本人把面条做得那么好呢？这个就需要反思了。所以任何一件事，不要把方法论说得那么复杂，消耗我们的精力。其实我们就是一句话，你真心地对客户，终有一天客户会把口袋里的钱掏给你，客户还心甘情愿。"

大道至简，悟在天成。复杂的事情简单去做，简单的事情重复去做，重复的事情用心去做，长期坚持，功到自然成。用任正非的话说，就是聪明的人下笨功夫，简单的招式练到极致就是绝招（傻子精神），能把最简单的事情坚持做到最后的人都是伟人。

◆ 淡泊名利

在当代中国商界，任正非是最淡泊名利的企业家之一。他创立华为30多年来，从不做一些沽名钓誉的表面文章，也从没有参加过任何颁奖典礼活动。他还与政府保持距离，不喜欢与权贵们有深交。在他看来，作为国际化的民营科技企业，应该"淡泊名利"，把精力都用在为客户服务上。

凭华为的经营规模和对国家、社会所做的贡献，任正非可以说是荣誉等身，但他一直拒绝担任任何社会职务，多次谢绝参选全国人大代表、政协委员，他的名片上只有一个头衔——"华为技术有限公司总裁"。

在利益分配上，任正非和一般的企业老板不同，他把个人利益看得比较轻，愿意和员工分享公司的发展成果。无论是从华为的股权结构还是华为的薪酬制度上，任正非都与员工做到了最大限度的分享。

任正非在创办华为之初，就在公司内部推行虚拟股权制度，实行全员持股。到2018年年底，任正非仅持有华为公司1.14%的股份，其余的98.86%的股份都给了员工。

2004年，任正非成为CCTV中国经济年度人物候选人，编导给华为打电话说，如果要获奖，任正非必须亲自出席颁奖典礼。这被任正非拒绝。他还委派负责公关的副总裁到央视公关，要求取消这一称号。所以直到现在，CCTV中国经济年度人物榜单上也没有任正非。

2018年是中国改革开放40周年，党中央和国务院决定表彰"中国改革开放100名先锋"。任正非作为民营企业家的杰出代表入选。

任正非得知消息后，立即给深圳市委、市政府和中央写信，主动申请不要将他列入"中国改革开放100名先锋"名单。后来，深圳市委、市政府只好尊重任正非的意见，把他从名单中删除。

2019年4月18日，美国《时代》杂志发布了"2019年度全球百位最具影响力人物榜单"。榜单共分为先锋、艺术家、领袖、偶像及业界泰斗五个类别。华为公司创始人任正非、Facebook CEO马克·扎克伯格、领导探测黑洞并拍摄照片研究的天文学家谢普·多尔曼等人上榜。任正非入选的是业界泰斗类别。

面对这项含金量很高的殊荣，任正非却不领情，谢绝领奖。华为甚至在官方论坛发布一张图片，被视为对这个奖项的回应：图中是一架伤痕累累的飞机，机身上戴着一顶礼帽，并配上文字——"我们还在痛苦中，不知道能不能活下来"。

任正非不仅自己不要荣誉，还不断提醒华为的高管不要有狭隘的荣誉感。他说："不要总想到做领袖的光荣，不要去背这个沉重的口号和包袱，荣誉对于我们来说是没有用的。我们说未来要领导世界，是为了鼓舞大家，让大家奋斗，去做得更好。其实我们都很笨，但是我们依托了一个大平台获得了成功。我们这个成功，是为了给老婆多赚点钱，不是为了世界荣誉，不是为了当世界领袖。"

　　中国有句古话："财聚人散，财散人聚。"任正非说："作为管理者，一定要把最基本的东西想明白。第一，财富这个东西越散越多；第二，权力、名声都是你的追随者赋予你的，假使哪一天你的追随者抛弃你，你的权力，你的所谓成就感，你的所谓聚光灯下的那些光辉形象，乃至财富，都会烟消云散、灰飞烟灭。"

　　"万般神通皆小术，唯有空空是大道。"任正非淡泊名利就是一种人生的大智慧、大境界。其实，人不论多么富有，多么有权势，当生命结束之时，所有的一切都只能留在世界上，唯有灵魂跟着你走向下一段旅程。人生不是一场物质和荣誉的盛宴，而是一次灵魂的修炼，这使它在谢幕之时比开幕之初更为高尚。

◆　坚持自我批判

　　华为创立30多年来，任正非一直注重自我批判，以身作则，率先垂范，从不回避管理中存在的问题。他认为只有敢于改正错误和缺点的人，才能青春永存；只有敢于自我批判的人，才能虚心吸收先进的东西，打破局限，继续向前发展。

　　1998年，在《华为基本法》定稿之时，任正非就提出在华为总部新基地门口立一块石碑，上书："一个企业长治久安的基础是接班人承认公司的核心价值观，并具有自我批判的能力。"可见，华为之所以能够成功，没有垮下去，靠的就是围绕核心价值观的长期自我批判。

毛泽东曾把"自我批评"作为一种思想武器，彰显出一个政党的特点。任正非在部队时就是"学毛标兵"，他将"自我批评"转化为华为的管理思想，提出了管理人员必须要具备"在自我批判中进步"的观念。

为什么要开展自我批判呢？任正非在一篇题为《为什么要自我批判》的文章中详细解答了这一问题：

> 华为还是一个年轻的公司，尽管充满了活力和激情，但也充塞着幼稚和自傲，我们的管理还不规范，只有不断地自我批判，才能使我们尽快成熟起来。我们不是为批判而批判，不是为全面否定而批判，而是为优化和建设而批判，总的目标是要导向公司整体核心竞争力的提升。
>
> 这些年来，公司在《华为人》《管理优化》以及公司文件、大会上，不断地公开自己的不足，披露自己的错误，勇于自我批判，刨松了整个公司思想建设的土壤，为公司全体员工的自我批判打下了基础。一批先知先觉、先改正自己缺点与错误的员工已经快速地成长起来。
>
> 我们处在IT业变化极快的十倍速时代，这个时代唯一不变的就是变化。我们稍有迟疑，就失之千里。故步自封，拒绝批评，忸忸怩怩，就不只千里了。我们是因为面子而走向失败、走向死亡，还是丢掉面子、丢掉错误，迎头赶上呢？要活下去，就只有超越，要超越，首先必须超越自我；超越的必要条件，是及时去除一切错误。去除一切错误，首先就要敢于自我批判。古人云："三人行必有我师。"这三人中，其中有一人是竞争对手，还有一人是敢于批评我们设备问题的客户，如果你还比较谦虚的话，另一人就是敢于直言的下属、真诚批评的同事、严格要求的领导。只要真正地做到礼贤下士，没有什么

改正不了的错误。

真正的科学家，他的一生就是自我批判的一生，他从不满足于现阶段的水平，不断地深究、探索。当一个科学家要退休时，你问他，他的成果怎样？他滔滔不绝说的是存在的问题、改进的方向、以后要达到的目标，他就是在自我批判。没有自我批判，我们的C&C08机早就死亡了。正因为我们不断地否定，不断地肯定，又不断地否定，才有今天暂存的C&C08iNET平台。如果有一天停止自我批判，iNET就会退出历史舞台。

任正非很清楚，每一个华为管理人员都会遭遇到个人责任能力临界点，这是一个不争的事实。客观地讲，管理者的成长与企业组织的成长，是一场马拉松式的速度赛跑——管理者个人素质与能力的成长速度，必须快于或等于企业组织的发展与成长速度。如果管理者的个人素质与能力，滞后于企业扩展要求的能力，就会达到所谓的痛苦的"个人能力临界点"。

每一个管理者遭遇的临界点，都是管理者能力素质的制约瓶颈，都是他们面临的自我超越的时刻。管理者只有通过不断的学习和自我否定，才能像蛇蜕皮一样，每蜕一次皮，就获得一次成长。尽管这个蜕皮的过程很痛苦，甚至很危险。

2016年8月，华为的一位海归程序员在华为内部刊物上写了一篇文章，呼吁"炸掉华为研发金字塔"。

这位程序员在文章中直言不讳地指出华为在研发方面存在的四大弊端。

这篇文章一石激起千层浪，在华为内部引起了争论。一位程序员在留言中写道："很多研发的同事都抱怨过，聪明的人都去做管理了。根源还是研发团队的作战方式。一个项目需要那么多人，必然需要有管理，就有所谓的管理者。管的人越多，管理者做技术的时间就越少。要转变开发的

模式，转为班长的战争。如果都是一个个的小团队，就不需要那么多的所
谓的技术管理者了。"

内部激烈的讨论惊动了任正非。他在看完这篇文章和所有人的讨论
后，首先肯定了这篇文章的主调：符合坚持自我批判的华为文化。打破苟
且偷生、客客气气的惯性，就是摈弃毒药；而由此呐喊引发的争论，更是
华为的良药。

任正非就此事签发了一封总裁办邮件，把文章和大家的讨论贴出来，
告知全公司，表示要对症下药。他在签发的邮件中写道："技术工作中的
客气是毒药，直面的批评、争论才是良药。"

任正非喜欢这个"呼唤者"。这是要挣脱多少束缚，才可以发出的呐
喊！唯有正直、有担当的人，才会这样公开提出批评！围绕这种批评而升
起来的辩论，才是产生公司巨匠的摇篮，才是华为未来领导者脱颖而出的
具体路径。

任正非说："在这个大变革时代，自我批判是拯救公司最重要的武
器。只有长期坚持自我批判的人，才有广阔的胸怀；只有长期坚持自我批
判的公司，才有光明的未来。自我批判让我们走到了今天；我们还能向前
走多远，取决于我们还能继续坚持自我批判多久。"

当互联网思维盛行的时候，当"猪都能飞起来"的时候，任正非又在
内部掀起自我批判的行动。华为的快速成长，其实就是华为管理团队不断
否定过去、否定自我的结果。

◈ 边界意识

任正非是一个坚守理想的企业家，创立华为30多年来，他不忘初心，有所为，有所不为，始终坚持只做一件事——专注ICT领域。

在华为的成长过程中，正逢中国房地产行业爆发，很多做实业的企业家都去做房地产生意了，并赚得盆满钵满。面对如此巨大的诱惑，任正非从没动摇过，别说没做房地产，就连股票也没炒过。他一直不忘初心，坚守"上甘岭"，坚守实业，坚守自己的理想。

1992年正是深圳股市疯涨的时候，汹涌的人流带着一夜暴富的梦想涌入深圳交易所，通宵排长龙买股票，而深圳最早的证交所就设在华为办公楼的一楼。华为员工每天目睹楼下发生的种种财富神话和骚动，但都没有一个人受到影响和诱惑，所有人都在楼上埋头工作，对窗外的事充耳不闻。别人都把钱拿来炒股，而任正非却把钱投入研发，当时有人想不明白，说任正非是"任大傻"。这种风暴中的宁静，这种对自有核心技术研发的痴迷，让拜访华为的客户由衷地发出感慨：华为不成功是不可能的！

任正非回忆说："那时，我们公司楼下的交易所里，买股票的人里三层外三层。我们楼上则平静得像水一样，都在专心致志地干活。我们就是专注于做一件事情，攻击'城墙口'。"这种专注与坚守已经成为华为人的一种执念。

任正非对中国社会的看法是非常深刻和清醒的，他多次提醒高层注意边界意识，这种"边界"包括对业务中"上不碰内容，下不碰数据"客户层面的警示，"我们要成为智能社会的使能者和推动者，要坚持聚焦，不是什么都做。万物互联我们要敢于领先，持续扩大优势。万物感知我们只聚焦做一部分，万物感知的特性是传感器，不是我们的业务特长范畴，我们只聚焦在其中的连接和边缘计算、分布计算，持续构建和巩固优势"。

ICT行业是使能各行各业智能化、使能智能社会的关键，发展ICT行业将是一个持久的、充满挑战的历史过程，这也是华为的长期机会。但任正非强调："坚持'不做应用、不碰数据、不做股权投资'，我们聚焦云计算和大数据人工智能平台，让各行各业实现自身的智能时更简单、更容易。我们要限制我们的领域，一是能力有限，二是这些数据涉及隐私保护，我们要处理好这个问题，要使客户放心、让伙伴放心。"

任正非始终保持政治敏感，他多次提醒："每个员工都要把精力用到本职工作上去，只有把本职工作做好了，才能为你带来更大的效益。国家的事由国家管，政府的事由政府管，社会的事由社会管。"实际上，任正非很清醒地认识到华为是在国企夹缝中求生存之道——既需要"红色意识"，也需要"边界意识"，最核心的则是超越民族性的"全球化思维"。由此，他一直巧妙地捍卫着华为的国际化公司战略定位，并且呵护国内社会对华为民族企业的认知，但保留极强的边界意识。

其实，任正非的人生命运，和国家命运以及政治气候息息相关。由于这样紧密的关系，他对政治的思考完全超越这个时代的企业家。

华为管理顾问田涛分析认为，经历过"文革"的任正非具备高度的政治敏锐性。

第一是政治亲近度，华为应该是和政府保持距离的企业中受到政府认可程度最高的；

第二是政治距离感，华为是最早解决地方分公司经理和当地运营商客户腐败勾结问题的通信设备厂家。

任正非极其克制和清醒地保持着一个企业家对"市场的信仰"和对政治的"防备心理"。这种心理表达得非常理性和平易，更多地以爱国主义和科技主义的角度表达出来，但从更长的时间维度看，用国际化视野"讲政治"也是任正非摆脱历史周期律的最重要的方式。实际上，目前外部对华为爱国主义的渲染都不是来自于华为内部。

可见，和年轻一代的企业家完全不同，以任正非为代表的企业家经历了国家从苦难到崛起的时间段，他们的历史记忆有更大的爆发力，也包含更多的忌惮和顾虑。能够消化人世间的苦难，形成个人的"自由王国"价值观，这不仅需要时间，也需要智慧，还需要反复的历练和沉淀。

正如任正非在2011年的文章《一江春水向东流》中所言："死亡是会到来的，这是历史规律，我们的责任应是不断延长我们的生命。"

用这样的精神基石来对标任正非的苦难和涅槃式的蜕变也许有吹捧之嫌，但在世界商业历史上，我们确实很难找到像任正非这样将苦难和情怀融于一身的企业家。从这个角度看，任正非带来的商业精神遗产将不仅属于中国。

◆ 合作共赢

任正非创立华为30多年来，始终坚持开放、创新、合作、共赢的理念，把数字世界带给每个人、每个家庭、每个组织，构建万物互联的智能世界。

任正非认为："开放合作是实现可持续发展目标的关键。为此，我们秉持合作共赢的理念，积极与客户、政府、行业组织等相关各方紧密沟通，共同构建更具包容性、更加灵活和反应更加积极的可持续发展的产业生态圈。"

　　与竞争对手合作是华为文化的一大特点。一般来说，公司要么选择进攻，要么选择妥协；换句话说，要么竞争，要么合作。在华为发展的前20年，华为为了生存、成为更好的服务提供商，主要采取主动出击的策略。很显然，任正非当时认为竞争可以推动公司向前发展。不过，他认为竞争的核心是尊重竞争对手。

　　华为采用"竞合"策略是受到英国光荣革命的启示。1688年，奥兰治亲王威廉推翻英格兰詹姆斯二世的统治，这场"不流血"的革命给任正非留下了深刻的印象，让他意识到合作也可以取得胜利。

　　任正非对历史有着浓厚的兴趣。在华为发展早期，华为会定期邀请东西方学者，一起探讨各国历史。

　　华为在英国也同样采取了竞合策略。例如，华为在英国班伯里成立网络安全认证中心，确保设备质量，并与英国政府通信总部（GCHQ）进行合作，保证网络设备和软件安全可靠。华为的这些举措旨在让英国政府和广大客户相信华为和华为的流程。实际上，华为之所以能在欧洲发展壮大，除了其坚持以服务为中心的理念外，在一定程度上也要归功于其竞合战略。起初，欧盟官员确实想针对华为产品发起反倾销调查。但爱立信和诺基亚相信华为不存在倾销行为，鼎力支持华为。

　　2019年6月，任正非在与《福布斯》著名撰稿人乔治·吉尔德和美国《连线》杂志专栏作家尼古拉斯·内格罗蓬特展开交流和谈话时表示："社会一定是合作共赢的，每个国家孤立起来发展，在信息社会是不可能的。国际一定是走向开放合作的，只有开放合作，才能赶上人类文明的发展，才能以更低的成本使更多人享受到新技术带来的福祉。"

　　当美国政府制裁华为的时候，任正非却明确表示，"我们不会轻易狭隘地排除美国芯片，我们也能做和美国芯片一样的芯片，但不等于说我们就不买美国芯片了；美国科技在深度和广度上还是值得我们学习的；我们不会轻易狭隘地排除美国芯片，要共同成长；我们不能孤立于世界"，这些话都显示出了他积极融入世界的姿态和博大的胸怀！

　　任正非这么说，当然是基于华为的利益。华为可以做到技术自立，但技术自立之后，一旦失去上游供应商在政治上的支持，市场禁入就会接踵而来。

　　当下全球化的技术创新机制是"研发—销售—利润—研发"，研发投入与创新力度，离不开市场利润，而这又和市场规模息息相关。中国市场虽然很大，但国际市场更大。

　　所以，任正非认为，华为离不开供应商，也离不开国际市场，必须融入世界，共同成长。华为的利益在于国际合作、国际市场，不孤立于世界，与世界一起发展。

　　任正非有一个不做"黑寡妇"的观点。什么叫"黑寡妇"呢？就是拉丁美洲有一种毒蜘蛛，其母蜘蛛跟公蜘蛛交配以后，就把公蜘蛛给吃了，为什么要吃了呢？因为它交配以后要生幼蜘蛛，要有充足的营养供给。任正非说，我们绝对不能做"黑寡妇"。

　　今天的华为，面对全球竞争，不再像当初那样打价格战了。如今的华为在很多时候的报价都不是最低的，反而是比较高的。这说明什么呢？说明华为慢慢在这个生态布局里处于领导地位，它求和——和谐的"和"，已经在追求和谐共生的商道上了。

　　华为成功登顶之后，任正非确立了"开放、合作、共赢"的经营理念。从其与竞争对手的相处方式来看，华为与竞争对手既有竞争又有合作，不称王不称霸，与友商共谋发展。

　　任正非在接受采访时表示："面向未来，华为将继续坚持开放、合作、共赢理念，与全球供应商等伙伴一起为构建万物互联的智能世界而开展深层次协作，服务好客户、支持好客户。在技术研发、产业合作的征途上，与大家一起协同创新，不断突破技术瓶颈、驱动产业升级，践行'技术普惠'，让普遍的、无差异的数字服务惠及全人类。"

◆ 高度的同理心

所谓同理心，就是站在对方的角度和位置上，理解对方的内心感受，且把这种理解传达给对方的一种沟通交流方式。通俗地说，同理心就是心同此理，将心比心，设身处地去感受、去体谅他人。

同理心是一种管理智慧，是领导力中最重要、最核心的能力。伟大的企业家共有的一种特质就是同理心。

任正非是一位具有高度同理心的企业家。经研究发现，过去30多年，华为之所以能持续成长，并不断进行自我改造，靠的正是智慧领导力。任正非热爱学习、追求跨领域知识，这对华为的持续增长具有决定性影响。

美国前总统约翰·肯尼迪曾说过："领导力和学习，两者密不可分。"从任正非的很多行为中，都能看到这种智慧。任正非很会讲故事，经常与人分享他的企业管理理念和自己的人生观、哲学观。他经常反思过去取得的成就，谈及对未来的抱负，让大家清楚地知道自己当前面临的挑战，时刻保持谦虚。华为的成功之道在某种程度上和佛教徒的坐禅类似。通过坐禅，佛教徒形成自己的认知，从而对他人的苦难更加感同身受。任正非的领导风格就是这样形成的。

华为管理顾问田涛老师在一篇文章中写道：从华为的发展历程看，自1987年创立以来，任正非多次受到抑郁症、焦虑症的困扰，总是担心华为能否继续存活下去。任正非的领导风格既具前瞻性，又带有反思性质。这是因为他具备同理心，能够将他人的苦与自己经历过的苦联系起来看待。他认识和理解苦难的目的非常明确，就是让华为持续存活、持续领先。

基于这种领导理念，华为形成了关于领导力的重要假设：领导者需要能够从员工身上吸取能量，学会相信员工，成为精神领袖。这意味着领导者不能事事追求完美，否则很容易偏离自我激励的价值观，失去激情。对员工也是一样，领导者不能将员工击垮，而是要以一颗同理心来对待员工的失败。人们普遍认为，像无数电影中描绘的英雄人物那样，英雄都是完美的、无往不胜的。但这种认知是错误的。任正非认为不完美的英雄也是英雄。或者说，不完美的英雄才是真正的英雄。华为认为要了解员工的缺陷，宽容他们的失败。要做到这一点，就必须要有同理心。领导力的目的不是改变人的本质，而是要对他人的担忧和苦难感同身受，激发他们的特定才能。任正非曾说过，把煤炭洗得白白的是没意义的。不要试图去改变他人，而是要接受他们原来的样子，与他们开展合作。

在华为的发展历程中，同理心领导力对华为产生了深刻的影响。

首先，众所周知，华为是一家100%由员工持股的民营企业。早在华为创立之初，任正非就设计了员工持股计划。这是因为任正非非常关心员工的工作和经济状况，更确切地说，他认为华为应与员工齐心协力，共享利益。

其次，作为一家ICT企业，华为不断追求创新，这一点也至关重要。为了提供最具创新力的解决方案，华为将研发投入的30%用于基础科学研究。有意思的是，任正非认为这30%的投入中，50%的失败率是可以接受的。这是因为他认识到了宽容失败和苦难的重要性，对追求创新的员工多了一些宽容。

最后，同理心领导力认为要宽容他人的失败，容忍他人的缺点。2016年，任正非决定选用奥运冠军格里菲斯·乔伊娜作为华为"厚积薄发"形象的广告代言人，便是同理心领导力的最好例证。

然而，任正非的这一决定备受争议。尽管乔伊娜是力量和成功的代表，目前仍是100米和200米短跑世界纪录的保持者，但她生前曾因被疑服

用兴奋剂而"丑闻"缠身（乔伊娜死于1998年，年仅38岁）。虽然乔伊娜
从未被检测出服用兴奋剂，但外界对她的质疑从未停止过。因此，从营销
的角度看，很多人都对华为选择乔伊娜作为广告形象代言人表示费解。

任正非坚持选她的其中一个原因是那幅乔伊娜的照片能很好地传递华
为的同理心领导力理念：宽容失败，对他人的苦难感同身受。

从管理学角度看，失败的员工同样应该受到肯定和尊重，不然谁还会
去冒险呢？任正非在一位主管的检讨邮件上批示："我们要像美国当年宽
容麦克阿瑟在菲律宾的失败那样宽容基层主官；没有常胜将军，没有失败
就没有胜利。失败是成功之母。"任正非选择乔伊娜作为华为广告代言人
的举动，表明他认为同理心是企业价值观的重要组成部分。

任正非认为，对市场的同理心使领导人能够对趋势保持高度的敏感，
从而在研发、销售、人力资源的开发、管理等企业的各个层面做出系统创
新之举。快速变革的时代，越来越多的情形是以往的管理中所没有遇到过
的，企业领导者必须具备对市场的高度同理心。唯有和市场高度同理，才
能让他们像猎豹一样敏捷，对客户的需求做出快速反应。

在过去的30多年里，华为在"枪林弹雨"中始终保持着高速、稳健增
长，抓住了通信产业每一个爆发的节点，并在每一个涉足的细分领域迅速
赶超对手，成为世界领先。华为的成功就是源于任正非对市场的高度的同
理心。

有同理心的企业家最容易受到员工的欢迎和拥戴，也最让员工信任。
不管是东方文化还是西方文化，都把同理心作为一种思维方式和道德标
准，而没有从个人发展与成功的角度去阐述同理心的重要性。事实上，同
理心既是人际交往的基础，也是个人发展与成功的基石。

◈ 强大的学习能力

任正非没有什么业余爱好，唯一的爱好就是阅读。几十年来，任正非手不释卷，出差时必带的物品就是书籍，基本上一个礼拜要读一两本书，每天看几本杂志，养成了终身学习的习惯。任正非称自己是"宅男"，下班就回家，不是看书学习就是看电视。

在任正非看来，学习本身不是目的，学会举一反三，灵活运用知识才是真正的目的。为此，就必须进行积极、认真的思考，弄清知识的来龙去脉以及知识的有机联系。

任正非曾说，思考能力是最重要的。学习与思考是人们在获取知识过程中，两个相辅相成、密不可分的思维活动。一味地读书，而不思考，只能被书本牵着鼻子走，就会被书本所累，从而受到书本表象的迷惑而不得其解。所谓"尽信书则不如无书"。只学习不思考不行，只思考不学习也不行。只有将二者正确地结合起来，才算真正懂得了学习与思考的辩证关系。

任正非认为员工的思考智慧是华为最珍贵的资产。通过不同员工的思考，我们可以连点成线，制定灵活的愿景和战略。任正非坚信，只有具备大视野，才能做出明智的战略决策。

为了将思考能力与全员学习结合起来，华为大力营造良好的学习氛围，鼓励员工进行思想碰撞，同时还要确保公司内部能实现知识共享。华为鼓励高管除了阅读专业书籍外，还要阅读专业领域以外的书籍。

此外，华为还设有面向全球华为员工的内部论坛——心声社区。任正非和其他高管的想法经常会放在心声社区，让员工们去评头论足。任正非和其他高管经常会在心声社区遭受员工的激烈批评。

任正非的一位前秘书告诉我："我多次看到他如获至宝地拿着批评华为的好文章反复阅读。平时如果他自己有了什么好的想法，就第一时间写下来，然后让我输入到电脑里，最后他再修改，用最快的速度将学习到的知识传递给公司所有人。"

从某种程度上，任正非的学习能力实际上是公司成长的一把尺子，学习—写作—传播—反馈，他用这样的方式向管理者传达公司的文化和价值观。任正非举了父亲曾经说过的一句话："记住，知识就是力量，别人不学，你要学，不要随大流。"或许在他的成长轨迹中，"学习就是救赎"，所以70多岁的任正非依然酷爱学习。

虽然任正非在华为推崇不断学习、自我批判，但他始终以创始人的身份满怀激情地引领公司不断发展。在华为员工看来，任正非是一位以行践言的卓越领袖。他坚持持续学习，不断获取新信息，力争把华为发展成行业最好的技术公司，为客户提供最卓越的服务。

任正非是位学习型企业家，有着强大的学习能力，并坚持终身学习。

他主张向一切先进学习，以世界领先企业为师，努力追赶美国。

他虚心向外国学习：学美国的创新、学英国的制度、日本的精益、德国的规范。

他向军队学习：上甘岭、呼唤炮火、上校连长、西点军校、铁三角。

他向竞争对手学习：学习苹果，做高价格，不通过价格战挤压对手的生存空间，以此来维护良好的市场秩序。

他还向动物学习：狼性、狮群、蜘蛛、蚂蚁。

他向植物学习：薇甘菊。

他向建筑学习：都江堰、罗马花园、长城。

他向影视学习、向书刊学习、向员工学习、向杂家学习……

他在管理上向美国学习，花40亿元拜IBM为师，先后进行了EMT、决策、市场、流程管理、财务监管等管理变革。在他们悉心指导和真诚帮助下，历时10年虚心学习和潜心苦练，华为终于成为一个令美国政府都不容小觑的跨国公司。

IBM的资深顾问阿莱特则感慨地说："过去的10年我们耗费了无数的心血和精力，甚至把心也掏给了华为，我们为有机会把华为改造成一家跨国公司而甚感欣慰与骄傲。"

实际上，IBM在推进华为管理咨询项目过程中，无论是两任董事长彭明盛、郭士纳还是普通顾问，均被任正非的真诚和大气所感动，并发自内心地看准华为是一家天赋极高并非常值得信赖的企业和朋友，将来必定大有所为。

因此，这40亿学费IBM并没有照单全收，而是与华为结成了亲密无间的朋友和全球战略合作伙伴。直到今天，华为的销售规模已与IBM大致相同，但与老师IBM的友谊却与日俱增，历久弥坚。

华为是5G时代的领先者，这也有赖于基础研究的突破。土耳其的Erdal Arikan教授2008年公开发表了关于Polar码（极化码）的论文，华为从中识别出信道编码的新方向，集中力量研究，在极化码的核心原创技术上取得了多项突破，极大地提高了5G编码性能和降低设计复杂度，走在世界最前沿。

◆ 保持危机意识

任正非是一位具有忧患意识的企业家，他有句名言叫"惶者生存"。他说："20多年来我天天思考的都是失败，对成功视而不见，也没有什么荣誉感、自豪感，而是危机感。失败这一天是一定会到来的，大家要准备迎接，这是我从不动摇的看法，这是历史规律。"

在华为的发展史上，任正非分别在2001年、2004年、2008年、2012年和2016年五次拉响了"冬天"的警报。并要求华为高管保持危机感，戒骄戒躁。

2001年，国际高科技产业哀鸿遍野，华为却发展势头强劲。但是在这样的情况下，任正非却发表了一篇题为《华为的冬天》的文章，敲醒了很多沉溺在胜利的喜悦中的华为人。

2001年4月24日，任正非在《北国之春》一文中写道："什么叫成功？是像日本那些企业那样，经九死一生还能好好地活着，这才是真正的成功。华为没有成功，只是在成长。"但经过分析，任正非发现在将近10年的时间里，华为都没有遭遇过什么太大的危机，或者说没有经历过像日本企业那样九死一生的严酷考验。这是一种幸运，但也是一种不幸，任正非知道华为的寒冬始终都会到来，总有一天企业会遭遇前所未见的巨大危机，而到时候企业是否做好了准备来迎接这个危机，又是否有能力度过这个危机，这是一个未知数。但这样的想法，让很多华为人觉得很不适应，有些人觉得任正非有些杞人忧天，毕竟没有人会在一片良好的发展势头面前唱衰企业的发展。而任正非觉得有危机意识是必要的，因为无论是多么伟大的公司，总有一天会走向灭亡，当年那个在全球市场呼风唤雨的手机巨头诺基亚也是在短时间内走向灭亡的，任正非觉得任何一个华为人都应该以史为鉴，要养成危机意识，要想办法去应对各种潜在的危机。正是由于危机意识的存在，并努力预防，华为开始注重科学管理体系的打造，并花费十年时间引入了先进的管理制度，改良了管理方法，从而确保华为能够以最好的姿态进入即将来临的"冬天"。

2016年，华为的销售收入达5200亿元，位居全球信息与通信行业首位，在世界500强排名第129位，华为正如日中天。而此时，任正非却说"华为已感到前途茫茫"。

任正非表示："随着逐步逼近香农定理、摩尔定律的极限，而对大流量、低时延的理论还未创造出来，华为已感到前途茫茫、找不到方向。华为已前进在迷航中。"

华为的这一次迷航，注定要孤独，且无人喝彩，因为华为已然是让人仰视的世界第一，衣着光鲜，在掌声和欢呼声中被众人推进了本行业的无人区，处在无人领航、无既定规则、无人跟随的困境。

面对这种孤独至深而导致的迷航，任正非怀着深重的忧患和危机意识，承担起引领的责任。在72岁高龄之际，他再一次在看不清的茫茫黑暗中，用自己发出微光，带着他的队伍前进，就像高尔基小说中的丹柯一样把心拿出来燃烧，照亮华为人前进的道路。

任正非认为华为正逐步攻入本行业无人区，处在无人领航、无既定规则、无人跟随的困境。这意味着华为将承担起制定规则、创立理论的重任。

这个世界上，创新离不开人才，人才是最重要的资产，对华为来说尤其如此。任正非认为，应该持开放的心态接纳全球的顶尖人才，让华为持续健康发展。

在培养人才方面，任正非建议国家提高教育水平，用最优秀的人去培养更优秀的人。他表示，华为的做法是把所有的年轻人都送到一线去磨炼，去承担更大的责任。

近几年来，电信产业投资下滑，运营商正面临来自OTT（指互联网企业越过运营商，发展基于开放互联网的各种视频及数据服务业务）公司的巨大冲击，以及数字化转型的巨大挑战，客户迫切要求华为提供数字化转型和商业模式创新的解决方案。华为未来要面临的挑战，首先是怎么帮助客户转型去获得成功。现在尤其是运营商业务，面临着巨大的转型和挑战，因为互联网公司正在抢占它们的传统市场。

创新和管理的不确定性是华为成为领导者以后面临的最大挑战，现在要做的是简化管理，激活组织，当组织发展成这样一个19万人的庞大队伍，企业的管理和运作效率会越来越低，如果完全用划分不同业务板块的方式去授权管理，平台的能力就会被削弱，如果不划分，官僚化就会滋生。那么，怎么解决这个问题？

任正非用数字化转型来提升管理效率，来克服组织熵增的种种弊端。他认为，过去的成功很可能成为未来的包袱，甚至成为未来失败的原因。世界上那几个著名的大公司为什么倒下了？与企业经营管理的这一基本假设是有直接关系的，所以我们要问自己，企业家如何保持危机感，企业如何保持危机感，职业经理人如何保持危机感？这是很有挑战性的问题，也是企业持续发展、基业长青的精神动力所在。

作为企业领导者要居安思危，要想让企业可持续发展，就必须保持危机感。企业家是否具有危机意识，关系着企业应对环境变化的反应能力。无数事实证明，一个组织越是满足于过去的成就，就越容易丧失危机感，忽略竞争环境的变化。缺乏危机意识的企业其变革的意愿就越小、变革的能力就越差、转换核心竞争力的动力就越不足，也就越可能在竞争的洪流中遭受挫败，因此，作为企业家，也应该学习任正非这种居安思危的危机意识，这样才能真正立于不败之地。

◆ **心存利他之心**

任正非是一位心怀利他之心的企业家，华为的成功离不开"利他之心"。

任正非经常对公司高管说："对员工和合作伙伴要常怀感恩之心，多做利他之事，利他是成功的关键。"

所谓利他，即将对方的利益放在第一位，先考虑对方的利益，再考虑自己的得失。

在任正非看来，"利他之心"不仅是一种人生豁达的境界，更是企业竞争力和领导力的源头。在企业经营中，领导者只有做了有利于员工、客户的事情，才会得到同样的有利回报，经营起来才会得心应手。

"利他之心"就像物理学中最简单的作用和反作用的原理，当你让对方受益了，同样你也会从对方身上受益。

任正非童年时家里很穷，家里有七个兄弟姐妹，只能依靠父母的微薄收入以维持生计。身为老大的任正非，从小就学会要与父母一同扛起责任。在那个吃不饱穿不暖的年代，他的母亲从不多吃一口饭。她说："要活大家一起活。"

任正非后来回忆说："如果我小时候多吃一口面包，弟弟妹妹有都可能饿死。"童年时的经历让任正非懂得，做人必须要利他。

任正非说："我的不自私也是从父母身上学到的，华为今天这么成功，与我的不自私有关系。"

创办华为后，任正非坚持"以客户为中心，为客户创造价值"。他说，只有客户成功，华为才能成功。

华为致力于把数字世界带入每个人、每个家庭、每个组织，构建万物互联的智能世界：让无处不在的联接，成为人人平等的权利；让无所不及的智能，驱动新商业文明。

目前，虽然全球移动网络覆盖率已超过87%，但这意味着还有13%的人口无法享受移动服务。这些人通常分布在经济情况欠发达的偏远地区。偏远地区的网络部署和电力供应技术难度大，使本来就已经高昂的人均建网成本进一步提高。

考虑到各区域的地理位置和经济水平，华为在移动网络上致力于以较低的价格提供大范围覆盖，是最合适的网络覆盖方案之一。通常情况下，移动网络使用的频率范围是700MHz到2.5GHz。基于低频段的移动网络可实现更广阔的信号覆盖，但这类网络的数据传输速度较慢，只能支持少数并发连接。因此，对于还未联网的地区，基于低频段的2G或3G网络是最经济可行的联网手段。这些2G、3G网络能为人口密度低的广袤区域提供低速互联网接入，降低接入成本。

华为与客户积极协作，共同在全球偏远贫困地区铺设3G网络，并利用太阳能为部分或全部网络设备供电。华为的创新技术帮助客户降低资金投入和设备运行成本。在网络部署过程中，华为与客户密切合作，确保未来可通过小规模软硬件调整来实现网络升级，并根据当地环境变化（如有可用的频谱资源）提供更高速的宽带服务。

2015年，华为在印度、加纳、阿塞拜疆、约旦等国家的偏远地区建设了多个2G和3G网络，帮助当地更多的人得以享受到移动通信带来的便捷。

尼泊尔背靠喜马拉雅山，因境内分布着众多海拔6000米以上的高山而被称为"高山王国"。由于尼泊尔交通条件普遍较差，缺乏电力，每到冬季，部分地区甚至每天停电长达16小时。这些问题导致普通基站出现施工难度大、工期长、建站成本高等状况，使得当地运营商无法更好地普及通信覆盖。当地居民电话都无法正常接通，更不用说与外界进行信息沟通。

任正非了解这些实际情况后，让华为协助尼泊尔的运营商在当地采用

"SingleSite（单点）一体化建站"的方式，部署了一体化农村站的解决方案，快速帮助当地实现信号覆盖，方便了人们与外界的交流，也提升了旅行的安全系数，吸引了越来越多旅游者到尼泊尔旅行。此外，全球化的信息互通，也改善了尼泊尔的投资环境，加快了尼泊尔的经济发展。

到2018年底，华为的RuralStar2.0创新农网解决方案已经在加纳、尼日利亚、肯尼亚、阿尔及利亚、泰国、墨西哥等全球50多个国家和地区成功商用，落地110张网络。RuralStar穿越了平原、山丘、沙漠、海岛，服务4000万农村人口。

尼日利亚有超过50%以上的人口被草原、森林与城市隔绝开，生活在偏远农村或者郊外，通信基础条件非常不好；很多地方没法保证基本的供电，同时居民收入非常低，投资回报周期比较长。这样的现实，令绝大多数供应商望而却步。

但是，华为知难而进、迎难而上。华为专门为尼日利亚等国家的偏远地区设计了RuralStar2.0设备，设备自带六块太阳能板，不依赖其他电源，而且设备轻便，安装起来也比较简单，从而解决了当地电力供应和通信难题。

任正非说："作为企业来讲，有利他之心至关重要。它意味着企业愿意为员工，或者客户提供尽可能多的利益与好处，让他们感受到来自于企业的真诚与用心，进而让他们能够体验到企业的优质服务与人性关怀。"

华为公司有一名技术骨干向公司递交了辞职申请，任正非特别看好他，便多次劝他留下来，遗憾的是这个职员因家庭原因坚决要走，任正非这才死心。

但任正非非要拖一段时间，等到12月31日才同意他的离职申请。很多人认为任正非是故意拖着人家，后来才知道他的良苦用心。原来华为有规定，每年12月31日前离职的员工，一律不发放年终奖。那位员工后来拿到了整整200万的年终奖，那是他在华为拿过的最高的一次年终奖。

任正非始终如一地以利他的价值观要求自己，其他公司想尽办法压缩员工成本来盈利时，任正非已经让员工参与到公司利润的分享中来了，每个员工都是利益的相关者，公司也最终赢得了员工的忠心。

"利他之心"是稻盛和夫经营哲学的精髓。稻盛和夫曾创办京瓷、第二电信两家世界500强企业，成功拯救日本航空，是任正非学习和推崇的企业家。

稻盛和夫认为，"利他之心"不仅是企业家的经营追求，也是职场人士的工作动力；不仅是领导的管理哲学，也应该是每个人的处世哲学。

任正非和稻盛和夫都非常具有传奇色彩，一个是中国的商业领袖，一个是日本的"经营之神"。

2011年，任正非邀请稻盛和夫到深圳华为总部参观访问，两个人进行了闭门交流。

两位伟大的企业家惺惺相惜，相见恨晚。稻盛和夫的《活法》里有几个核心观点，都是来自中国传统的哲学思想。稻盛和夫说，无私本就是一种强大的领导力。如果企业的领导者在开创和推动一项事业时的出发点都是基于"想要让自己发财"，或者"想要对自己产生好处"，那么就自然无法获得员工的信赖与尊敬；而在这种领导者的管理之下，企业的经营活动也将无从得以顺利进行。作为一名领导者，要想将一个组织团结在一起，使其获得成长和发展，就必须具备"无私"胸怀；如果一个人缺乏这样一种特质，那么他就不足以成为一名领导者。

稻盛和夫在经营中不掺杂任何私心。作为第二电信的管理者，他手上连一分股权都未曾持有，但是却给员工都提供了购买公司股票的机会，让员工们从第二电信中获得资本收益，以此来表达对员工为公司鞠躬尽瘁的感激之情。

任正非和稻盛和夫颇为相似。任正非在创办华为之初，就在公司内部推行全员持股制度，这样一种股权制度既是被逼出来的，也是创始人的一种理性自觉：与劳动者共享企业发展成果。

我记得《一代大商孟洛川》中有一句话：于己有利而于人无利者，小商也；于己有利而于人亦有利者，大商也。

如今华为非但没有因为"利他"而使利润下降，反而发展得越来越快，已经成为全球通信行业的领导者，位列2019年世界500强第61名。

任正非说，"心存利他之心，别人就一定能够感知你的真诚，自然也会给你一个回赠，互惠互利也是水到渠成的事情"。

当我们学会为别人着想，不仅自己能感觉到幸福愉悦，最后受益的人也是自己。

《道德经》里有句话："天地所以能长且久者，以其不自生，故能长生。是以圣人后其身而身先，外其身而身存。非以其无私耶？故能成其私。"很多最后才考虑自己的人，反而会因此成就了自己。

"以众人之私，成就众人之公"这句话很形象地刻画了任正非的思想境界。大私无私，任正非最大的"自私"，是无私。任正非以利他之心成就了华为帝国。

任正非的成功告诉我们：凡事能替他人着想的人，一定是有福报的人；凡是心存利他之心的人，必定是有更多的机会成就大事的人。

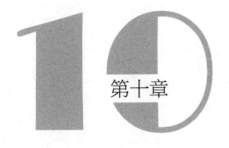

第十章

人性管理的"灰度"哲学

"灰度管理"是我们的生命之树，灰度领导力是管理者的必备素质。一个领导人重要的素质是方向、节奏，他的水平就是合适的灰度。坚定不移的正确方向来自灰度、妥协与宽容。灰度才是世界的常态，灰度给了我更大的心胸，我用它来包容整个世界。

——任正非

◆ 灰度管理是企业的生命之树

管 理中最重要的是中间的灰色，灰色管理是在黑与白的
管理之间寻求平衡。

任正非是中国企业家中少有的思想家和哲学家，也是"灰色管理理论"的开创者和实践者。他独特的经营管理思想已经被华为30多年来的经营管理实践所证明。

外界看任正非，是雾里看花，盲人摸象，给任正非贴上了多个矛盾的人格标签：狼性、独裁、霸道、人性大师、智者、堂吉诃德、成吉思汗等。真实的任正非被这些标签格式化了。

任正非崇尚灰度，但其人格并不是灰度的，例如率真、直爽、简单、诚实等鲜明的非灰度性格。另外，以我22年对任正非的追踪采访和近距离观察，发现在他身上有各种复杂甚至矛盾的要素：既脾气暴躁，又静水潜流；既铁骨铮铮，又柔情似水；既疾恶如仇，又宽容妥协；既用兵狠，又爱兵切；既霹雳手段，又菩萨心肠；既胆识过人，又心存敬畏；既固守原则，又豁达变通；既实用主义，又理想主义；既浪漫主义，又求真务实；既有理工男的做派，又有文艺青年的气质……总之，任正非是一个棱角分明的人，一个非常真实的人。

有哲人曾说，在淡化了黑与白意义的日子里，自由的颜色是灰的。任正非就是生活在真实的灰度的自由世界里。

俗话说，人如其名。"任正非"也正如其名：既正，又非。非就是

正，正就是非；非中有正，正中有非。

所谓的灰度管理，就是突破了将一切事物都一分为二看待的简单思维。在管理的过程中，管理者在看待一个方案、看待一个员工时，不能简单地说这个方案可行还是不可行，这个员工优秀还是不优秀。一些人或一些事在没有绝对正确或错误的情况下，管理者要找出介于两种结论之间的办法，也就是将管理延伸到一个能够伸缩的缓冲地带，也就是灰色地带。

在任正非看来，妥协是管理上的一个重要方式，管理是一门高深的艺术，并不是非错即对、非黑即白那么简单的。管理中最重要的是中间的灰色，灰色管理是在黑与白的管理之间寻求平衡。很多管理者都缺乏灰色管理思想，任正非早就在《华为十大管理要点》中提出：干部要学会灰色管理才行。

华为管理顾问吴春波老师对任正非的灰度理论有很深的研究。他认为，有灰度的人一定是很痛苦的，或者说一定经过了痛苦的思考与修炼的过程。任正非的独到之处在于，他没有基于自己的性格特点来管理华为，而是基于灰度理论，把个人性格与作为企业领袖的任职资格完美地结合到一起，相得益彰、天衣无缝地形成一套系统的经营管理哲学，灰度管理理论就是其重要组成部分。

任正非在管理华为的实践中，其基本色调就是灰度。灰度既是其世界观，是其思维方式，也是其经营管理的基本假设、理念与哲学。企业家自身的特质必然会影响乃至决定企业的底蕴与特质，任正非是灰色的，决定了华为也是灰色的。也是因为这一点，华为不怕被外界黑，无论是浓彩泼墨，还是写意描白，均改变不了华为的灰，只是改变了华为灰的程度而已。

纵观华为30多年的成长与发展历程，观察华为的经营管理实践，不难发现，灰度理论是贯穿始终的价值观与方法论。

任正非早在1995年起草《华为基本法》时，就与"人大六君子"提出了灰度管理思想。后来，任正非在2009年1月15日召开的全球市场工作会议上发表了题为《开放、妥协与灰度》的讲话，完整地诠释了其灰度管理思想体系："一个清晰方向，是在混沌中产生的，是从灰色中脱颖而出的，而方向是随时间与空间而变化的，它常常又会变得不清晰，并不是非白即黑、非此即彼。合理地掌握合适的灰度，是使各种影响发展的要素，在一段时间里和谐共存，这种和谐的过程叫妥协，这种和谐的结果叫灰度。没有妥协就没有灰度。妥协其实是非常务实、通权达变的丛林智慧，凡是人性丛林里的智者，都懂得在恰当时机接受别人妥协，或向别人提出妥协，毕竟人要生存，靠的是理性，而不是意气。"

灰度不仅是一种世界观，更重要的是一种思维方式。正如任正非所言："灰度是常态，黑与白是哲学上的假设，所以，我们反对在公司管理上走极端，提倡系统性思维。"

灰度是任正非的世界观和思维方式，因此，任正非发展出一套系统的管理哲学、管理体系和管理方法论，这就是任正非的"灰度管理理论"。以华为为平台，任正非将其付诸华为的经营管理实践。而华为的经营发展实践，也验证了任正非的灰度管理理论。

1. 以灰度看待人性

以灰度看待人性，就必须摒弃非黑即白、爱憎分明、一分为二的思维方式。人性是复杂的，几千年来，人们对人性的研究一直处于停滞状态。无非是性善、性恶，或者是天使、魔鬼，抑或是X假设、Y假设。

而以灰度来看，人力是一种资源，管理者与管理的使命就在于激发人的正能量，抑制人的负能量，团结一切可以团结的人，调动一切可以调动的积极性，挖掘一切可以挖掘的潜力，实现公司的目标与战略。

任正非说："我们真正的干部政策要灰色一点，桥归桥，路归路，不要把功过搅在一起，不要疾恶如仇、黑白分明……干部有些想法或存在一些问题很正常，没有人没有问题。"任正非对人性的洞察，是一个很大尺度上的把握，他对人性的理解就是灰度。他认为任何黑的或白的观点，都是容易鼓动人心的，而我们恰恰不需要黑的或白的，我们需要的是灰色的观点。如果说任正非是"人性大师"，那么他对人性的深刻洞察，无疑是基于灰度理论的。

2. 以灰度看待未来，看待战略与目标

面对黑天鹅，面对灰犀牛，面对蝴蝶效应，既不盲目乐观，也不盲目悲观，未来有阳光灿烂，也有疾风骤雨；既不左倾冒进，也不右倾保守。有灰度，方能视野开阔，把握不确定性，看清未来的方向，认清未来发展的战略目标。

基于灰度理论，任正非为进入"无人区"的华为指明了未来的方向："坚定不移的正确方向来自灰度、妥协与宽容"，"如果不能依据不同的时间、空间，掌握一定的灰度，就难有审时度势的正确决策"。

下面九条管理理念可以说就是任正非灰度理论的结晶：

①以内部规则的确定性，应对外部环境的不确定性。

②以过去与当下的确定性，应对未来的不确定性。

③以过程的确定性，应对结果的不确定性。

④确定性是企业最大的敌人。

⑤以组织的活力应对战略的混沌。

⑥一杯咖啡吸收宇宙能量，一桶糨糊黏结世界智慧。

⑦允许异见，就是战略储备。

⑧乱中求治，治中求乱。

⑨方向要大致正确，组织要充满活力。

3. 以灰度看待企业中的关系

在企业经营管理中存在着大量相互矛盾和相互制衡的关系，如激励与约束、扩张与控制、集权与扩权、内部与外部、继承与创新、经营与管理、短期利益与长期利益、团队合作与尊重个性等等，这些关系构成了黑

白两端，痛苦地煎熬着企业的决策，也逼迫企业做出选择。任正非以灰度观来看待和处理这些关系，既不走极端，也不玩平衡，针对内外部关系做出智慧的决策，其核心就是依据灰度理论，抓住主要矛盾和矛盾的主要方面，有效地运用这些矛盾内含的能量，将这些矛盾变为公司的发展动力。

4. 以灰度培养与选拔干部

任正非把灰度作为干部的领导力和经营管理能力的重要内容，同时也作为选拔干部的重要标准。他认为，"开放、妥协、灰度是华为文化的精髓，也是一个领导者的风范"，"如何去理解'开放、妥协、灰度'？不要认为这是一个简单的问题，黑和白永远都是固定的标准，什么时候深灰一点，什么时候浅灰一点？干部就是掌握灰度"。干部放下了黑白是非，就会有广阔的视野和胸怀，就能够海纳百川，心存高远。他所提倡的"砍掉高层的手脚"，实际上就是让高层管理者把握灰度观，形成灰度思维，并以此洞察人性，在混沌中把握方向，理性地处理企业中的各种矛盾与关系。在处理犯了错误的干部时，他也一直采用灰度的方式，在明处高高地举起拳头，私下则轻轻地安抚，既不一棍子打死，也不放任纵容，对事旗帜鲜明，对人宽容妥协。

5. 以灰度把握企业管理的节奏

任正非一直强调，作为高级管理者在企业经营管理过程中，必须紧紧盯住三个关键点：方向、节奏与人均效率。当企业的方向大致正确之后，经营管理节奏的把握就成为领导力的关键。面对企业中的各种问题，性格急躁与暴躁的任正非肯定是着急的，但在具体实施过程中他又表现出极大的忍耐力和容忍力。他在说的时候，是疾风骤雨、电闪雷鸣，但具体实施的时候，又能和风细雨、润物无声。这种"着急和等不及"与"不着急和等得及"就是任正非灰度管理的最好体现。

6. 以灰度的视角洞察商业环境

任正非对于外部商业环境是以灰度的视角洞察的，他认为确定性是企业发展的敌人，要拥抱外部环境的不确定性；他从来不抱怨外部商业环境的险恶，总是以乐观主义的态度评价宏观层面的问题；他把竞争对手称为"友商"，并把"与友商共同发展，既是竞争对手，也是合作伙伴，共同创造良好的生存空间，共享价值链的利益"作为公司的战略之一；他崇尚以色列前总理伊扎克·拉宾（以下称"拉宾"）的"以土地换和平"观念，自称是"拉宾的学生"。

吴春波指出，在企业经营管理实践中，灰度管理理论不是放之四海而皆准的，不能"灰度"一切。"以客户为中心，以奋斗者为本，长期坚持艰苦奋斗"不能"灰度"；"厚积薄发，压强原则"不能"灰度"；"自我批判，保持熵减"不能"灰度"；"力出一孔，利出一孔"也不能"灰度"。对人讲灰度，对事讲绩效、讲流程。也就是说，企业核心价值观、机制与运作、业务与流程、工作与效率等企业本源层面的问题不适合灰度管理，也不适合对基层员工强调灰度思维。

任正非曾说过：决策的过程是灰色的，所以决策层必须有开放的大脑、妥协的精神，这样才能集思广益。但越朝下，越要强调执行。高层决策忌快忌急，慢一些会少出错。基层却要讲速度、讲效率。

"灰度给了我更大的心胸，我用它来包容整个世界"。是的，一个企业家只有学会了宽容，保持开放的心态，才能真正达到"灰度"的境界，才能够在正确的道路上走得更远，走得更扎实。

有很多人认为，任正非的灰度理论就是中庸之道，其实这是错误的。

灰度不是中庸之道。所谓"中庸"，是指在对立的两端之间寻找调和与折中。前者是世界观，后者是处事之道。道不是观，观也不能替代道。任正非在《从哲学到实践》一文中讲道："中国长期受中庸之道的影响，虽然在保持稳定上有很大贡献，但也压抑了许多英雄人物的成长，使他们的个性不能充分发挥，不能形成对社会的牵引和贡献，或者没有共性的个性对社会形成破坏……"中国人崇尚中庸之道，追求不偏不倚、折中调和的处世态度，但某种程度上中庸之道会蜕化为自私自利的保命哲学，养育出一批两面派的伪君子。在现实中，也有的人往往是走极端的，依据个人好恶，凡事辩个黑白，问个是非，非黑即白，是大多数人的行为惯性。

从本质上讲，灰度哲学是正确反映客观世界和现实情况的思维模式。从字面意义上讲，灰度既不是黑，也不是白；既不是对，也不是错；既不是好，也不是坏；是一种融合体，不走极端。灰度思维既不是"非白即黑"的反向思维，也不是"白加黑"的并存思维，而是"白黑融合"的和合思维。

著名管理学家彭剑锋认为，任正非所说的灰度中的"灰"是一种颜色，是黑与白的融合，意味着企业的生存环境和未来不是简单的、纯粹的，易于辨别的，而是多元的、复杂的，存在不确定性的。"灰"又是黑与白之间的过渡，它混沌、模糊，同时也蕴含着多重元素；在混沌的表象下实则孕育着活力和生命力。

"妥协、宽容与开放"不是灰度的本质，而是灰度的手段与工具。因为，灰度的度是很难把握的，需要管理者具有非凡的智慧与能力。把握灰度需要的不是手段，也不是科学，而是一门领导艺术。正如任正非所说："任何黑的或白的观点，都是容易鼓动人心的，而我们恰恰不需要黑的或白的，我们需要的是灰色的观点。介于黑与白之间的灰度，是很难掌握的，这就是领导与导师的水平。管理上的灰色，是我们的生命之树。"所以，任正非的灰度管理理论浇灌出了华为这棵长青之树。

◆ 只有开放才能永存

　　　　　　　　—— 个不开放的文化，就不会努力地吸取别人的优点，逐
　　　　　　　　　　渐就会被边缘化，是没有出路的。一个不开放的组
　　　　　　　　　　织，迟早会成为一潭死水的。

　　中国历来都不缺乏政治家、企业家，但从来都缺少真正的商业思想家，在当代中国，任正非应该算是一个商业思想家。这也是笔者20多年来坚持研究华为的主要原因之一。

　　作为中国改革开放以后成长起来的第一代企业家，军人出身的任正非在带领华为快速发展的同时，更加重视其企业哲学思想的发展，并形成了特点鲜明的管理思想。

　　任正非的管理哲学根源于对商业本质的把握，"在商言商"就是回归常识、回归朴素、回归真理、回归简单、回归商业理性、回归商业的本质。如果一个企业不能把握商业本质，那么它就会变成机会主义，而机会主义是没有未来的，机会主义可以赚钱，但是机会主义不会成就伟大的公司、伟大的商业机构。商业的本质其实并不神秘，就是一些尝试，一些朴素的尝试，一些基本的底线、规则和范式。

　　经常有人问我：究竟是什么驱动着华为快速发展？我认为是华为的核心价值观描述的利益驱动力，驱动全体员工共同奋斗，这是一场从精神到物质的转移，而物质又巩固了精神力量。30多年来任正非不断推行的管理哲学"洗礼"着全体华为员工，每个员工身上小小的原子核在价值观的驱

使下，发挥了巨大的原子能。华为的成功，靠的就是哲学和文化的力量。

"开放、妥协、灰度、均衡"是华为文化的精髓，也是一个领导者的风范。任正非在内部讲话中多次强调"开放"的重要性。他说："一个不开放的文化，就不会努力地吸取别人的优点，逐渐就会被边缘化，是没有出路的。一个不开放的组织，迟早会成为一潭死水的。我们无论在产品开发上，还是在销售服务、供应管理、财务管理……都要开放地吸取别人的好东西，不要故步自封，不要过多地强调自我。创新是站在别人的肩膀上前进的，要像海绵一样不断吸收别人的优秀成果，而并非是封闭起来的'自主创新'。与中华文化齐名的古罗马、古巴比伦文明已经荡然无存了。中华文化之所以延续到今天，与其兼收并蓄的包容性是有关的。今天我们所说的中华文化，早已不是原教旨的孔孟文化了，几千年来已被人们不断诠释，早已近代化、现代化了。中华文化也是开放的文化，我们不能自己封闭它。向一切人学习，应该是华为文化的一个特色，华为开放就能永存，不开放就会昙花一现。"

2011年，任正非曾这样说："在舆论面前，公司长期的做法就是一只把头埋在沙子里的鸵鸟。我可以做鸵鸟，但公司不能，公司要前进，公司在开放的同时还要允许批评。"任正非还表示，"公司任何员工都可以自由接受记者采访，讲错了观点不要紧，只要你讲的是事实。"后来，华为公司有五位高管开通了实名微博，聆听用户对产品的看法，并与网友互动交流，频繁接受媒体采访，这是华为主动接近媒体的开始。

任正非给外界传达出这样一种信号：华为正在试图建立一种更加透明化和开放化的公司制度体系，它的形象变得更加亲民。而事实上，这是一场更深层次的战略转型，华为正在从一家神秘的B2B公司转型为一个世界级的消费者品牌，因此，它必须敞开心扉，只有与世界对话，与世界握手，才能拥有全世界。

如何解决开放问题，任正非从李冰父子修建都江堰的经验中得出"深淘滩，低作堰"的启发："深淘滩"，强化管理，挖掘潜力，一个企业不是靠规模、靠物质投入来实现高增长的，而是靠人均效率的持续增长。人均效率是个对标，华为人均效率的持续提高，衡量指标就是对标，和别人还有差距，但是这个差距大大拉小，就是深淘滩，挖掘自己；"低作堰"，不到处建拦水坝，把利润和供应商等利益相关者进行分享，形成同盟。未来的竞争是产业链的竞争，而不是个体企业之间的竞争。

华为的"2012实验室"就是从文化制度、产品层面和组织层面来培养意见，有些意见在目前可能是"歪理邪说"，未来可能就是正确的，这就是一种开放。华为实行"鲜花一定要插在牛粪上"的战略，这个"牛粪"，可以是华为的"牛粪"，也可以是别的"牛粪"，不封闭起来自娱自乐搞创新，这就是一种开放心态；创新的导向就是市场成功，市场成功的评价标准是客户需求，华为用了很多年的时间消灭工程师文化，这就是一种开放的态度。

任正非说："开放是公司生存下来的基础，如果我们公司不开放，我们最终就会走向死亡，开放要以自己的核心成长为基础，加强对外开放合作，华为坚持开放的道路不动摇，开放是我们的出路。"他认为，迪拜的文化就是建立一个开放的社会，借用全世界的智慧，使用别人的钱，建设一个全球最美的城市。它开国时的一句口号，"揭开面纱，穿上西装，走进世界"，这对世界文明是一个启迪。

18年前，任正非去迪拜考察，写了一篇文章《资源是会枯竭的，唯有文化才能生生不息》，就是指迪拜的开放性。他号召华为人向迪拜学习，建设一个强大的华为。

华为长期推行的管理结构，就是一个"耗散结构"。任正非认为"耗散结构"，就是让公司在稳定与不稳定、平衡与不平衡间交替发展，这样的公司才能保持活力。"有能量一定要把它消耗掉，使华为获得新生。如果不能开放，这个组织就没有能量交换，就缺乏活力"。

任正非告诫华为的高管：我们在前进的路上，随着时间、空间的变化，必要的妥协是重要的。没有宽容就没有妥协，没有妥协就没有灰度。

不能依据不同的时间、空间，掌握一定的灰度，就难有合理的审时度势的正确决策。开放、妥协的关键是如何掌握好灰度。每一个将来有可能承担重任的干部，一定要对开放、宽容、妥协和灰度有深深的理解，这是将来要成为领袖最重要的心态和工作方法。

任正非说，"我们不强调自主创新，我们强调一定要开放，我们一定要站在前人的肩膀上，去摸时代的脚。我们还是要继承和发展人类的成果"。

华为是开放的，不开放只有死路一条。30多年来，华为坚持做一个开放的群体，始终没有停止过开放。华为以开放为中心，打破边界，和世界进行能量交换。只有开放，才有今天的华为；只有开放，华为才能拥抱世界，融入世界；只有开放，才会有更加美好的未来！

◆ 宽容是领导者的成功之道

宽容是一种非凡的气度、宽广的胸怀,是对人对事的包容和接纳。宽容别人,其实就是宽容我们自己。多一点对别人的宽容,我们生命中就多了一点空间。

任正非曾说过,宽容是领导者的成功之道。任何管理者,都必须同人打交道。一旦同人打交道,宽容的重要性立即就会显示出来。人与人的差异是客观存在的。所谓宽容,本质就是容忍人与人之间的差异。依靠管理者的宽容,使不同性格、不同特长、不同偏好的人能够凝聚在组织目标和愿景的旗帜下。

在任正非看来,"宽容别人,其实就是宽容我们自己。多一点对别人的宽容,其实,我们生命中就多了一点空间。宽容所体现出来的退让是有目的、有计划的,主动权掌握在自己的手中。无奈和迫不得已不能算宽容"。

任正非指出,"宽容是一种坚强,而不是软弱。只有勇敢的人,才懂得如何宽容,懦夫决不会宽容,这不是他的本性。宽容是一种美德。只有宽容才会团结大多数人与你一起认知方向,只有妥协才会使坚定不移的正确方向减少对抗,只有如此才能达到你的正确目的"。

很多伟大的科学家、艺术家、思想家、企业家都有一些怪癖,比如不洗澡。这是个普遍的怪癖,乔布斯不爱洗澡,休斯飞机制造公司的创始人休斯也很少洗澡。休斯在20世纪60年代被称作美国的"世纪英雄",他是一位疯狂的冒险家，也是亿万富豪，同时患有严重的幽闭症，却又放浪不羁……很多科学家的灵感不是来自于实验室，而是在马桶上排泄着肚肠里的污浊之物时产生出来的，还有就是洗澡时产生出来的。

那么对这些类型的"狂人"，华为要不要给予包容？任正非的观点叫作"灰度理论"，反对非黑即白的用人观。有文化洁癖的人，尤其有道德洁癖的人是做不了企业领袖的，所以任正非多次讲，华为不是培养和尚、牧师，而是一支商业部队，要容得下各种异类人。

任正非甚至刻意在公司倡导和配置反对的声音，甚至在组织体系上构建与"红军"力量唱反调的"蓝军"。而且从"蓝军"的优秀干部中，选拔"红军"司令。

"'蓝军'存在于方方面面，内部的任何方面都有'蓝军'，'蓝军'不是一个上层组织，下层就没有了。在你的思想里面也是红蓝对决的，我认为人的一生中从来都是红蓝对决的。我的一生中反对自己的意愿，大过我自己想做的事情，就是我自己对自己的批判远远比我自己的决定还多。我认为'蓝军'是存在于任何领域、任何流程的，任何时间、空间里都有红蓝对决。如果有组织出现了反对力量，我比较乐意容忍。要团结一切可以团结的人，共同打天下，包括不同意见的人。进来以后就组成反对联盟都没有关系，他们只要是技术上的反对就行。百花齐放、百家争鸣，让人的聪明才智真正发挥出来。"

任正非不仅宽容下属，在公司内部他还强调在创新上要宽容失败。任正非指出，在华为公司的创新问题上，第一，一定要强调价值理论，不是为了创新而创新，而是为了创造价值。但未来的价值点还是个假设体系，现在是不清晰的。"我们假设未来是什么？我们假设数据流量的管道会变粗，变得像太平洋一样粗，建个诺亚方舟把我们救一救，这个假设是否准确，我们并不清楚。如果真的像太平洋一样粗，也许华为押对宝了。如果只有长江、黄河那么粗，那么华为公司是不是会完蛋呢？这个世界上完蛋的公司很多，北电网络公司就是押宝押错了，中国的小网通也是押错宝了，押早了。小网通刚死，宽带就来了。它如果晚诞生几年，就生逢其时了。"

第二，在创新问题上，华为要更多地宽容失败。宽容失败也要有具体的评价机制，不是所有的领域都允许大规模的宽容失败。因此，任正非要求华为的专家在思想上要放得更开，可以到外面去喝咖啡，喝咖啡可以报销，与别人的思想碰撞，把你们的感慨写出来，发到网上，引领一代新人思考。也许不只是华为看到你了，社会也看到你了，没关系，我们是要给社会做贡献的。当你的感慨可以去影响别人的时候，别人就顺着一路走下去，也许他就走成功了。所以在创新问题上，更多的是一种承前启后。

在任正非的领导哲学里有一个很重要的观点，"允许异见，就是战略储备"。任正非本人称之为灰度领导力，认为灰度领导力是管理者的必备素质。

中国企业发展到今天，很多都是产业链式发展、集团化管理，需要企业家和企业高管具备跨业务、跨团队、跨职能合作的能力。同时，随着中国企业全球化的速度加快，如何跨地域、跨文化地沟通、合作和领导，也是摆在企业家面前的迫切命题。还有，和企业命运直接相关的消费者和员工也更加多元化：文化多元、价值多元、诉求多元。

面对种种新问题，企业家需要努力提升自己的开放、宽容、沟通、协同的思维意识和领导能力，进一步开放，才能融入全球市场、整合全球资源，不断发现和寻找到新的机遇；有包容心才能学会宽容，能容忍他人的缺点，允许下属失败，任用比自己更能干的人；沟通的前提是接纳，接纳不同文化信仰、不同代际特征、不同性格差异；协同是开放、宽容、沟通之后的结果，在协同中解决矛盾，由协同产生价值。

在我们的人生历程和企业经营管理中，应该意识到一个人拥有宽容的胸怀是非常重要的。莎士比亚说："有时，宽容比惩罚更有力量。"的确，宽容是一种美德。

　　宽容是一种非凡的气度、宽广的胸怀，是对人、对事的包容和接纳；宽容是一种高贵的品质、崇高的境界，是精神的成熟、心灵的丰盈；宽容是一种仁爱的光芒、无上的福分，是对别人的释怀，也是对自己的善待；宽容是一种生存的智慧、经营的艺术，更是一份自信和超然。正如任正非所说，"宽容别人，其实就是宽容我们自己。多一点对别人的宽容，我们生命中就多了一点空间"。

◆ 妥协是管理者的必备素质

明智的妥协是一种让步的艺术，妥协也是一种美德，而掌握这种高超的艺术，是管理者的必备素质。只有妥协，才能实现"双赢"和"多赢"。

在任正非的管理思想中，任何事物都有对立统一的两面，管理上的灰色，才是企业的生命之树。开放、妥协、灰度需要我们深刻去理解。

任正非指出："为了达到主要目标，可以在次要目标上做适当的让步。明智的妥协是一种让步的艺术，妥协也是一种美德，而掌握这种高超的艺术，是管理者的必备素质。"这就是任正非运用灰度思维来把握和指导自己的长期战略。

在任正非的灰度哲学中，坚持正确的方向与妥协并不矛盾；相反，任正非所说的妥协是对坚定不移方向的坚持。其核心是，方向是不可以妥协的，原则也是不可妥协的。但是，实现目标过程中的一切都可以妥协，只要它有利于目标的实现，为什么不能妥协一下？当目标方向清楚了，如果此路不通，我们妥协一下，绕个弯，总比原地踏步要好，干吗要一头撞到南墙上？

在一些人眼中，妥协似乎是软弱和不坚定的表现，似乎只有毫不妥协，方能显示出英雄本色。但是，这种非此即彼的思维方式，实际上是认定人与人之间是征服与被征服的关系，没有任何妥协的余地。

2010年1月14日，任正非在2009年全球市场工作会议上讲到了"妥协"：

"妥协"其实是非常务实、通权达变的丛林智慧，凡是人性丛林里的智者，都懂得在恰当时候接受别人的妥协，或向别人提出妥协，毕竟人要生存，靠的是理性，而不是意气。

"妥协"是双方或多方在某种条件下达成的共识，在解决问题上，它不是最好的办法，但在没有更好的方法出现之前，它却是最好的方法，因为它有不少好处。

妥协并不意味着放弃原则，一味地让步。明智的妥协是一种适当的交换。为了实现主要目标，可以在次要目标上做适当的让步。这种妥协并不是完全放弃原则，而是以退为进，通过适当的交换来确保目标的实现。

相反，不明智的妥协，就是缺乏适当的权衡，或是坚持了次要目标而放弃了主要目标，或是妥协的代价过高遭受了不必要的损失。

明智的妥协是一种让步的艺术，妥协也是一种美德，而掌握这种高超的艺术，是管理者的必备素质。

只有妥协，才能实现"双赢"和"多赢"，否则必然两败俱伤。因为妥协能够消除冲突，拒绝妥协必然是对抗的前奏；我们的各级干部要真正领悟妥协的艺术，学会宽容，保持开放的心态，就会真正达到灰度的境界，就能够在正确的道路上走得更远、走得更扎实。

而在长期战略制定上，现在很多企业都把"创新"当作一个重要的方向，但又有几家企业成功呢？

所以，任正非认为在管理改进中，要坚持遵循"七反对"的原则。在界定"灰度"上，任正非认为改良的积极作用大于变革。因此他不主张激变，而是谋定而后动。这将让华为在发展进程上更趋稳健，尤其在后危机时期，对于多数中国企业都具有现实指导意义。

另外，灰度思维对于组织管理也同样具有指导作用。目前，中国不少企业仍用金字塔形的层级命令控制体系，各部门各自为政、自利取向。在垂直管理控制下，部门之间的职能行为因缺少有机联系导致效率低下。

任正非最欣赏的领袖之一是以色列前总理拉宾，认为他是一个伟大的政治领袖。拉宾以土地换取和平，必要时妥协，时刻保持清静、理性的头脑，保持弱者的姿态，该示弱时向别人示弱。

在华为的决策体系中充满了争辩和妥协，通过争辩和妥协，集中大家的智慧，在这种氛围中形成正确的决策，达成共识。宽容是领导者的成功之道，只有宽容才会团结大多数人并统一认知方向，只有妥协才能坚定不移地坚持正确方向并减少对抗，只有如此才能达到企业的正确目的。

由此可见，任正非所说的妥协，是非常务实、通权达变的丛林智慧。凡是人性丛林里的智者，都懂得在恰当时候接受别人的妥协，或向别人提出妥协，毕竟人要生存，靠的是理性，而不是意气。妥协是双方或多方在某种条件下达成的共识，在解决问题上，它不是最好的办法，但在没有更好的方法出现之前，它就是最好的方法，因为它有不少的好处。

◆ 坚持"七反对"的原则

> **任**正非是穿越人性丛林的智者，"七反对"是他从30多年的管理实践中提炼出来的精髓。

任正非指出，"在管理改进中，要继续坚持遵循'七反对'的原则：坚决反对完美主义，坚决反对繁琐哲学，坚决反对盲目的创新，坚决反对没有全局效益提升的局部优化，坚决反对没有全局观的干部主导变革，坚决反对没有业务实践经验的人参加变革，坚决反对将没有充分论证的流程投入使用"。

1. 坚决反对完美主义

任正非说："我们搞流程的人不存在完美，流程哪来的完美？流程是发展的、改变的，外部世界都在变，你搞完美主义我时间等不起，你可能要搞一年，但是我希望你半年搞出成果！"所以他反对完美主义。

华为之所以能够超越西方公司，就是不追求完美。任正非认为，世界上没有事物是绝对完美的。他认为：第一，世界上根本没有绝对的完美，追求完美会让自己陷入低端的事物主义；第二，完美可能缺乏实际的战斗力和竞争力，对于企业的生存和发展可能并无多少用处。

追求完美是商人之大忌，容易导向教条主义和"一元论"。卓越的商人无不是修修补补的实用主义者，革命乃至于改革，都太具破坏性，所以实用主义的任正非反对完美主义，反对盲目创新，主张自我批判和"小步逼近的改良"。

2. 坚决反对繁琐哲学

华为在内部做流程变革的时候，如果一个流程出现了第五个控制点，首先会问为什么会出现第五个控制点？然后就是为什么不能干掉一个控制点？华为内部把这种做法叫作"川普流程"，就是要砍掉东西，反对繁琐。

3. 坚决反对盲目的创新

反对盲目创新，就是要反对员工自以为是的那套东西。华为要求员工保持空杯心态，开放地去学习美国先进的企业管理理念。

任正非说："当年我们讨论过一个问题：华为是不是一个创新公司？我们回答是，因为1998年我们就创新过产品。但是反过来问，哪项技术是你原创的？没有！一项都没有！统统都是别人的！这件事当时就把研发打得哑口无言。所以，我们在管理上不要盲目创新。"

4. 坚决反对没有全局效益提升的局部优化

任正非指出，要搞变革是可以的，但是要打消很多部门个人局部的利益，让全局的利益来解决局部的利益。如果这项变革，只能给一个部门带来利益，对华为公司整体却毫无益处，那就不要搞！

5. 坚决反对没有全局观的干部主导变革

任正非指出，主导变革的干部一定要具有全局观，变革一定要以一线干部为主。如果老板说我要搞业务变革，但是主导变革的干部都不理解变革的目的，那你还适合站在这个位置上吗？不适合！不适合就要让路。流程变革的目的就是要动人，如果人都动不了，老板怎么管理这个企业？

在任正非看来，所谓成功的变革，就是当变革完成以后，老板想动谁就动谁，因为动了谁，业务都不会受影响，这就是业务变革的真正目的。

6. 坚决反对没有业务实践经验的人参加变革

任正非指出："主导变革的人一定要有丰富的经验，没有经验，别人说什么是什么，那肯定不行。"

所以在变革的过程当中，华为会邀请很多资深的顾问，比如当时有一个六十几岁的老头，以前在IBM做数据管理，退休了又去给美国政府做数据变革，这样的顾问才是真正经验丰富的变革高手，他还敢跟你PK业务，提出自己的意见，这就是经验的重要性。

7. 坚决反对将没有充分论证的流程付诸实施

任正非的这句话就是说，变革的流程需要论证，流程设计出来之后需要干跑，什么叫干跑？

假如流程设计完之后有五个节点，五个节点涉及五个部门，五个部门涉及五个岗位，那就把五个岗位的人都拉到一个会议室里坐好，把业务搬到这上面，看能不能跑起来？跑起来效果怎么样？大家配合得好不好？如果不顺怎么改？

大家提出修改意见，验证完了以后再到代表处去试运行，代表处试运行完了之后再做适当的推广，直到最后的全球推广，这就叫干跑。

任正非表示，在企业变革的过程中，一定有领导者，有贡献者，有参与者。一个项目中那么多成员，每个成员的角色都不同。那在决策当中，他们做了什么？是贡献生命还是提提意见？

当年，IBM流传过一个关于三明治的故事：早上农夫起床要吃三明治，三明治里面有火腿、鸡蛋、蔬菜。火腿是猪贡献了生命而得到的，而鸡蛋呢，鸡是不会贡献生命的，鸡可能每天都生一个蛋。所以，鸡只是一个参与者，而猪是贡献者。

变革要求成员要像猪一样贡献自己的生命，而不是像鸡一样今天提一个意见，明天提一个意见，然后去邀功。

任正非是穿越人性丛林的智者。"七反对"是他从30多年的管理实践中提炼出来的精髓。因为他深知"完美主义"是会扼杀管理创新的，"繁琐哲学"是要让改进搁浅的，"盲目创新"是自杀，"局部利益"是魔鬼，主政者"胸无全局"是自残，"空谈理论"是大忌，没有充分论证的流程是短命的。

无论什么类型的企业，管理是相通的，好的管理原则也同样适用于不同的企业，因为企业是一种组织，而组织是由人组成的，只要是存在人群的地方，其管理思想就可以相通。

"反对完美主义"让许多人难以理解，却是华为成功的基石。"利不百，不变法；功不十，不易器"就是典型的完美主义。现实永远有缺陷，世界不完美，企业也没有完美的，追求决策上和执行上的完美就容易陷入完美主义陷阱，用完美主义的标准选人用人更是错误的。企业由于自身资产、资本、人力资源的限制，需要从实际出发做出现实的决策，而不是完美的决策。在执行层面，坚持"完美主义"的下属往往让人头疼，如兼并收购，面对瞬息万变的市场，需要面向未来果断做出决策，决策一出就要立即执行，而完美主义的下属往往会贻误战机。

任正非倡导灰度管理，就是不走极端，合理地掌握管理的灰度，使各种影响发展的要素在一段时间里和谐共存，并不是非白即黑、非此即彼。适度的宽容才能团结大多数人与你一起认知方向，适度的妥协才能使坚定不移的正确方向减少对抗，只有如此才能达到正确的彼岸。

"繁琐哲学"背离了事物的本质规律，把并不复杂的东西变得高深莫测，影响了我们对事物的本质认识。搞繁琐哲学往往是走弯路，而在管理中越是明晰简单的思路，越不产生歧义，越是能得到高效的执行。这个道理很好理解，而在我们的管理实践中却容易犯这样的错误，领导层的一些不会带来多少效益提升的观念会给下属增添大量工作量，我们应清醒地认识到"上面一张嘴，下面跑断腿"的危害。

　　创新带来管理突破，应大力倡导，但盲目创新是企业的灾难。我们应根据木桶原理在"短板"上大力创新，不要伤及行之有效的已有"长板"，不断盲目创新是有害的。创新是对短板的改良，反对过快创新、过早创新、过度创新和无价值创新，反对为创新而创新。

　　技术上的盲目创新会导致技术"过剩"；管理上的盲目创新会影响已有的稳定秩序，会导致企业管理的失衡。只有通过相对平和的改良措施，恰当的时候进行恰当的创新，才能实现企业各个系统的优化。

　　全局效益和局部效益是统一的，有时又是矛盾的。局部效益是全局效益的基础，企业重视局部效益的提高无可非议，但如果不考虑全局优化，甚至用牺牲整体效益来满足某种局部效益，则必然会使企业整体效益受到损失。在量化对标体系中一定要分清权重，保持坚定的全局利益导向，"各开各的会，各说各的话"就会产生部门"堡垒"，产生"山头主义"。

　　企业变革是一个复杂的系统工程，主导者应拥有整体观念，拥有系统思想，拥有发展观点。让没有全局观的干部主导变革，就容易在主要矛盾和次要矛盾上、全局效益和局部效益上主次颠倒，倘若"一叶障目，不见泰山"，就不可能产生真正的好的绩效。

　　企业变革源于存在问题，而变革本身又会产生新问题，任正非反对没有业务实践经验的人参加变革，就是反对脱离实践而空谈理论，倡导脚踏实地地解决问题。

　　正如任正非所说："我们不忌讳我们的病灶，要敢于改革一切不适应，要及时、准确、优质、低成本地实现端到端服务的东西。但更多的是从管理进步中要效益。我们从来都不主张较大幅度的变革，而主张不断地改良，我们现在仍然要耐得住性子，谋定而后动。"

灰度是应对不确定性最有效的方法

我们无法准确预测未来，但仍要大胆拥抱未来。面对潮起潮落，即使公司大幅度萎缩，我们不仅要淡定，还要矢志不移地继续推动组织朝长期价值贡献的方向去改革。

现在，企业面临的环境不确定性越来越高，往往一场突如其来的危机，让许多大企业也受到巨大冲击，命悬一线。然而，华为创立30多年来，遇到过多次危机，都被任正非成功化解。

企业环境的不确定性主要来源于三个方面，一是来源于技术的快速发展。互联网技术将实现万物互联互通，大数据技术可以使企业更精准地分析客户需求，人工智能技术可以大幅降低满足客户需求的成本，一系列颠覆性技术在不断模糊企业与客户之间的关系，模糊行业与行业之间的边界，重新定义行业的运行法则和企业的竞争规则。企业很难判断竞争者究竟是谁，和竞争者相比的优势和劣势也很难作为下一步战略决策的依据。企业发展的轨迹被这些底层技术不断冲击，企业也因此越发脆弱。

另一个不确定性源于市场的快速变化。客户认知升级持续加速，远超产品、技术、管理等更新的速度。企业就像试图讨好一群需求多变的孩子的家长，时常慨叹身心俱疲、力不从心。最后，经济全球化与大国博弈也加剧了国际企业外部环境的不确定性。令企业更脆弱的是，这些不确定性因素并不是独立的，而是相互缠绕的。企业猜得出"蝴蝶效应"这个结局，但是却无法预判蝴蝶究竟在哪里。

任正非说："我们无法准确预测未来，但仍要大胆拥抱未来。面对潮起潮落，即使公司大幅度萎缩，我们不仅要淡定，还要矢志不移地继续推动组织，朝长期价值贡献的方向去改革。"

基于对灰度的深刻认识，任正非在管理公司中采用了"灰度哲学"。他提出，领导人的水平就是合适的灰度；一个清晰方向，是在混沌中产生的，是从灰色中脱颖而出的，方向是随时间与空间而变化的，它常常又会变得不清晰。

我们可以这样理解任正非的灰度思想：不确定性下的灰度，既是世界的本质，也是商业运作必须遵循的原则，同时还是企业管理和产品开发的方法。

2018年和2019年，美国政府针对华为公司打出两记"组合拳"，一是签下行政令，禁止美国企业购买"外国对手"的电信设备和服务；二是将华为公司列入管制"实体清单"，禁止华为从美国企业处购买技术或配件。

面对极端打压，华为没有手忙脚乱，而是从容应对，并找好了"备胎"。目前，华为不仅实现了芯片自足，还发布了鸿蒙操作系统，从此摆脱了对美国的依赖。

华为在美国政府的围追堵截中强势崛起。目前，华为的5G设备的市场占有率雄居世界第一，华为智能手机销量稳居全球第二，并有望在2020年跻身世界第一。

为什么华为在突发危机面前显得那么冷静从容？面对不确定性越来越高的外部环境，任正非是如何提高危机应对的能力，化危为机，让企业变得更加强大的呢？

任正非的做法是：拥抱不确定性和变化；战略聚焦；培养强大的决断力；不将成功看作未来前进的可靠向导。

1. 拥抱不确定性和变化

不确定性是永恒存在的，摆脱不了的，那就拥抱不确定性和变化。

知名商业评论员何加盐在《任正非和马化腾的灰度》一文中写道：有些企业家因为太过追求安全感，只愿意待在自己熟悉的地方，永远不愿意往未知的地方迈出一步。他们会短暂得到对自己命运的控制，看起来似乎得到了安全感。但是我们把时间拉长，会发现这种安全感脆弱得不堪一击。正如任正非所说，"拥抱不确定性和变化才是最大的安全"。

风会熄灭蜡烛，却能让火越烧越旺。任正非对不确定性和变化保有"向死而生"的危机意识。他在《华为的冬天》一文中写道："十年来我天天思考的都是失败，对成功视而不见，也没有什么荣誉感、自豪感，而是危机感。也许是这样才存活了十年。"企业对不确定性充分正视、敬畏和拥抱，才能使其做好更充分的准备，在难以预料但一定会发生的危机中体现出反脆弱。

任正非曾提到过，他以前最为崇拜的人物是极具个人英雄主义的大力神和项羽，因为他们都可以凭着一己之力去掌控一切。直到在企业经营之路上多次碰壁之后，任正非才幡然醒悟，体会到"团结就是力量"这句话的真正内涵。所以他认为，"人能感知自己的渺小，行为才开始伟大"。

在创立华为时，任正非已过了不惑之年。而此时人类早已进入电脑时代，世界开始"疯"起来了，等不得他的"不惑"了。他本来称得上优秀的中国青年专家，竟然突然发觉自己越来越无知。不是不惑，而是要重新起步学习新的东西，已经没时间与机会，让他不惑了，前程充满了不确定性。

任正非回忆说："我刚来深圳时还准备从事技术工作，或者搞点科研的，如果我选择这条路，早已被时代抛在垃圾堆里了。我后来明白，一个人不管如何努力，永远也赶不上时代的步伐，更何况知识爆炸的时代。只有组织起几千人、几万人一同奋斗，你站在这上面，才摸得到时代的脚。"

44岁的任正非，一头扎进了不确定的时代洪流之中，打造了让中国人引以为豪的品牌——华为。

在任正非的带领下，经过30多年的艰苦奋斗，华为从一个小作坊发展成为年销售收入上千亿美元的全球通讯设备行业的领导者，名列《财富》2019年世界500强第61位，创造了世界商业史上的奇迹。但是对不确定性的深度认识，让任正非不论什么时候，都心怀忧患。

在华为蒸蒸日上的时候，他专门写了《华为的冬天》，警告大家要准备过寒冬。

在云淡风轻的时候，他做出极限生存的假设，从5G到芯片，再到操作系统等各方面，都为最坏的情况做着准备。

任正非说："我们无法准确预测未来，但仍要大胆拥抱未来。面对潮起潮落，即使公司大幅度萎缩，我们不仅要淡定，还要矢志不移地继续推动组织朝长期价值贡献的方向去改革。"

任正非2017年在内部讲话中指出：三十年河西，三十年河东，我们三十年大限快到了。华为公司想不死就得新生，我们的组织、结构、人才……所有一切都要变化。如果不变化，肯定不行。如果我们抛弃这代人，重新找一代人，这是断层，历史证明不可能成功，那么只有把有经验的人改造成新新人。我们通过变化，赋予新能量，承前启后，传帮带，使新的东西成长起来。

因此，接受不确定性和变化，才是最大的安全。

2. 战略聚焦

任正非认为，战略聚焦是应对不确定性最有效的方法。华为坚持战略聚焦，在大机会时代，拒绝机会主义，不把战略竞争力量消耗在非战略机会点上。

华为是一个用理想牵引发展的伟大公司，任正非是一个坚守理想的企业家，创办华为30多年来，他不忘初心，甘于寂寞，始终坚持只做一件事——专注ICT领域。

华为的产业战略，就是希望通过投资来更加高效地整合数字信息物流系统，实现人与人、人与物、物与物的连接，而华为坚持的管道战略的核心，就是聚焦在信息的传送、存储、分发以及呈现上。

华为创立以来，始终坚持只做一件事——坚守实业，专注通信领域，不搞房地产，不搞资本运作，坚持不上市，坚持把销售收入的10%以上用于技术研发，近十年来累计投入5000多亿元搞研发，集中全部战略资源，对准一个城墙口，千军万马扑上去，持续冲锋，终于炸开了这个通往世界的城墙口，将缺口冲成了大道，在大数据传送技术上，做到世界领先。

近几年，自动驾驶汽车成为一个热门话题，国内外不少科技公司都想涉足自动驾驶汽车领域。作为全球通信技术行业的领导者，华为内部也有高管建议华为进入汽车制造业，但遭到了任正非的反对。

任正非在2019年初明确表示，"华为不会跨界造汽车，但要帮助车企造好车。我们是做车联网的模块，汽车中的电子部分——边缘计算是我们做的，我们可能是做得最好的，但它不是车，我们要和车配合起来，车用我们的模块进入自动驾驶。我们是有边界的，以电子流为中心的领域，非这个领域的都要砍掉"。

华为将依托自身在工业物联网、云计算、大数据、AI、芯片、5G等技术领域的优势，与车企密切合作，帮助合作伙伴实现智能网转型，拓展其在车联网的研究和应用。华为在满足车企在智能网联、自动驾驶等领域的升级之中，扮演着赋能者的角色。随着5G时代的来临，华为或许能实现车联网世界第一的目标。

华为在电动汽车上的战略类似于高通和英特尔这样的芯片公司，虽然不参与生产，但为其提供最核心的配件或者软件系统。事实上，对于以IT通讯技术见长的华为而言，车联网的确是比造车更擅长的事情。

对于一个企业家而言，你的安全边界越宽广，在面对不确定性时就越从容，应对突发状况就越轻松。

这就是为什么华为在国际化发展之路上，虽屡战屡败、屡败屡战，却能成就今天的全球化格局。也是为什么华为能够在美国的全力打压下，依然屹立不倒——因为它有"备胎计划"。

任正非说："30多年来坚持抵制诱惑是企业最大的困难。华为这么大的队伍及力量，随便攻击一个目标，都容易获得成功。从而容易诱使年轻的主管急功近利，分散攻击的目标。公司内部一直在为聚焦到主航道上来矛盾重重。"

那么任正非如何让华为的高级干部主动抵制偏离主航道的利益诱惑呢？方法就是要树立公司的远大目标，树立成为世界产业领导者的宏伟目标，以实现公司远大目标作为高级干部的个人目标，而不把个人的名誉、出人头地，以及个人的权力和利益看得很重。聚焦主航道，就是聚焦大方向，就是聚焦公司的远大目标。华为坚持战略聚焦，在大机会时代，拒绝机会主义，不把战略竞争力量消耗在非战略机会点上。

销售收入从0到上千亿美元，是华为战略聚焦、高投入、战略突破性的胜利，也是华为30多年致力自主创新、厚积薄发的结果。

3. 培养强大的决断力

面对不确定性的外部环境，企业家每天都要在动荡的不确定性环境中，做出大量的决策。

要做出好的决策，需要有良好的决断能力。决断能力来自于你对世界的认知。你对世界运行的规律越了解，对人性的认识越透彻，对商业发展的分析越深刻，你做出来的决定，在概率上优势就越大。

任正非曾说，"当公司决定在某一战略方向发展时，要在相对的方向，对外进行风险投资，以便在自己的主选择是错的时候赢回时间"。这种对冲思想和杠铃策略使得华为的业务具有凸性特征，在保证通信、手机等主营业务良好经营的同时，提前做好了芯片和系统等方面的准备和布局，具备拥抱不确定性的勇气和底气。

有时候，我们会凭直觉来做判断；有时候，我们需要详细地分析，找很多数据、画很多表格、听很多意见来帮助决策。但不管哪一种方式，都需要我们有充足的知识储备和良好的认知。所以，坚持学习、善于观察、深入思考、找准方向，对我们企业管理者来说非常重要。

一个公司在自己的漫漫征途中，没有方向或者方向飘忽不定肯定是不行的，但时时要求方向绝对正确是完全不切实际的。在做决策、选择方向时，通常不是"是与非"间的选择，至多只是"似是与似非"中的选择。

"方向可以大致正确，组织必须充满活力。"这是任正非2017年在上海战略会议上提出的管理思想和发展逻辑。这句话很精辟，概括了他灰度管理思想的精华。

华为思想研究院蓝军部部长潘少钦透露，对此，当时与会的一些领导还是有所争议的，有的认为不能说方向大致正确，有些方向一定要绝对正确，比如以客户为中心；有的提出讨论战略的时候，放入组织活力的课题是否合适。

对此，任正非做了两点澄清和解释：首先，这里的方向是指产业方向和技术方向，我们不可能完全看得准，做到大致准确就很了不起。其次，在方向大致准确的前提下，组织充满活力非常重要，是确保战略执行、走向成功的关键。

一个公司做到方向大致正确，其实是件非常不容易的事情。成就追求的关注点是努力达到并超越优秀标准的做事过程，因此任正非这个观点中的"方向"，必然是专心做事的方向，而不是被他所鄙视的揣摩心思"会做人"的方向，后者是权力追求的关注焦点。

　　成就追求坚持实事求是、求真务实，有美好的愿望但是不脱离现实。真正的现实都是不完美的，这是必须接受的客观事实。无论心中的愿望多么美好，从不完美的现实出发，是每一个奋斗者的必由之路。

　　"我们做任何事情的方向都不可能从一开始就完全正确，也不可能从一开始就能够准确地看清楚结尾。"任正非的观点是一位资深奋斗者的切身体会，表达了对客观现实的尊重与认可。

　　尊重客观现实，就不会被"前知五百年，后知五百年"的夸张宣扬所迷惑，也不会徒劳地醉心于"一步到位"的虚幻境界。

　　成就追求的做事原则是改进与提高，虽然认可现实不完美，却不会止步于不完美，而是要不断地向完美靠拢，这是"方向可以大致正确"的真谛之一。

　　改进与提高意味着必须向前看，必须突破现状，原地不动是无法进步的，这是奋斗者关注方向问题的直接原因。只有进入新的、不熟悉的领域，才有判断做事方向的需要。如果是原地踏步，因循守旧，日复一日地做着同样的事情，就不会产生指引方向的需求。

　　不断地接近完美，就是要在行动中不断摸索，不断校正，不断向正确方向靠拢，方向的正确度在行动中不断震荡提高。

　　任正非所说的"方向可以大致正确"，绝不是停留在"大致正确"，而是要在行动中无限接近百分之百的正确。不在空室中冥想，不要空谈误国，这是"方向可以大致正确"的重要精华。

　　无论工作还是生活，乃至人生，任何追求上进的行动方向都具有大致正确的特点。

　　每个人在工作岗位上，在生活空间中，与人的磨合，与工具的磨合，与任务的磨合，都有大量的未知存在。要上进、要提高，就必须不断调整行动方向，不断靠近优秀靠近卓越。

4. 不将成功看作未来前进的可靠向导

任正非说:"成功不是未来前进的可靠向导。过去的成功不意味着未来的成功,过去的成功经验是我们的宝贵财富,但是经验如果不能上升为理论,不能抓住成功经验的本质,就有可能使我们陷入故步自封的窘境。无数实践证明,在高技术产业里,成功是失败之母。"

没有正确的假设,就没有正确的方向;没有正确的方向,就没有正确的思想;没有正确的思想,就没有正确的理论;没有正确的理论,就不会有正确的战略。华为正处在不知道未来信息社会是什么结构、困惑于前进方向的时期。

这时与外部环境越发不确定相比,成功企业的内部变革非常缓慢。企业家会沉湎于过去的成功经验里,看不到其埋设的陷阱。对不确定性激增的无知、无视和傲慢,令企业在不确定性引发的一系列突发事件面前,显得手足无措,异常脆弱。

市场表现较为成功的企业通常会陷入思维定势,组织结构、流程、文化等多年保持不变,简单地复制着过往的成功经验,忽视用户需求的变化。而依靠经验累积形成的能力往往是单一且具有选择偏见的。企业原有的经验很难用于理解和适应快速变化的技术和市场需求。

经验的作用成为企业持续发展的重大阻碍。例如,柯达、诺基亚、黑莓、朗讯就是其中的典型案例。这些企业由于过度依赖成功经验,沉湎于满足既有客户的需求,将大量资金用于既有技术和既有客户的身上,挤占了对新技术和新市场的投资,陷入成功陷阱,顷刻之间便被新客户所抛弃或被新技术所颠覆。

世界的发展是不确定的,而人类的本能是追求确定。这就要求我们企业家有时候要想办法克制本能。

能不能拥抱不确定性,是高手和普通人的关键区别之一。对不确定性容忍度越高的人,其成功的可能性就会越大,收益会更高。

任正非就是拥抱不确定性和应对不确定性的高手，他认为"确定性其实是企业的敌人"。

当今是不确定性的时代，企业必须把精力放在准备和自我完善上，从意识、结构、机制、策略等方面构建自身的反脆弱体系，打造更为有机、灵活、生态、自适应和自我进化的组织，才能更坦然地拥抱不确定性，并从各种波动性、随机性、混乱、压力和冲击中受益，进而转危为机，甚至实现凤凰涅槃。

第十一章

至暗时刻提枪跨马上战场

公司每个体系都要调整到冲锋状态，不要有条条框框，发挥所有人的聪明才智，英勇作战，努力向前冲。华为公司未来要拖着这个世界往前走，自己创造标准。只要能做成世界最先进，那我们就是标准，别人都会向我们靠拢。未来三至五年，相信我们公司会焕然一新，全部"换枪换炮"，一定要打赢这场"战争"。

——任正非

◆ 华为进入战时状态

美国政府的封杀，打乱了华为的节奏。摆在任正非面前的是如何在一场又一场的政治战、法律战、技术战和舆论战中，尽量保持华为的前进脚步。其一，要自救；其二，要正确地自救。

自2018年以来，华为遭受到美国政府的严厉制裁。先是禁止华为的产品进入美国市场，并指使加拿大非法抓捕华为副董事长孟晚舟，后来把华为列入"实体清单"，切断华为的供应链，想置华为于死地。

2019年5月，美国政府把华为列入"实体清单"，是华为创立30多年来面临的最为严峻的一次危机。

面对美国的严厉制裁，任正非随即宣布华为进入"战时状态"，并率领19万华为铁军，提枪跨马上战场，打响了这场没有硝烟的反击战，并制定了切实可行的作战计划，应对危机。

2019年2月25日，华为心声社区刊发了公司创始人任正非2月24日在华为武汉研究所的讲话《万里长江水奔腾向海洋》。

任正非表示，公司已进入了战时状态，战略方针与组织结构都做了调整，所有技术口的员工，看看技术与产品的方针是否正确，允许批评。所有管理干部的组织建设要对准目标，而不是对准功能，过去对准部门功能的建设思想要调整，各个部门要面向目标主战。

以下节选了任正非的部分讲话：

　　万里长江水千万不要滞留洞庭湖，我讲过都江堰、秦淮河、洞庭水的温柔……我是担心由于内地环境的安宁，而使我们内地研究机构也平静，以为太平洋真太平。没有理想的沸腾，就没有胜利的动力。

　　公司已进入了战时状态，战略方针与组织结构都做了调整，所有技术口的员工，都应阅读与PK我在上研所无线大会上讲话的第一点，看看技术与产品的方针是否正确，允许批评。所有管理干部都要学学第二点，组织建设要对准目标，而不是对准功能，齐全的功能会形成封建的"土围子"，我们的目标是"上甘岭"，要建设有力的精干的作战队伍。过去对准部门功能的建设思想要调整。各个部门要面向目标主战，去除多余的非主战的结构与程序，去除平庸。将一部分必需的非主战功能移至平台，或与其他共享。这点要向运营商BG的改革学习。请丁耘给你们讲一课，他在从"弹头"到能力、资源中心的建设中，有了心得。

　　如何打赢这一仗，胜利是我们的奋斗目标。研发不要讲故事、要预算，已经几年不能称雄的产品线要关闭，做齐产品线的思想是错的，应是做优产品线，发挥我们的优势，形成一把"尖刀"。我们不优的部分，可以引进别人的来组合。终端推行"一点两面、三三制、四组一队"取得了一些经验，是正确的、成功的。关键是一点，我们要聚焦成功的一点，不要把面铺得太开。铺开了就分散了力量，就炸不开"城墙口"，形不成战斗力，这是"鸡头"在作怪。内地感觉不到"硝烟"，"鸡头"林立，故事很多，预算集中度不够，我们没有时间了，要和时间赛跑，力量太分散了，跑不赢。

　　我们不管身处何处，我们要看着太平洋的海啸，要盯着大西洋的风暴，理解上甘岭的艰难。要跟着奔腾的万里长江水，一同去远方，去战场，去胜利。

毫无疑问，2019年是华为发展历史上最为困难的一年。我分析认为，

　　任正非宣布华为进入战时状态不是危言耸听，主要有两个方面的原因：

　　一是他没有料到美国政府对华为下手这么狠毒，欲置华为于死地而后快；二是华为目前存在大企业病，面临机构臃肿、人浮于事，管理层级太多的问题。

　　任正非想借助这场危机，磨炼队伍，去除平庸与惰怠，提升员工的凝聚力和战斗力。

　　显然，任正非启动"备胎计划"，说明他早已闻到了来自美国的火药味，同时也意识到了来自华为内部的"鸡头"林立，关系错综复杂，预算集中度不够，造成了企业有限的资源出现大量浪费的现象。

　　任正非表示，华为的5G技术和手机，要成为世界第一，取得跨越式发展，就必须精兵简政，激活组织。但是要打赢这场没有硝烟的战争，首先要进行大刀阔斧的改革。

　　美国政府的封杀，打乱了华为的节奏。摆在任正非面前的是如何在一场又一场的政治战、法律战、技术战和舆论战中，尽量保持华为前进的步伐。其一，要自救；其二，要正确地自救。

　　2018年12月1日孟晚舟被加拿大扣下之后，任正非签署了一系列华为改革文件。这些文件准备已久，签发当日开始执行。华为四大业务线之一的消费者业务（终端业务）开始率先改革，运营商业务随后也启动改革。

　　这些改革被外界称为华为的"备胎计划"。在美国将华为列入"实体清单"的两周后，我与任正非进行了一次简短的交流。任正非坦言："美国这次制裁华为比我预想的节点要早了两年。如果两年之后再发生，我不会有这么大的压力。"他表示，"我们改变不了外部环境，只能先把内部改好来迎接外部环境的变化。"

　　从任正非签署一系列华为内部改革文件时起，华为的"备胎计划"已经按下启动键。华为芯片正式量产，可以满足华为的需求。2019年8月9日，华为鸿蒙操作系统正式发布。

　　8月19日，美国商务部表示，将延长对华为的暂缓令，允许其继续向美国公司购买零部件，以供应现有客户。但与此同时，美国又将另外40多家华为子公司列入"黑名单"。

美国政府从表面上看是同意美国企业向华为供货，实际上对华为的制裁进一步升级，制约华为的技术创新能力，让华为雪上加霜。

8月20日，任正非公布了华为"作战计划"，以应对危机。任正非在当日发给员工的电邮中使用了军事术语，要求全体人员积极工作，力争完成销售目标，公司已启动"作战模式"以应对这场危机。

任正非宣布了两条应对策略：

一、华为正处在"危亡关头"，公司今年将在生产设备方面加大支出，以确保供应的连续性，同时削减冗余人员，效率不高的管理人员将会被降职。如果你认为自己不适合这个岗位，可以下岗让道，让我们的"坦克"开上战场；如果你想上战场，可以拿根绳子绑在"坦克"上被拖着走，每个人都要有这样的决心！

二、公司每个体系都要调整到冲锋状态，不要有条条框框，发挥所有人的聪明才智，英勇作战，努力向前冲。华为公司未来要拖着这个世界往前走，自己创造标准，只要能做成世界最先进，那我们就是标准，别人都会向我们靠拢。未来3～5年，相信我们公司会焕然一新，全部换枪换炮，一定要打赢这场战争。

在过去几年，华为相继夯实了电信、手机领域的强者位置，以云为基础的企业数字化市场也开始迅猛发展。

按照此前规划，在接下来的两三年内，华为将结合自己在通信、终端和云三方面的积淀，加大研发投入，自立自强，在5G时代和AI时代继续领导世界。

面对美国的致命打压，任正非当机立断，宣布"备胎"转正，修补漏洞，厉兵秣马，持续变革，提高组织活力，华为员工总数从2018年底的18.8万人增加到19.4万人。员工们不忘使命，不计报酬，提枪跨马上战场，冲锋陷阵，公司热火朝天，生产线都在满负荷生产，让华为经受住了这次严峻的考验，并取得了初步战果！

2019年，华为实现销售收入8588亿元，同比增长19.1%；净利润627亿元，同比增长5.6%。

任正非明确表示，公司将继续加大战略投资，加快购买生产设备，解决生产连续性问题。华为正以赋予前线更多权力、减少回报的层级、淘汰效率不高的岗位等方式改革全球运营。

任正非充满信心地说："华为通过3～5年的时间，一定会换一次'血'，当我们度过最危急的历史阶段，公司就会产生一支生力军，将称霸世界。"

◆ 向死而生

企业必须在发展的过程中，在不断地改进和提高的过程中才能活下去。

美国禁令一出，华为的一众供应商们快速响应，断供潮一波接着一波，似乎将华为往死里整，令外界忧心的是，美帝霸凌几乎以压倒性优势打压华为，华为能挺住吗？

任正非的表态是：短期内有一定影响，但已经做好了应对的准备，华为有能力渡过难关。

德国哲学家马丁·海德格尔曾用理性的推理详细地讨论了死的概念，并最终对人如何面对无法避免的死亡给出了一个终极答案：生命意义上的倒计时法——"向死而生"。

海德格尔是站在哲学理性思维高度，用"死"的概念来激发人们内在"生"的欲望，以此激发人们的生命活力。这种"倒计时"法的死亡概念让人们明白：生命是可以延长的。

华为十多年前对"生存极限的假设"以及目前面临的境况，不失为"向死而生"的推演。置之死地而后生的华为，在美国"围剿"下最终会变得更强大，冲到世界科技的巅峰。

目前，对华为而言，最重要的是活下去。"企业要一直活下去，不要死掉。"2000年，任正非在与合益集团高级顾问的谈话中留下了这句话。

他认为，一个企业活下去并不容易，要始终健康地活下去更难。因为它每时每刻都面对激烈的市场竞争，面对企业内部复杂的人际关系，面对变幻莫测的外部环境。企业必须时刻处在发展的过程中，在不断改进和提高的过程中，才能活下去。

对华为公司来讲，长期要研究的是如何活下去，寻找活下去的理由和活下去的价值。"活下去的基础是不断提高核心竞争力，而提高企业竞争力的必然结果是企业的发展壮大。"这是一个闭合循环。

任正非在华为内部2018年IRB战略务虚研讨会上说："投降没有出路，从来亡国奴就是任人蹂躏。华为整个公司嗷嗷叫，不怕谁。我们有能力自己站起来，不做亡国奴。"

任正非在会上要求做好三个战略准备：一是重视体验，以商业需求曲线和技术生长曲线叠加的最大值作为战略目标，视频技术将远远超过人眼需求，是一个战略城墙口；二是每条战线要收缩一些边缘性投资，在关键领域加大投资，避免生命线被卡住；三是现在和美国赛跑，已经到了提枪跨马上战场的时候，美国排外，会有一大批科学家离开，我们要改变用人的格局和机制，敞开心胸，容纳人才，"他们想在哪儿，我们就安置在哪儿"。

尤其是第三点，任正非讲得非常精彩：

现在我们和美国赛跑，到了提枪跨马上战场的时候，一定要把英雄选出来，没有英雄就没有未来，英雄犯错了就下去，改了再上来。我们一定要改变用人的格局和机制。我们要敢于团结一切可以团结的人，我们的唯一武器是团结，唯一的战术是开放。第二次世界大战后有一次人才大迁移，是300万犹太人从苏联迁移到以色列，促进了以色列的高科技发展；现在美国这么排外，有一大批科学家会离开美国，好在我们在世界各国都有科研中心，他们想去哪儿，我们就可以安置在哪儿。要敢拥抱这第二次人才大转移，我们有钱，又有平台，为什么不能，为什么要错过天赐良机？只有这样我们才能获得对未来结构性、思维性的突破。小家子气是交不到朋友、学不到东西的。

我们一方面要在内部识别合适的人做合适的工作，另一方面也要对优秀的人给予肯定，不要论资排辈。我们在硬件领域好一点，在软件领域更要讲质量管理，宁可让考核骂，也不要在用户侧体验不好。软件在华为为什么不成功？要考虑人力资源机制，不能完全怪员工。

我们公司整体情况是好的，整个公司嗷嗷叫，不怕谁。我们有能力自己站起来，不做亡国奴。大家要不断研究，加强国际交流，不断开放思想。我们只有敢于敞开心胸，容纳人才，我们才有未来！

任正非讲的确实具有前瞻性。作为全球四大芯片开发商之一，华为近两年的表现也是可圈可点。2018年8月27日，华为在IFA（柏林国际电子消费品展览会）上正式推出麒麟980芯片，这也是世界上第一枚商用的7nm芯片。在性能方面，麒麟980芯片具有质的飞跃，对现有产品形成挑战，也将彻底打破目前国内市场一直被美国高通垄断的局面。

华为麒麟980芯片支持5G网络、采用自主研发的GPU构架、支持双Turbo黑科技的运用，它将使手机的智能性能得到空前的提升。搭载麒麟980芯片的华为Mate20系列手机和P30系列手机不只是一般的智能手机，在照相、文件传输、邮件等功能上都有上佳的表现，就如同一台电脑般运行自如，在游戏体验中不夸张地说可以秒杀当下所有的智能手机。

2019年7月26日，华为发布了首款5G手机Mate20X，售价6199元。华为Mate20X搭载了唯一商用双7nm5G终端芯片模组，是全球唯一一款同时支持独立组网（SA）和非独立组网（NSA）的手机。

华为旗舰手机Mate30系列于2019年9月19日在德国慕尼黑发布，搭载麒麟990芯片，并采用集成5G基带方案"超感光徕卡电影四摄"组合，为用户带来极致畅快的体验。

麒麟990除了集成5G基带外，还采用全新的第二代7nm制程工艺，也就是加入EUV极紫外光刻技术。这项工艺利用光蚀刻出硅片上晶体管和其他元件的布局，可以使芯片中晶体管密度提高，同时能耗更低。这意味着新一代的麒麟芯片，在性能和能效方面，都会有更加出色的表现。

此外，麒麟990搭载华为自主研发的"达·芬奇"架构NPU，以确保新一代麒麟芯片保持行业领先的AI计算能力，同时赋能更多更具实时性的AI体验。

踏踏实实做芯片，是任正非坚持的长期战略。为了7nm制程的研发，华为投资达4亿美元。华为为什么坚持投入巨资做芯片？任正非在一次演讲中表示，"我们和德国、日本的差距非常巨大，主要体现在三个字上——高精尖。我们今天生产手机也好，生产汽车也好，生产几乎所有的东西，但很多最尖端的设备我们没有，最根本性、最尖端的材料没有，最尖端的工艺我们没有"。

任正非还有一个著名的城墙突破理论。过去，我们在电视剧中看到的也好，还是真实的战争中也好，攻打城池的时候，都是一窝蜂向上冲，兵力是横向布置的。但有一个开国元帅，领兵攻打城池，兵力却反其道而行之，将全部兵力纵向配置。集中兵力突破一点，然后不断延伸，再向外扩展。对这种战术，任正非非常欣赏，并深得要领，在企业内部也大力推广。

在美国的打压之下，华为的外部环境极为恶劣。但任正非认为，困难只是暂时的，不会影响华为前进的节奏，更不会改变前进的方向。

任正非表示："我们一定会活下来，首先保证公司生存，同时坚持对未来的投资，2019年研发投入突破1200亿元。相信在克服短期困难和挑战以后，华为会进入一个新的发展时期。"

因此，任正非认为，华为还是要踏踏实实继续做学问，过去的30年，华为从几十人对准一个"城墙口"冲锋，到几千人、几万人到十几万人，都是对准同一个"城墙口"冲锋，攻打这个"城墙口"的"炮弹"已经增加到每年150亿～200亿美元了，全世界很少有上市公司敢于像华为这样对同一个"城墙口"进行集中投入，要相信华为领导行业的能力。华为有的研究所已经在单点上实现突破，领先世界了，要继续在单点突破的基础上，在同方向上多点突破，并逐步横向拉通，在未来3～5年内，华为是有信心保持竞争力的。

任正非指出，华为运营商业务经过30多年的建设，在公司各业务板块中管理最成熟，高级干部与专家也最多，是最具备改革条件的，必须开展面向"多产粮食、增加土地肥力"的组织建设、干部考核管理以及相应的业务改革。

任正非告诫运营商业务部门的干部，未来十年华为会在极端艰难困苦的条件下，打一场混战，除了坚定不移的战略方向外，灵活机动的战略战术也非常重要；要保持战略耐心与定力，面对困难，要心有惊雷，面不改色；华为要有打持久战的心理准备。

号称"没有远大理想"的任正非其实是自谦。他很清楚，华为的路走向何方，以及该怎么走。多年前，他认定华为的长远发展方向是网络设备供应商——这是公司核心竞争力的重要体现，有了这个导向，华为才不会迷失方向。长期以来，华为不断向西方学习，吸取他人长处，补己短板，打败了世界通讯巨头，如今更是在代表新一轮科技革命的5G上冲到了世界前沿。

任正非在接受媒体采访时称，华为不是"危险公司"，5G也不是"原子弹"。让那些公司以及美国政客不能容忍的是：华为的强大会取代他们。

2019年7月19日，任正非在运营商BG（业务集团）组织变革研讨会上指出："我们改革的目的是为了简化作战管理、简化层次，'权要听得见炮声，钱要体现公司意志'。我们既要把权力给到最前方，让他们在一定范围内有战斗权力、战役权力、战略的准备权力，也要承担责任，也要有平衡，这样才有利于作战。将来我们是多BG制，多BG在区域里汇聚的作用是增强，而不是削弱。在地区部要有各BG的协调、考核。"

任正非还提出了改革将分三步走：第一步改革，明确代表处是作战中心，机关BG和地区部BG共建面向代表处透明的资源中心和能力中心，资源中心通过市场机制运作和考核，能力中心基于战略目标的达成和市场机制运作与考核；第二步改革地区部以及BG的作战部门；第三步改革机关。

◆ 危难之时见精神

面对美国的打压，华为现在处于最佳
状态。

当全世界都把目光投向了风口浪尖上的华为，战时的华为人在做什么？

美国将华为列入"实体清单"后，在华为心声社区，很多员工默默讲述着发生在他们身上的故事，诉说着他们的心声。或许，这就是19万华为员工的真实写照，也代表着每一个华为人心底最真实的声音，用工程师特有的平实的语言表达自己对公司的支持。

2019年5月20日，一位华为员工的妻子给丈夫写了一封信《做好大后方》，信中称，"今天我们的华为遇到了这场硬仗，我们不做孬种，要用青春、用热血打赢这场战役，铸就华为美好的明天"。

@zhangzhang：我是一名海外市场人员，从芬兰回来，参会代表处成员在机场开了一个短会，全员不约而同连夜奔赴办公室投入新一轮的战斗，继续调整作战阵形，明确新一轮的作战目标和思路措施，开展紧张有序的工作，用胜利回报公司，不负青春。人在，阵地在！

@小华：公司现在有困难，我可以不要奖金，哪怕不拿工资，也要坚持到底！这个特殊时期能在华为奋斗是我的荣幸，第一次如此强烈感觉到我们奋斗的价值和意义。

@小智：愿追随老板，不计得失，不改初心，做好本职工作，贡献自己的力量。

@荣耀：我不是火车头，可能也不是核心贡献者，但是华为有我的青春和汗水，有我入职以来倾情投入的付出，如果公司需要，我愿接受降薪与降年终奖，与公司共渡难关，接受挑战！

@你不知道我是谁吗：作为一名"90后"，尽管我生活压力大，但我们也不是金钱至上的，我们也关心自己能给公司、给社会、给国家创造的价值。愿公司能挺过难关，愿国家昌盛！

@Qing：我是一名制造员工，身在制造现场，所有人都忙得不可开交，不是因为禁令，而是本身产品的交付和扩产计划都还没完成，领导还特别强调：越是这个时候质量更要过硬，更要开放，更要让客户放心！

@阳光灿烂：我是一名供应链老员工，在公司14年了，对公司有绝对的信心。时间在我们手上，不管一年、二年还是三年，通过所有华为人的努力，我们最终一定能领先世界。

@峨眉峰：没有了部门墙，外部压力让我们不断进步。这几天处理连续性工作，一个深刻体会是在外部压力下，大家非常合作，非常团结，只要是连续性的事情基本没有人推诿，就算不是他的工作，你只要找到一个兄弟他都非常主动帮你协调处理。老板说得很对，外部的压力可以让我们不断进步，内耗会让我们垮掉！

@喷喷喷321：流程跑得更快了，以前流程特别慢，有的流程节点能卡在那里一周；现在公司处在关键期，流程一个小时催完，特别爽，大家都很给力，公司文化太厉害了。

5月23日，在华为心声社区官方微博发表了一篇题为《我们华为人》的内部员工信中，还有许多这样的温情与感动：

@暖暖的小太阳：近期，每天加班到很晚，周六、周日也在加班。女朋友非常不理解，一直在抱怨和争吵。

上周美国制裁华为的新闻铺天盖地，很少关注新闻的她，也看到了美国打压华为的相关报道。她主动问我，对于美国的制裁怕不怕，压力大不大？她还说，以后再不和我吵架了，做好我坚强的后盾和温暖的港湾，让我安心工作，为公司打赢美国这一仗做贡献，她也从娘家回来了。

女朋友的话让我很感动。我相信有这么多华为家属在身后默默加油，默默付出，我们齐心协力，公司一定会挺过这一关，再创辉煌！

华为后勤亦是如此，服务无闲月，战时人更忙。进入战时状态，餐饮炊事班、通勤交通连、热线通信兵、物业保障组、工程突击队、医务护卫组，紧急组成行政后勤同盟军，用"人之常情"去守护，用"尽我所能"去投入，用真心的陪伴告诉每一位华为员工：你只管去征战远方，我们将为你保驾护航。

2019年7月4日的《华为人》报讲述了几位后勤人员为华为人保驾护航的故事：

感觉坐在我后排的，就是我的战友

我是一名班车司机，在华为开车八年了，我也在关注华为的新闻。员工有时候忙，乘坐夜间值班车的时候，需要我们多等几分钟，后面的乘客会延误，有时会给我低分评价。

主管说战时用重典，要对我罚款，但想想员工加班这么晚也不容易，我还是愿意多等几分钟，尽可能拉上每个人。一些给我低分评价的员工，后来熟络了，也开始理解和安慰我，这对于我而言也是一种温暖。我是军人出身，深夜穿梭在送他们回家的路上，真的感觉坐在我后排的，就是我的战友。

现在深夜班车上看见很多员工在车上靠着就睡着了，让大家在车上睡个好觉，这就是我的日常。现在周末车辆增加了，接驳车也根据员工需要调整了，周末节假日的滴滴夜间车也覆盖得更全面了，每个人都是一个家庭的殷切相盼，安全送你出发、回家就是我最大的骄傲。

你们努力改变世界，我们用心服务

我是一名健康中心的医生，我在华为工作三年了。如今我除了解决员工日常的伤风感冒、头疼脑热之外，也要处理他们身体不适、晕倒等突发情况。

战时状态下，员工加班加点，与时间赛跑，确实非常累，这时更要注意劳逸结合，有充沛的体力和精神，才能打赢这场持久战。你们努力改变世界，我们用心服务，战时的健康中心处处都是人情与关怀，服务于华为员工服务的我们，也会热忱服务于员工家属，解决战士的后顾之忧，这样员工才更能凝心聚力。除了身体状况，大家的心理健康也尤为重要，我们增加了巡楼护士，增加周末值班医生，只想给员工提供更全面的健康保障，"大医精诚"，我的工作累并快乐着。

做一个让员工有安全感的好医生，不是我们非要这么做，而是我们本职的信仰——感恩岁月，敬畏生命，更敬畏战时的勇士！

热粥暖胃，更希望暖你的心

我是一名食堂早餐负责人，从入驻华为开始，晃眼就是七年时间，无论是过去的平淡如水，还是现在全员的战时保障。这样的陪伴，让我觉得意义重大，我深感我是这里的一分子。

我平常的工作是负责早餐和面点食品，战时状态下，早来的员工多了不少，从凌晨3点就要开始忙。不过还好，夏天一两点的凌晨不像冬天那么凉，上班路上时常看到员工才下班打车回家，园区的楼栋明亮。都说早上要吃好，战时的员工更该这样，热粥暖胃，更暖战时的人心。

故事从来不缺主角，你们只管诗和远方，我们一群人负责你身后的柴米油盐酱醋茶。

…………

危难之时见精神。在美国的极限打压之下，华为员工更加团结，更加努力，能量密度在不断加大。难怪任正非说"面对美国的打压，华为现在处于最佳状态"。人心齐，泰山移。我们相信在极端困难的外部环境下，华为不会倒下，只会更加强大！

华为"备胎"一夜转正

华为打造的"备胎"一夜转正，赢得一片点赞。"备胎"的背后是坚持底线思维，永远保持一种忧患意识。

面对美国的蛮横打压，面对此起彼伏的"断供"风波，一向低调的任正非频繁接受中外媒体采访，始终表现得处变不惊、淡定从容。

任正非表示，美国禁令对华为影响有限，华为的5G是绝对不会受影响的，在5G技术方面，别人两三年肯定追不上华为！

任正非的硬气，要归功于华为的未雨绸缪，更得益于华为持续的对研发的高投入，牢牢掌握了业内很多核心技术，所以能"泰山崩于前而色不变"。

2019年5月17日凌晨，华为海思半导体有限公司（简称海思）总裁何庭波在给员工的内部信中宣布："这是历史的选择，所有我们曾经打造的'备胎'，一夜之间全部'转正'！"这被解读为：在美国商务部宣布将华为列入限制交易的所谓"实体清单"之际，华为启动了默默打造多年的"B计划"。

"公司多年前就做出了极限生存的假设，预计有一天，所有美国的先进芯片和技术将不可获得，而华为仍将持续为客户服务。为了这个以为永远不会发生的假设，数千海思儿女走上了科技史上最为悲壮的长征，为公司的生存打造'备胎'。"何庭波激情澎湃的文字瞬间被大量转发。

我关注和研究华为22年，在我的印象中，华为高管从来没有过这样的意气风发！

一向低调的任正非开始走上前台，对外发声，回应美国的打压。"美国政客目前的做法低估了我们的力量……即使没有高通和美国其他芯片供应商供货，华为也没问题，因为我们已经为此做好了准备。"他说。

在美国给出90天缓和期的决定后，任正非还表态"90天缓和期"没有多大意义，坚定地认为此事对华为2019年的影响不会导致业绩负增长，最多也就是增长"低于20%而已"。言外之意，华为有能力打赢这一仗。

任正非于2019年初，在接受采访时说，"我们多年来在研发上大量投入……中兴遭遇的事情不会发生在华为身上"。任正非的硬气与底气，显然来自于多年前华为在"云淡风轻的季节"启动的B计划。不是说多有先见之明，而是任正非一直以来的危机意识所驱使——做最坏的打算，为脱离美国的供应做准备。

华为海思半导体有限公司成立于2004年，其前身是创建于1991年的华为集成电路设计中心。目前，海思总部位于深圳，拥有7000多名员工。

任正非曾对何庭波说："我每年给你4亿美元的研发费用，给你2万人，一定要站起来，适当减少对美国的依赖。"此后，何庭波带领海思员工快马加鞭，走上了打造"中国芯"的悲壮长征。

从2012年开始，华为旗舰手机开始搭载其自研的麒麟芯片，业界认为，虽然在绝对性能上比不上高通，但麒麟芯片已经可以自立自足，成为华为手机的核心竞争力之一。

此后，华为几乎每一部旗舰系列的手机都搭载自家的麒麟芯片，比如最新的华为Mate20、P30手机，就搭载了海思麒麟980芯片。正是这块芯片，赋予了华为手机运行的流畅和拍摄强大的性能。榜单显示，华为P30 Pro在DxOMark一份"后者摄像头"的榜单中评分为112，位列第一。

从2017年开始，华为就成为视频芯片领域的佼佼者。海思占领了国内一半以上市场，其研发的自主超高清智能电视核心芯片，2016年出货量近1000万颗，已进入国内六大彩电厂商供应链。

此外，海思的业务还覆盖视频解码芯片、安防领域等。尤其是在安防领域，海思芯片用在了美国60%的监控摄像头设备中。数据显示，海思已经打下全球70%的安防市场。

虽然目前从全球排名来看，海思与其他传统半导体厂商还有一定差距，但是海思的增速很快，已经成为全球第五大芯片厂家。可以看出，海思的芯片与华为手机是互相成就的，这也奠定了华为手机的技术壁垒。

2018年，海思先后推出了麒麟、巴龙、鲲鹏、昇腾等系列芯片。尤其是巴龙5000，这款多模5G芯片被看作可以与高通、英特尔正面较量的杀手锏。华为巴龙5000采用的是7nm制程工艺，体积更小、集成度更高，能够在单芯片内实现2G、3G、4G和5G多种网络制式，有效降低多模间数据交换产生的时延和功耗，显著提升5G商用初期的用户体验。下载速率方面，华为巴龙5000在Sub-6GHz频段实现4.6Gbps下载速率以及2.5Gbps上传速率。

海思2019年的芯片产量超过75亿美元，相比于华为从外部供应商采购芯片所花费21亿美元的价值，海思芯片似乎可以独立生存了。

但是，华为产品中仍有30%以上的部件来自美国高科技企业，比如高通、英特尔。特朗普也许不清楚华为的底牌，但是他要做的是彻底断了华为的粮，以阻止中国科技企业的进步与崛起。在美国政客眼里，"科技无国界"彻底成了笑话。

华为打造的"备胎"一夜转正，赢得一片赞誉。"备胎"的背后是坚持底线思维，永远保持一种忧患意识。今天，很多人佩服任正非在十多年前就设想会出现"极端情形"的远见。殊不知，在当时，无论是企业内部还是行业竞争对手中，不乏认为这么做有点"傻"或者"太浪费"的声音。所谓"为之于未有，治之于未乱"，企业要谋长远发展，就必须居安思危，对自身的短板要有清醒的认知，切不可被一时、一地、一事上的成功遮蔽了眼睛。如果只顾眼前，缺乏布局未来的自觉和行动，等到"胎坏了"才考虑，恐怕就连生存都成了问题。

这正说明，技术创新是企业的命根子，创新能力的比拼是终极的较量。

创新不是"一个人的战斗"，也不是三两天的奋发，而是一场艰苦的持久战。只有持续投入基础研究和教育的优质"火石"，创新引擎才会始终动力澎湃。在华为总部的接待大厅，大屏幕上反复播放着一个宣传片，其核心内容就是基础教育和基础科研是产业发展的根本动力。"备胎"能在关键时候用得上，是因为华为十几年如一日的坚持不懈，舍得"砸钱"，更舍得下苦功夫培养人才。

板凳要坐十年冷，说起来容易做起来难。当业界纷纷为华为叫好的时候，不妨多一些自查和反思，摈弃功利思维，扎扎实实做好技术创新的必修课。当企业抓创新、抓研发蔚然成风，"中国制造"迈向"中国创造"就有了无比深厚的底气，任他惊涛骇浪，我自闲庭信步。

但外界的关切指向一个问题：华为能凭"备胎"打赢这一仗吗？

也许任正非和华为人真的有底气，但在全球化的时代，彻底摆脱美国的依赖，诚如任正非说的那样：排斥美国等于狭隘地自我成长。在和平时期，华为从来都是"1+1"政策，一半买美国的芯片，一半用自己的芯片。因此，华为不能孤立于世界之外。

那么唯一的，就是保持业务的连续性，让"备胎"更扎实有力，能够发挥作用。是时候考验"备胎"的实力了。但显然这需要的是时间，以及对技术源源不断的研发和精进。

◆ 尊重和保护知识产权

> **尊**重和保护知识产权是创新的必由之路，因此，企业必
> 须要尊重知识产权。

华为一直非常重视自主知识产权的保护，也尊重他人的知识产权，遵守和运用国际知识产权通行规则，依照国际惯例处理知识产权事务，以积极友好的态度，通过交叉许可、商业合作等多种途径解决知识产权问题，建立知识产权"核保护伞"，实现知识产权利益最大化。

华为创立以来，在国内外知识产权领域打了不少官司，既做过被告，也做过原告。当然，更多时候，华为既是原告，也是被告。

任正非深有感触地说："尊重和保护知识产权是创新的必由之路，因此，企业必须要尊重知识产权。不尊重知识产权，人们就不愿也不敢去创新，而热衷于抄袭和模仿。"

2019年6月27日，华为对外发布了创新和知识产权白皮书，并呼吁勿将知识产权问题政治化。华为首席法务官宋柳平表示，如果知识产权沦为政客的工具，将伤害人们对专利保护制度的信心。如果某些政府选择性剥夺一些公司的知识产权，将会摧毁全球创新的根基。

这份白皮书名为《尊重和保护知识产权是创新的必由之路》，指出创新和知识产权保护是华为在过去30多年成功的基础。

白皮书显示，截至2018年底，华为累计获得授权专利87805项，其中有11152项是美国专利。从2015年以来，华为获得的知识产权收入累计超

过14亿美元。除了自身专利外，华为累计对外支付超过60亿美元专利费，其中近80%支付给了美国公司。

宋柳平还表达了华为在专利使用上的立场。他说："华为不会将其专利组合'武器化'，而将采取开放合作的态度，按照公平合理无歧视原则（FRAND），与各厂商和运营商进行专利许可和授权的讨论。"

作为一家技术公司，尊重和保护知识产权是华为经营和发展的一贯原则，其始终以开放的态度学习、遵守和运用国际知识产权规则，按照国际通行的规则来处理知识产权事务。同时，积极参与国际标准的制定，推动自有技术方案纳入标准，积累基本专利。

在华为创立之初，任正非就意识到知识产权的重要性。他指出："企业必须要尊重知识产权，不尊重知识产权，人们就不愿也不敢去创新，而热衷于抄袭和模仿。要尊重知识产权就要付出知识产权成本。我们千军万马攻下山头，到达山顶时，发现山腰、山脚全被西方公司的基础专利包围了，怎么办？只有留下买路钱（交专利费），或者依靠自身的专利储备进行专利互换。"

华为在知识产权方面打过不少官司。第一次在美国受到的打压，来自思科。但这场国际官司最终以和平的方式结束。

在经历了多年的专利围堵、法庭厮杀，华为作为最早被打板子的企业，已成长为一家拥有完善的专利布局的企业，一个极具国际法律意识的团队。

截至2018年底，华为仅在5G的研发上就已投入超过20亿美元，这一数字超过了欧美国家主要设备供应商5G研发投资的总和。这些投资的成果显著，目前华为在全球范围内拥有87805项专利，其中美国授权的专利突破1万个。

华为还将众多研究成果以论文形式公开发表。华为每年向国际标准组织提交6000多篇提案，积极向开源社区贡献智慧，以推动产业加速发展。

企业在全球化经营中出现知识产权纠纷是普遍现象，华为也不例外。

任正非认为"这些纠纷不应该被政治化，知识产权是受到法律保护的私有财产，我们主张通过法律程序来解决这些纠纷"。

在此前与美国学者乔治·吉尔德和尼古拉斯·内格罗蓬特展开对话时，任正非也强调，华为公司这30多年来的发展，没有离开过世界先进公司的合作和帮助；只有开展全球化合作，才能让更多人享受到科技发展的成果。

任正非当时提到，"社会一定要合作共赢，孤立发展信息社会是不可以的，一个国家单独做成一个东西，是不可能的，国际上一定要开发合作，才能赶上人类的需求，让更多人享受到信息社会福祉。人类社会共同合作发展，才是一条真正的康庄大道"。

华为首席法务官宋柳平表示，在过去30多年的经营和发展历程中，华为没有一起案件被法庭认定存在恶意窃取知识产权的行为，华为也没有因此被法庭判决承担赔偿责任。

创新与注重知识产权保护是华为商业成功的基石。2018年，华为的销售收入超过1000亿美元。没有一次产品成功、没有一项关键技术与华为过去经历的所谓商业机密侵权指控有关，也没有哪家公司可以靠偷窃领先世界。

华为的发展靠的是长期海量的研发投入，仅在2018年，华为研发投资就高达150亿美元，位列全球第五。华为的崛起始终得益于八万多研发人员的智慧和汗水。

2019年6月12日，华为公司向美国最大的无线运营公司威瑞森无线（Verizon Wireless）提出了索要10亿美元的专利许可费的要求。

华为表示，威瑞森公司作为供应商为包括美国科技公司在内的超过20家公司提供专利许可，涉及核心网络设备、有线基础设施和物联网技术等超过230项华为的专利。华为拿起法律武器向美国打响了专利技术反击战。

任正非指出，"华为完全支持知识产权保护制度，包括全球和美国的知识产权保护制度。根据美国宪法，知识产权是私有财产。知识产权不应沦为政客的工具。科技创新需要开放共享，讲究合作共赢。知识产权保护制度恰恰是这种精神的最佳体现"。

华为拥有的专利组合中包含大量3G、4G和5G核心专利。即使有些国家的客户没有直接购买华为的产品，他们事实上也在使用这些核心专利，分享华为的技术贡献。

任正非表示，华为愿意与全世界，包括美国公司和美国消费者，继续分享5G等技术成果，促进产业发展和人类进步。

微信扫码

领略企业管理
智慧，教你打
造职场铁军

◆ 鸿蒙操作系统横空出世

2019年8月9日对华为公司乃至中国科技企业来说是一个值得纪念的日子。这一天，华为在东莞召开2019年开发者大会，并正式发布面向全场景的分布式操作系统——鸿蒙（Harmony）OS，轰动了世界，成为海内外媒体关注的焦点。

我应邀出席了华为这次开发者大会和荣耀智慧屏发布会，亲眼见证了这一历史性时刻。

当华为公司常务董事、消费者业务CEO余承东在台上宣布鸿蒙OS正式发布时，台下5000名听众几乎都屏住了呼吸。直至大屏幕打出"鸿蒙"二字，台下才响了雷鸣般的掌声。

鸿蒙OS发布是对美国的胁迫最直接、最有力的回应，也是中国在操作系统领域开天辟地的宣言。"鸿蒙"初开，一个新的时代即将到来。

华为鸿蒙OS的问世令国人振奋。网民们惊呼：中国终于有了自己的操作系统！华为不愧是中国的骄傲！

现在，华为的芯片基本实现了自给自足，鸿蒙OS的发布并投入应用，使华为结束了对外国的依赖，不用再看美国的脸色！

在余承东看来，鸿蒙OS的发布，在未来十年、二十年，都是华为里程碑一样的存在。

余承东在发布会上表示，"华为不是在做另一个安卓、Linux，也不是iOS，而是在做一套面向下一代的操作系统。鸿蒙系统是一个世界级的系统，它更加符合高端产品，开源它的目的是为了解决安全问题、应用开发的问题"。

根据余承东的介绍，鸿蒙OS是面向未来的操作系统，它基于微内核，同时是全场景的、分布式的，能够同时满足全场景流畅体验、架构级可信安全、跨终端无缝协同以及一次开发多终端部署的要求。华为可以在任何时候将鸿蒙应用于它的智能手机，但目前华为将首先在其智能手表、智能电视、智能扬声器、车载系统等设备上运用该操作系统。

就在华为发布鸿蒙OS的当天，谷歌公司的股价应声下跌16.79美元，跌幅为1.39%，与上年同期相比，谷歌股价下降了近4%。

据华为消费者业务软件部总裁王成录介绍，鸿蒙OS具备四大技术特性，可多端部署，实现跨终端生态共享。未来三年，除完善相关技术外，鸿蒙OS会逐步应用在智能手机、电脑以及可穿戴、智慧屏、车机等更多智能设备中。

实际上，即便美国政府不制裁华为，华为鸿蒙OS仍然会按计划推出，只是因局势变化将这个时间表提前了。

华为鸿蒙OS早已于2012年提出。华为公司于2011年设立2012实验室，定位于各类华为所需基础技术的研究，包括芯片、操作系统、编译器、人工智能算法等。其中，终端OS开发是2012实验室的重要部门之一，主要从事操作系统研发。

2019年8月10日，华为推出了搭载鸿蒙OS的首款终端大屏产品——荣耀智慧屏，这也意味着作为"备胎"已久的鸿蒙正式转正，并已投入使用。余承东在发布会上表示，华为要打造华为、荣耀双品牌，同时做智慧生活全场景，智慧屏将带来颠覆性体验。

余承东在接受我的采访时说，鸿蒙OS性能比安卓更高、更安全。

这体现在哪里？

首先说性能，最直接的体现就是，IPC（进程间通信）性能，这对于提升系统性能至关重要。

安卓沿用Linux内核调度机制，是一种面向服务器负载的公平调度模

式，难以保障用户体验。而鸿蒙OS，采用分布式调度技术，可以负载实时
分析预测，匹配应用特征实现资源精准调度，相应时延降低了25%。

余承东打了个比方，安卓系统就像各种车辆都挤在同一个车道，而鸿
蒙OS相当于给道路划分出了快车道、慢车道、自行车道，各个进程之间不
会相互堵塞。

基于这样的调度方式，鸿蒙OS进程之间的通信效率，比谷歌新开发的
微内核系统Fuchsia还要高出五倍，比实时操作系统QNX还要高出三倍。

余承东表示："如果美国政府逼我们，只能用华为自己的产品，那
么塞翁失马，我们也许会变得更强大。企业也是被逼出来的，本来是'备
胎'，我们不好意思全用自己的，现在别人不让我们用了，我们用备胎性
能更好。"

如果说互联网时代微软的Windows系统是主流，移动互联网时代苹果
iOS和谷歌的安卓操作系统是主流，那么在5G主导的物联网时代，华为的
鸿蒙OS则是对下一代操作系统的提前布局，也有望成长为物联网时代的领
军品牌。

值得一提的是，作为华为生态战略的首个产品，荣耀智慧屏系列不仅
采用华为自己研发的操作系统鸿蒙OS，还搭载鸿鹄818智慧芯片等3颗华为
自研芯片，采用55英寸全面屏，94%的屏占比，最薄处只有6.9毫米，具备
协同智慧能力；内置升降式AI摄像头，首创系统级视频通话功能；开创了
大屏和手机的交互新方式，能实现魔法闪投、魔法控屏等功能。还可以联
控智能家居，创新打造"我家"生活空间，通过智慧屏全局操控。这些创
新的技术，让荣耀智慧屏拥有了全面超越传统电视的体验。

余承东在介绍鸿蒙OS开发初衷时表示，在过去的传统模式下，每一类
新形态终端的出现，都会伴随新的操作系统的诞生。进入移动互联网时代
后，手机、平板电脑、智能手表等大量智能终端出现，未来是万物互联的
时代，大量IoT（物联网）设备还会出现，形式非常多，但如果为每一种硬
件都开发一种操作系统，工作量会很大，生态协同工作也会很复杂。

　　"早在十年前，华为就开始思考面对未来的全场景智慧时代，用户需要一个完全突破物理空间的跨硬件、跨平台、无缝的全新体验。随着全场景智慧时代的到来，华为认为需要进一步提升操作系统的跨平台能力，包括支持全场景、跨多设备和平台的能力以及应对低时延、高安全性挑战的能力，因此逐渐形成了鸿蒙OS的雏形，可以说，鸿蒙应未来而生。"余承东说。

　　鸿蒙OS发展的关键在于生态，生态的关键在于应用和开发者。为快速推动鸿蒙OS的生态发展，鸿蒙OS将向全球开发者开源，并推动成立开源基金会，建立开源社区，与开发者一起共同推动鸿蒙的发展，并通过讨论对产业或技术发展提出建议。

　　据余承东介绍，谷歌也在开发下一代操作系统Fuchsia，它是微内核的，可适配各种各样硬件终端，但是Fuchsia不是分布式设计，性能不够好。而鸿蒙操作系统针对物联网而生，在万物互联的需求下，跨平台、跨品类部署操作系统具有战略性意义，互联网时代成就了微软Windows，移动互联网时代成就了谷歌安卓，物联网时代有可能成就鸿蒙。

　　余承东在接受我的采访时透露，"目前华为手机端仍然优先使用合作伙伴安卓系统，一旦被美国封锁，可实时转向鸿蒙系统，不会受到任何影响。我们可以一夜之间，让所有手机全部升级成鸿蒙"。

　　余承东表示，即使在中国市场，华为手机也会以安卓系统为主，不会贸然全换成鸿蒙系统。华为很可能在Mate30这样的主力机型中仍然用安卓。当然，华为会选择某些中低端机型试水鸿蒙系统，相信广大消费者是会接受鸿蒙系统的。

　　2019年华为手机出货量达到了2.4亿台，比去年增长16.5%，占全球市场份额的17.6%，排名第二，高于苹果，仅次于三星。华为手机占国内市场份额的35%。

　　华为鸿蒙系统与安卓和iOs相比，第一个优势是没有历史负担，作为一个新系统，可以最大化地利用一些创新的技术，而不用去考虑更多的兼容；第二个优势是华为有一些非常好的创新，适应万物互联；第三个优势是，5G到来以后，万物互联会使各种设备一体化，在这个过程中确实需要新的系统。

场景应用是一个发展趋势，不管是苹果还是谷歌，都在往这方面发展，其他的企业也在做。这个趋势是一定的，至于哪个系统会成为主流，就要看谁的规模做起来最快，谁的技术最好，谁能够被用户所接受。

"鸿蒙初开，天地混沌"，盘古开天辟地的故事几乎是每个中国人童年必听的神话故事。在我们的认识中，盘古开天辟地，透露着一种无畏、勇敢、创造的精神，千百年来，影响着中国的每一代人。所以，当美国通过禁售、断供等一系列恶行竭力打压华为，促使华为宣布推出命名为"鸿蒙"的操作系统应对时，国内一片叫好之声。

众所周知，中国的信息通信行业一直以来缺"芯"少"魂"，但是近年来，华为在芯片领域大有突破，麒麟芯片与高通的骁龙不相上下。在操作系统上，华为是中国最有实力突破的企业，之前从产业合作大局考虑，华为一直将自主研发操作系统的计划冷藏。如今在美国的胁迫下，华为不得不"自力更生"，将"备胎"转正。所以，当华为宣布将推出"鸿蒙"操作系统时，人们感受到了一种无畏、勇敢的开天辟地的精神，这正是五千年华夏文明传承的精神，正是"中华有为"最好的阐释，获得用户的认可自是必然。

华为5G在围追堵截中强势崛起

华 为的5G技术不会受到任何影响，其他国家在两三年
内很难赶上华为。

华为作为全球5G技术的领跑者，以其过硬的技术和一流的服务，赢得了很多国家的信赖。截至2019年底，华为在全球范围内共获得60多个5G商用合同，5G设备发货量达到50万个，覆盖30个国家，其中20个是欧洲国家。华为5G网络市场占有率排名世界第一，华为5G在美国政府的围追堵截中强势崛起。

5G是第五代移动通信技术标准，其理论峰值传输速度可达每秒数十Gb，比4G网络传输速度快数百倍。相比4G，5G有更高的带宽速率、更低时延和更大容量的网络连接。一个被广泛宣传的例子是，一部1G超高画质电影可在3秒之内下载完成。

更多挑动神经的信息在释放，5G将给物联网、无人驾驶、AR、VR等产业带来颠覆性变化。

任正非在接受我的采访时介绍，5G作为连接一切的技术，在万物互联中构筑着智能世界的底座。而5G的发展正好处在了全球各行各业数字化转型的关键时期。人类工业化发展走到今天，正在从过去的机械化、电力化，走向自动化、数字化、智能化。

高通报告预测，到2035年5G将在全球创造12.3万亿美元经济价值，预计从2020年至2035年间，5G对全球GDP增长的贡献将相当于与印度同等规

模的经济体。

华为公司董事、战略研究院院长徐文伟表示："5G技术的到来恰逢其时。一方面，5G可以在传统的连接的基础上提供广联接、大带宽、低时延，为不同应用提供切片。这一全新功能，使它可以适配各种复杂的行业应用场景。5G的先进性，催生丰富的应用，改变世界。与此同时，5G、AI、IoT、云的融合应用正在改变着人与自然，让世界更加美好。"

2019年被认为是5G商用元年，全球5G标准、网络、终端与应用已经就绪，5G商用加速，从通信设备制造商、芯片商、运营商到终端厂商，乃至互联网巨头，都在争先恐后布局5G，试图抢占先机。

到2019年底，全球范围内已有20多个国家的40个运营商发布5G，另外有35个国家已分配5G频谱，5G时代已经向我们走来。韩国、瑞士、英国等已展开5G商用部署。

在5G领域，华为的主要竞争对手为爱立信、诺基亚，在华为遭遇困境时，爱立信、诺基亚也在使出浑身解数努力抢夺华为的市场和订单。

作为全球通信行业的领导者，华为在十年前就开始5G技术研发，累计投入40亿美元，获得了2500多项5G基本专利，占全球5G专利总量的20%，具备从芯片、产品、组网全面领先的5G能力，是全球唯一能提供端到端5G商用解决方案的通信企业，处于全球领先地位。用任正非的话来说："华为的5G技术不会受到任何影响，其他国家在两三年内很难赶上华为。"

任正非在接受外国媒体采访时说："华为的5G在一些领域远远领先于美国，一年后全球将有130多个国家会使用华为的5G。因为只有华为提供的东西是最先进的、最有实际价值的，我对华为5G赢得海外合同很有信心。"如果没有绝对的技术自信，任正非应该不会给出这么具体的数字。

此外，任正非还预测美国打击华为的下一个领域，将是物联网和智能工厂。他直言："华为已经适应了遭美国敌视的新时代，这些封锁对华为没有影响。"

2019年5月，德国专利数据公司IPlytics发布了一份5G SEP专利申请数量报告，报告展示了5G专利申请公司的全球排名，中国企业总申请数量排名世界第一。全球5G SEP专业技术申请数量前十名企业分别是：华为（中国）、诺基亚（芬兰）、三星（韩国）、LG（韩国）、中兴通讯（中国）、高通（美国）、爱立信（瑞典）、英特尔（美国）、中国电信科学技术研究院（中国）、夏普（日本）。

先来解释下SEP，这是最核心的专利，指的是包含在国际标准、国家标准和行业标准中，且在实施标准时必须使用的专利。简单来说，厂商拥有了SEP专利，那其他公司就无论如何也不可能绕过这个专利，不得不用，也不得不购买授权。

任正非曾自信地表示，"不怕你不用华为设备，因为你要5G建设、要省成本，华为的5G微波技术可能就是最好的解决方案，这对于偏远地区地广人稀的农村市场最有效果"。

另外，不少人以为华为在全球竞争依靠的是价格战，其实不然，任正非称华为比诺基亚、爱立信要贵很多。而这个价格贵的同时还占有最大的市场，主要原因就在于华为提供的是最先进、最有实用价值的技术。

在2019年9月3日举行的第五届"华为亚太创新日"上，中国移动联合华为发布5G立体覆盖网络，由基础覆盖容量层、容量体验层和价值场景室内覆盖组成，更好地实现5G无缝覆盖。此外，华为联合运营商和产业合作伙伴，展示了包括5G+VR、5G+8K视频、5G+无人机、5G远程医疗和5G急救车等多种创新行业应用，展现了5G商用时代行业应用的无限可能。

尽管美国竭尽全力在全球"围剿"华为，但并不是所有的国家都追随美国的脚步，终止与华为的合作。很多国家仍然信赖与支持华为，纷纷表示愿意与华为合作，购买其5G设备，有些国家甚至已经将华为的5G设备投入商用。

就在美国将华为被列入管制"实体清单"之后，华为凭借领先的5G技术突破了层层封锁，在重压之下强势崛起，令美国人阵脚大乱。

2019年5月30日，英国第一大移动通信运营商EE正式启动5G商用，使用的是华为的5G设备，使英国成为世界上第一批商用5G的国家之一。

此外，英国另一家电信运营商沃达丰英国公司也于2019年7月3日正式在英国7个城市为个人和企业开通5G商用服务，并将于2019年底前在英国其他12个城市发布5G商用业务。华为也是沃达丰英国公司的5G无线网络设备供应商之一。

2016年6月5日，工信部向中国电信、中国移动、中国联通、中国广电发放了5G商用牌照。

值得一提的是，中国广播电视网络有限公司（简称"中国广电"）获得了工信部颁发的《基础电信业务经营许可证》，获准在全国范围内经营互联网国内数据传送业务、国内通信设施服务业务。这也就意味着，中国广电成为继中国移动、中国电信和中国联通之后第四大基础电信运营商。

就在工信部5G牌照颁发的当天，中国移动发布《2019年核心网支持5G NSA功能升级改造设备集中采购单一来源采购信息公告》，一共采购1131套设备，华为拿到52%的份额，位居第一；爱立信则拿到34%的份额，位居第二。

华为已经与中国三大运营商在全国40多个城市建成5G大规模试商用网，分别在北京、上海、广州、深圳、成都等城市建网，实测最大下行速率高达1Gbps，这意味着下载一部1080P的高清电影只需要几秒钟。

华为副董事长胡厚崑介绍，到2019年底，华为5G基站发货数量达到50万个，在5G商业竞争中，华为将持续保持全球领先地位。

华为凭借丰富的5G商用经验和对5G创新应用的积极探索，致力于给全球运营商提供最先进、最安全的5G产品与解决方案，以及应用场景，助力运营商更快部署5G，充分发挥5G技术的优势，赋能千行百业，提升社会效率，加速行业数字化升级。

◆ 伟大的背后都是苦难

> **伟**大的背后都是苦难。回顾华为30多年的发展历程，全是一把辛酸泪！

2018年12月1日，美国指示加拿大扣留了在加拿大机场转机的华为公司副董事长、首席财务官孟晚舟，美国随后决定对孟晚舟提出引渡申请。10天之后，2018年12月11日，加拿大法院做出裁决，批准孟晚舟的保释申请，但不得离开加拿大，并24小时处于加拿大的监控之下。

当天晚上，被保释后的孟晚舟发了个朋友圈："我在温哥华，已回到家人身边。我以祖国为傲！谢谢每一位关心我的人。"文后她还配发了一张与芭蕾脚有关的华为广告图片，并引用了罗曼·罗兰的一句话："伟大的背后都是苦难。"这幅图是华为公司于2015年发布的一幅平面广告画面，这个广告画面不是什么影视明星，而是一双脚，一只脚穿着舞鞋优雅光鲜，脚尖点地，而另一只脚却赤裸着并伤痕累累。

任正非在接受记者采访时说："英雄自古多磨难，没有伤痕累累，哪来皮糙肉厚呢？这次磨难对孟晚舟的人生和意志是一种锻炼，并不绝对是坏事。"

是啊，"自古英雄多磨难，从来纨绔少伟男"。自古以来，凡是成就大事的英雄豪杰都是经历过很多磨难的。

后来，我和任正非谈到这个"芭蕾脚"广告时，他感慨道："伟大的背后都是苦难。回顾华为30多年的发展历程，全是一把辛酸泪！"

伟大的背后都是苦难！创业其实就是如此，从来就没有什么天上掉馅饼的事，所有的光鲜背后其实都经历着不为人知的辛酸苦辣。

这幅构图对比鲜明、充满冲击力的图片，来自美国著名的摄影艺术家亨利·路特威勒的摄影作品《芭蕾脚》。

众所周知，芭蕾舞是一门高贵典雅的艺术，它庄重而优美，令人陶醉。但同时，对芭蕾舞者来说，这也是一门艰辛的艺术，绝非轻易就能掌控。而路特威勒是一位非常了解芭蕾舞的摄影师，他一辈子都热爱芭蕾，花了近30年时间拍摄芭蕾舞照片。在他看来，芭蕾舞"不仅仅是舞蹈"，更"表达了人类情感的各种形态：爱、绝望、热情、希望，还有最重要的是，快乐"。路特威勒专门花了四年时间，用镜头跟踪记录纽约芭蕾舞团成员的工作与生活，从台前到幕后，从排练到演出，点点滴滴都不错过，最终精选照片编成《芭蕾脚》一书刊出，而华为选用的这幅《芭蕾脚》就是其中的一张重要作品。而《芭蕾脚》这幅作品所呈现的，就是芭蕾舞的极致美丽与背后的汗水。

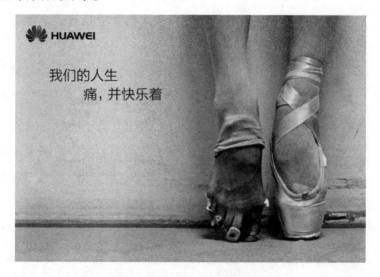

任正非一看到这幅图，就深有感触。他感慨地说："这不正是华为的真实写照吗？！华为就是凭一双烂脚走到了今天！"后来华为购买了路特威勒的这幅《芭蕾脚》照片的版权。

2015年5月26日，任正非在达沃斯论坛上发表演讲时说："我们除了比别人少喝咖啡，多干点儿活，其实我们不比别人多什么长处。就是因为我们起步太晚，我们成长的年轮太短，积累的东西太少，我们得比别人多吃苦一点，所以我们一只是芭蕾脚，一只是很烂的脚，我觉得这就是华为的人，痛并快乐着，华为就是那么一只烂脚，走向世界！"

作为全球ICT领导者，华为今日的成功和辉煌的成绩，正如广告上芭蕾舞者的左脚，光鲜亮丽。但华为作为一家民营企业，而且身处于高门槛、竞争激烈的ICT领域，有谁知道成功背后的艰辛，正如广告中的右脚。"我们的人生，痛，并快乐着"，这传递的是华为人的奋斗，以及坚持不懈、追求完美的精神！

任正非用"芭蕾脚"比喻华为创造出了一种不同凡响的完美，以及背后独一无二的磨砺和不为人知的苦难。华为凭着一双"芭蕾脚"走向了世界，并且向世界上那些正在忍受苦难的人传递出了澎湃的精神力量。"世界上只有一种真正的英雄主义，那就是在认清生活的本质之后依然热爱生活。"伟大来自于平凡的点滴积累，伟大的背后是坚持、是奋斗、是苦难，更是岁月的艰苦磨砺。

一双"芭蕾脚"，讲述了一个可以传承的令人震撼的中国好故事：华为走向世界，走到今天，乃至登顶，是坚持了以奋斗者为本；华为走向明天，依然要坚持以奋斗者为本！

由此看出，"芭蕾脚"其实依旧承袭了华为多年来所宣扬的华为精神，也就是艰苦奋斗，也就是吃得苦中苦方有甜上甜，也就是不经历风雨哪得见彩虹……华为相信，一切美好有序事物的背后，都是努力与付出，华为不相信不劳而获与天上掉馅饼。

"以奋斗者为本"，不是华为的一句口号，而是华为的灵魂。这个灵魂可以连接到天地宇宙万物的灵魂，可以连接到各民族的灵魂。

华为亮出他的"芭蕾脚"，试图给全社会看到华为不同的一面：华为不只是财大气粗、四处做广告的世界500强，同时还是一个只有30多年历史，靠艰苦奋斗才成长起来的民营科技公司。华为亮出他的"芭蕾脚"，是提醒华为员工，不要忘记华为是因为什么成功的；也是告慰华为员工，没有人会忘记那些默默付出的"烂脚"，要共患难，也要共荣光。

一位外国的总理看到华为的"芭蕾脚"广告，感动地说："这个广告非常有意义！这样的故事要讲给大家听，一定会得到很多人的认可，进一步了解华为。"

"芭蕾脚"广告是一曲中国梦的颂歌。互联网的大佬们，都在议论怎样站在"风口"，做"飞起来的猪"。而已经一飞冲天的华为，却拨开了光鲜的另一面，亮出伤痕累累的"芭蕾脚"。这是中国梦最重要的支撑！

感谢华为，以"一双芭蕾脚"，向世人彰显了华为的奋斗者追求极致，痛并快乐着的精神，宣示着华为用"一双芭蕾脚"撑起构建万物互联世界的梦想，展现了中国人的豪迈，展现了中国人顽强拼搏的精神！

◆ 美国制裁华为的真相

> **美**国的打压，除了5G，更多的是因为华为抢占了信息科技的主导权。试想，各国如果都用华为的话，那美国拿什么来监控世界？

华为，作为中国科技企业的标杆和全球信息与通信设备行业的领导者，其一举一动都牵动着世界的神经。但是，近十年来，美国政府不停地挥舞着制裁大棒，对华为百般阻拦，打压华为，手段十分卑劣。

下面我们先简要回顾一下美国政府制裁华为的历史：

2008年，华为联合贝恩资本原计划以22亿美元收购美国企业3Com，后来CFIUS（美国外资投资委员会）宣布对该交易启动国家安全调查，最终这项收购被搁置。3Com公司后来被惠普收购。

2010年8月，美国移动电话运营商斯普林特公司发起网络升级的招标，华为提供的方案可为运营商节省至少8亿美元的成本。但八名美国共和党参议员致信总统奥巴马及财政部部长盖特纳，要求对华为向美国电信运营商斯普林特公司供应设备一事进行全面调查，以评估可能的"国家安全威胁"。之后，这块50亿美元的大蛋糕由爱立信、阿尔卡特朗讯和三星共同获得。

2011年2月11日，以"出于国家安全考虑"为由，CFIUS要求华为公司剥离已收购美国服务器技术公司3Leaf所获得的资产。压力之下，华为不得不放弃以200万美元收购3Leaf公司的交易。

2012年10月8日，美国众议院常设情报委员会发布了对于中国企业华为和中兴的调查报告，认为华为和中兴这两家企业为中国情报部门提供了干预美国通信网络的机会，涉及威胁美国国家安全，提出限制其在美从事经营活动。

2018年1月10日，美国第二大移动运营商AT&T在美国政府的干扰下，突然宣布取消与华为公司的合作，全面禁售华为手机。美国方面突然毁约，让华为为进军美国市场而筹备多年的心血付诸东流，巨额的投资打了水漂。

2018年4月4日，美国联邦通讯委员会（FCC）宣布，基于国家安全因素，阻止美国运营商购买华为的产品或服务。

2018年12月1日，美国指示加拿大扣留了在加拿大机场转机的华为公司副董事长、首席财务官孟晚舟，她由此被"软禁"在加拿大。

2019年5月16日，美国总统特朗普签署行政命令，将华为及其70家子公司列入出口管制"实体清单"，禁止华为从美国公司购买技术和零部件。

几天后，美国商务部又发布了有效期90天的"临时通用许可证"，允许部分美国企业向华为出口、转口，或从美国国内转移美国的产品和技术给华为公司。与此同时，华为还被列入一份贸易黑名单，在未经美国政府批准的情况下，不得与美国公司进行交易。

2019年8月19日，美国商务部将对华为的禁令延长90天。同时还宣布将追加华为的46家子公司，将它们纳入"实体清单"。至此，受禁令影响的华为子公司及关联公司超过100家。美国商务部部长罗斯表示，此举是为了让华为更难绕过美方的制裁。

华为方面回应称，美国选择在这个时间点做出这个决定，再次证明该决定是政治驱动的结果，与美国国家安全毫无关系。

美国的"实体清单"就是一份黑名单，企业一旦被列入这个清单就失去了在美国的贸易机会，最严重的就是遭受技术封锁，切断国际供应链。

那么，美国为什么要竭尽全力来攻击、抹黑和封杀华为呢？

通过分析，我认为主要有两个原因：

一是因为5G技术，美国害怕华为的5G技术领先美国，故而牵制中国华为和中国的崛起。5G技术是美国争夺科技主导权，称霸世界的一个必要"武器"。二是随着中美两国的贸易摩擦升级，特朗普将华为作为中美能达成贸易谈判的筹码，向中国政府施压，从而达成不利于中国的中美贸易协定。

这里，我们来重点讲一下5G。

5G，就是未来！

首先从5G的战略位置来看，5G作为连接一切的技术，在万物互联中构筑着智能世界的底座。而5G的发展又正好处在了全球各行各业数字化转型的关键时期。人类工业化发展到今天，正在从过去的机械化、电力化，走向自动化、数字化、智能化，5G在诸多领域会产生颠覆性的变化，会带动很多产业的发展。可以预见，拥有5G技术的人工智能在军事领域也将大有作为，推动智能化战争加速到来。所以，业界普遍将5G称为第四次工业革命，其地位已与蒸汽机革命、电气革命和计算机革命相提并论，由此也可见5G之于社会以及国家的重要性。

其实，早在十年前，美国中央情报局（CIA）就紧紧盯上了华为。而且，在网络安全方面，美国几乎拥有全球独一无二的全球性的信息监控能力、网络渗透能力、攻击溯源能力和线上线下联动的情报获取能力，连美国的盟友都难以幸免。但是，迄今美国政府除了泛泛的、纯粹主观臆测的有罪推断之外，没有拿出任何切实而令人信服的证据，证明华为的设备和5G技术存在安全隐患。这说明美国封杀华为是另有原因的，那这个原因究竟是什么呢？

当初，斯诺登在披露"棱镜"计划的文件里说，"美国监听着全球90%的通信"；而且用西方媒体自己的话说，早在21世纪刚刚开始的那几年，美国情报部门就研发出了针对各个通信公司产品的监听技术。

2017年3月，近9000份有关美国中央情报局黑客工具的文件被曝光。其中显示美国中央情报局拥有强大的黑客攻击能力，能够秘密侵入手机、电脑乃至智能电视等众多智能设备。

所以，美国的打压，除了5G，更多的是因为华为抢占了信息科技的主导权。试想，各国如果都用华为的话，那美国拿什么来监控世界？

2019年3月，美国总统特朗普在一次演讲中，重点提到5G技术，他表示："我们不允许其他国家在5G领域超过美国。我们领先重要领域这么多年，不能让超越美国的事情发生。"

这就是特朗普这次几乎倾尽全国之力，来制裁中国华为的原因。先是在加拿大逮捕任正非的女儿，现在又下令封杀华为。

美国想要永远称霸世界，通信和互联网是一块重地。美国只有在网上取得了绝对的霸主权，它才能想监听谁，就监听谁；想让谁听话，谁就得乖乖听话。

美国在4G技术上领先世界，而世界上目前正在使用的通讯网络大都是基于这一技术。据统计，占据4G的领导地位为美国公司在海外创收大约1250亿美元，为美国的应用和内容开发商创收大约400亿美元，并创造了210万个新的就业岗位。但更重要的是，同样是这项技术，美国国家安全局（NSA）和联邦调查局（FBI）接入了微软、谷歌、Facebook和苹果等9家互联网公司的中心服务器，每时每刻都在获取和追踪全球用户的电话、语音和视频聊天、照片、电子邮件、网络日志等，就连德国首脑的一举一动也在监控之中。

也就是说，如果这个世界继续使用美国掌控的4G技术，那么，美国所需的全球情报仍会源源不断地流向美国。但如果全球主要国家都换用5G技术呢？据专家介绍，5G的安全框架主要包含接入安全、网络安全、用户安全、应用安全、可信安全和管理安全这几大内容，在这些安全技术的支持下，NSA与FBI将难以监控到需要获取的信息。而华为也一定不会给美国情报机构留下"后门"，同时美国也担心自己的情报很有可能让华为掌控，出于这些原因，美国军情部门请总统出面向盟友发出封杀华为5G的动员。

但有不少国家对此是清楚的，所以尽管美国竭尽全力，但是欧盟、英国、阿联酋、俄罗斯、东盟等国家和地区，都在加强安全审查的背景下，认为华为的设备是安全的，同意接纳华为5G的进入。正如英国《金融时报》的一篇报道中指出的那样：华为5G会妨碍美国随心所欲地进行监听与情报收集。华为5G在全球电信网络中部署得越多，NSA与FBI以及CIA要"收集一切信息"就越难，所以美国不得不尽力寻找各种莫须有的理由贬低华为的5G。

如果全球各主要国家都采用华为的5G技术，那么美国就必须开辟新的情报来源，而这样就必须花费巨额资金以及消耗巨大的人力成本。更令美国寝食不安的是，华为的5G技术在理论上很难破解，美国想从华为的5G网络中窃取情报根本无从下手。因此美国的惊恐就可以理解了。

在5G网络建设方面，华为与全球最大的50家电信运营商中的45家有着良好的合作关系。目前，华为与其中超过一半的电信运营商已经开始部署5G网络。让美国担心的是，5G的主导权不再为西方国家所掌握，核心标准也不再只掌握在西方主流国家手中。当这些国家的核心成员国，尤其是美国发出全面禁止的口号后，在特朗普政府"America First（美国优先）"的外交思想下，美国担心其建立起来的游戏规则及控制权被打破，因而进一步加大制裁华为的力度与加大封锁范围。

事实上，历史上已经有过此类阴谋事件的发生。比如法国电力巨头阿尔斯通前高管皮耶鲁齐身陷囹圄的经历，以及美国利用司法武器打击他国商业竞争对手的案例。

这个案例详情与孟晚舟事件有些相似，只不过前者的遭遇更加惨痛。在掉进美国的圈套之后，皮耶鲁齐不仅入狱30个月，更惨烈的是他所在的公司阿尔斯通在美国的逼迫下最后被卖给了通用电器。而皮耶鲁齐本人，直到2018年9月才出狱，重获自由。

2019年初，皮耶鲁齐和一名法国记者合著的《美国陷阱》在法国出版，披露了美国通过加害他国公司高管，遏制他国企业发展的丑恶行径。尽管华为与昔日的阿尔斯通已不可相提并论，但这种出于政治和经济因素驱动的惊天阴谋，却值得华为警惕。

"我们需要注意的是，美国的法律已经伸到了它的领土之外。这意味着，只要你与美国有一丝联系，例如发过电子邮件或使用过美元，他们就可以使用他们的法律来对付你，对付世界上任何一家公司，在道德的掩盖下，无人提出异议。但美国实际上是在使用法律手段来对付他们的竞争对手，甚至把他们拿下。"皮耶鲁齐在接受媒体采访时大声疾呼，"昨天是阿尔斯通，今天是华为，那么明天又会是谁呢？"

华为目前的遭遇，的确让人愤怒。值得注意的是，任正非正在阅读中文版的《美国陷阱》一书。

不能小看"美国陷阱"的杀伤力，该出手时要出手。俄罗斯总统普京就美国政府打压中国华为公司一事，用最为精准、也最为强硬的措辞——"肆无忌惮的经济利己主义者"来批判美国奉行的经济制裁，并称"我们需要确保关键商品免于制裁和贸易冲突"。

据新华社报道，美国智库欧亚中心执行副主席、信息技术专家厄尔·拉斯穆森说："美国声称华为有安全问题，这需要可信的证据来支持，但至今，美国都拿不出证据，欧洲已经建立了独立的测试实验室来验证华为的设备，从我的理解来看，没有发现任何安全方面的问题。"

美国的作为既反道义，又反市场逻辑。美国打压华为的根本原因是它对华为领先5G通信网络技术产生了强烈的危机感，它本应通过本国公司的技术进步来解决这个问题，但它却采取了流氓手段来对付华为，它编出的无限放大华为为中国政府"搞情报"的威胁，压制不了世界各国使用华为设备的现实需求。

美国政府抛出"技术有害论"，频频炮制"威胁论"，将技术问题政治化、国内问题国际化，遏制他国发展的意图昭然若揭。"得道多助，失道寡助。"西班牙、德国、阿联酋等多国相继表示，不会排斥中国企业的

5G技术。法国总统马克龙表示，法国不会特定封锁某家供应商。德国联邦网络管理局局长约亨·霍曼也重申，"包括华为在内的任何网络设备供应商都不应被特别排除在外"。

2019年6月27日，任正非接受加拿大《环球邮报》采访时表示："短期内美国不会取消'实体清单'。这并不是因为我们犯了什么错误而惩罚我们，而是美国想要消灭我们，才把我们列入'实体清单'。"

《德国之声》的分析更是一针见血："美国政府针对华为的禁令，背后真正的意图在于争夺科技主导权。"

在电信行业有过30年从业经验的澳大利亚皇家墨尔本理工大学副教授马克·格雷戈里表示，尽管英国政府特别针对华为开展了安全评估，但迄今为止，并没有证据表明华为涉及任何安全事件，也没有发现过华为的设备留有"后门"。

西班牙《枢密报》科技板块的记者曼努埃尔·安赫尔·门德斯在文章中写道："到目前为止，还没有一项测试的结果能够证明华为在数据管理方面可能出现不良行为。"

英国议会上院议员阿兰·迈克尔·苏格在社交媒体上说，"美国政府指责华为5G存在安全问题完全是个笑话，这与安全无关，与商业相关，华为在美国的竞争对手正试图把他们阻挡在市场之外"。

阿根廷国际关系理事会分析师卢卡斯·瓜尔达说，华为成为美国的直接攻击目标就是因为它技术领先，在世界如此多的地区取得成功，给美国带来了竞争压力。

由此可见，5G是一项革命性的技术。美国渴望占领这一市场，但华为5G在世界具有领先地位，因此美国政府希望通过政治施压来达到其不可告人的目的，其真实意图昭然若揭，就是想遏制华为5G技术的发展和中国的崛起。

12

第十二章

仁爱无敌：硬汉任正非的侠骨柔情

在华为内部，任正非以铁面冷心著称。他脾气暴躁，性格坚韧、刚毅、偏执，说话直来直去，不留情面，经常把干部们骂得狗血淋头。现年（2019年）75岁，在商界驰骋30多年的任正非，依然内力饱满，情感细腻丰富，内心深藏着别样的温情。下面这几个小故事，可以让我们看到这个让人遥不可及的"商业巨人"内心深藏的别样温情。或许，这才是任正非的真实写照。

◆ "冷酷"总裁的人性温情

在外人眼里，任正非总是不苟言笑，但跟他接触多了，
就会知道，他从不缺乏柔情和幽默。

一个人不论多么伟大、多么坚强，他内心总有一块柔软的地方。虽然
"沙场"上的任正非的确是"铁血"的，可在现实生活中，他从不缺乏柔
情的一面。

1998年，华为的一次内部会议上，任正非开玩笑地说，想不清楚自己
为什么在部队里总是得不到提拔。当时，华为的宣传部部长朱建萍直言不
讳地指出："那是因为像你这样的坏脾气，实在很难与领导处好关系。华
为员工之所以能忍受，只是因为你是老板而已。"对于这样的评价，任正
非只是温和地笑笑，并没有不高兴。

不仅如此，对华为的普通员工，任正非也极为平易近人。一位华为
的普通员工回忆：以前，他只是华为的一名普通研发人员。有一次，他出
差回来，在机场遇到了任正非，当时他想假装没看见，以免尴尬。没想到
任正非却主动走过来热情地和他打招呼，还关心地问了他很多生活上的问
题，然后还顺路把他先送回家。任正非这一举动让员工意想不到，员工也
很感动。

任正非对员工的好，完全是发自于内心的柔情。在华为，基本上每年
都有人选择离开，进行自主创业。对这些人，如果不是成为敌对关系，任
正非从来都不设卡，只会诚挚地祝福他们，帮助他们。

"冷酷"一词是外界对任正非比较常见的一个评价。任正非性格暴躁，脾气不好，说话往往直言不讳，这是每个熟悉华为的人都知道的。但任正非内心的细腻柔情，却不太被外界所知。

日本歌曲《北国之春》是任正非非常喜欢听的一首歌，每当听这首歌时，他都会情不自禁地热泪盈眶："《北国之春》原作者的创作之意是歌颂创业者和奋斗者，而不是当今青年人误以为的情歌。当一个青年背井离乡，远离亲人，去为事业奋斗，唯有妈妈无时无刻不在关怀他。然她不知城里的季节已变换，在春天已经来临时，还给他邮去棉衣抵御严冬。而我再也没有妈妈给我寄来折耳根（鱼腥草）、山野菜、腊肠……这一切只能长存于永久的记忆中。'儿行千里母担忧'，天下的父母都一样担忧着儿女。我写《我的父亲母亲》一文，被译成了日文、英文让员工们传阅，他们误认为我是孝子。其实我是因为没有尽到照顾父母的责任，精神才如此内疚与痛苦。我把全部精力献给了工作，忘记了父母的安危，实际上是一个不称职的儿子。……由此我想到，我们每一个人的成功，都来自于亲人的无私奉献。我们生活、工作和事业的原动力，首先来自于妈妈御寒的冬衣，来自于沉默寡言的父兄，还有故乡的水车、小屋、独木桥和曾经爱过你但已分别的姑娘……"

有时，看到员工们表演、唱歌，甚至看到某地的民俗表演，任正非会禁不住掩面哭泣，脑海中总会浮现自己经历的艰苦岁月，其感性的一面令人动容。

华为管理顾问田涛说，任正非是一个很感性的老男人，常常会流泪。他举例说，2000年时，任正非在南非约翰内斯堡参观先民纪念馆，走出纪念馆后接了一个电话，然后触景生情，在纪念馆前的小广场上痛哭了将近两小时。任正非认为，"南非先民的生存史是一部血与泪的历史，华为的全球化何尝不是如此"？但是同时，任正非"又神经极其粗粝、意志罕见强悍"。田涛用"老战士"来形容任正非的这一点。

2019年5月16日，美国政府正式将华为列入管制"实体清单"，并且要求华为从美国采购的任何产品或者技术都必须经过严格审核。当天，华为轮值董事长徐直军在半夜给任正非打电话，报告了美国供应商努力为华为备货的情况，任正非感动得泪流满面，感慨道："得道多助，失道寡助！"

在外人眼里，任正非总是不苟言笑，但跟他接触多了，就会知道，他从不缺乏柔情和幽默。虽然身为全球顶级企业家，但他也和常人一样，希望与别人真诚地沟通以及用心地交流感情。

关于任正非的幽默，事例也有很多。

有一次，华为召开驻深圳全体员工会议，会上大家的情绪都比较紧张。为了缓和这种紧张气氛，任正非在讲话中忽然说出这么一句："华为的高层都长得丑，你看李一男，还有胡厚崑，长得多丑啊！你们站起来让大家看看。"结果这两人还真的站了起来让大家看。2000多人的会场，气氛一下子就轻松下来，大家都开心地笑了，任正非自己也哈哈大笑。

任正非的口才好，加上幽默的艺术，他的演讲总是很受大家的欢迎，每次上台前听众们都会掌声不断。但他每次都会说："你们别鼓掌，再鼓掌我可就走了。"如此的幽默令人忍俊不禁。

任正非不仅自己柔情，也强调华为领导层在管理时要有温情。在华为，领导请下属吃饭是司空见惯的事情，也是从华为创立之初就保留下来的传统。创业时，任正非就曾给所有的部门经理发经费，让经理请下属吃饭，基本上每星期一次。任正非还特意为此说过，"铁军的领袖要关心下属，领导不请也得请"。如此霸道的语言，其中却充满人性的温情，也充分体现了任正非柔情的一面。

◆ 上马征战沙场，下马春泥护花

> **从**现在再去回顾，物质的艰苦生活以及心灵的磨难是我们后来人生的一种宝贵财富。

在过去所有资源都被跨国公司和国企垄断的情况下，华为唯有向着阳光、雨露，顽强地生长，方有一席之地。那段岁月任正非自己是这么描述的："华为三十几年的炼狱，只有我们自己及家人才能体会。这不是每周工作40个小时就能做到的，我记得华为初创时期，我每天工作16小时以上，自己没有房子，吃住都在办公室，从来没有节假日、周末。"在如此残酷的生存背景下，或许任正非不暴躁都不行。

在写这本书稿时，我又把任正非在2001年写的《我的父亲母亲》找了出来，认真地读了两遍，读完后潸然泪下，第一次感受到了他的儿女情怀。

任正非在文中主要回忆了自己的青少年时代，那是国家实行高积累、大建设政策的时期，全国人民都缺衣少食，家家户户都生活艰难，任正非一家自然也是如此。"文革"中，他的父亲遭遇了不公正待遇，他和弟弟妹妹们也受到连累，家里日子更是难过。

任正非说："我经常看到妈妈月底就到处向人借三元五元的度饥荒，而且常常走了几家都未必借到。"

"爸爸这段历史，是导致他在'文革'中受尽磨难最大的一个原因。身在国民党的兵工厂，而又积极宣传抗日，同意共产党的观点，而又没有与共产党地下组织联系。你为什么？这就成了一部分人眼中的疑点。在'文革'时期，如何解释得清楚？他们总想挖出一条隐藏得很深的大鱼，爸爸受尽了百般的折磨。"

在这期间，折磨他父亲的，一定有具体的人员，但是任正非在文中没提任何人的名字，也没有怪罪任何组织。任正非和整天发掘阴暗、传播仇恨的名人不同，任正非的心灵充满了阳光，他拒绝了怨妇式的"伤痕文学"，没有抱怨社会、组织，没有指责任何人和事。

任正非的笔下，没有仇恨，而是回忆艰难中的人间大爱，寻找磨难中的人间智慧。

在任正非记忆深处，只有父母体现在一口饭、一尺布、一双鞋中对子女的大爱，他铭记终生的是"父母的不自私，那时的处境可以明鉴"。

在任正非的记忆深处，除了一家人坦然面对，还有同学的帮助、家庭的温情："我有同学在街道办事处工作，介绍弟妹们到河里挖沙子，修铁路抬土方……弟妹们在我结婚时，大家集在一起，送了我100元。"

在任正非记忆深处，还有部队对他的关爱和对他家庭的帮助："在部队党委的直接关怀下，部队未等我父亲平反，就直接去为查清我父亲的历史进行外调，否定了一些不实之词，并把他们的调查结论，寄给我父亲所在的地方组织。"

在任正非看来，一切的磨难，都是人生财富："现在再去回顾，物质的艰苦生活以及心灵的磨难是我们后来人生的一种宝贵财富。"

这令我想起圣人的一段名言："天将降大任于斯人也，必先苦其心志，劳其筋骨，饿其体肤，空乏其身，行拂乱其所为，所以动心忍性，曾益其所不能。"

如何看待历史和人生的磨难，是一个人的价值观的基础。任正非的父母是教师，他自己是靠读书改变命运的。国家的未来靠教育，所以，任正非用这样的方式来表达自己的孝心："我能考上大学，小玉米饼功劳巨大。这个小小的玉米饼，是从父母与弟妹的口中抠出来的，我无以报答他们。1997年我国的高等教育制度改革，开始向学生收费，而配套的助学贷款又没跟上，华为集团（于是）向教育部捐献了2500万元寒门学子基金。"

这就是古人所谓的移孝为忠吧！

回忆历史，任正非抛弃了一切阴暗的东西，吸取了一切光明的东西。

他记住了父母在身处逆境时，展现出的卑微中的伟大："我们亲眼看到父母的谨小慎微和忘我拼命工作，无暇顾及我们，就如我拼死工作，无暇孝敬他们一样。他们对党和国家、对事业的忠诚，历史可鉴。"

他记住了父母在平反后，持续展现出的卑微中的伟大："我为老一辈的政治品行自豪，他们从牛棚中放出来，一恢复组织生活，都拼命地工作。他们不以物喜，不以己悲，不计荣辱，爱国爱党，忠于事业的精神，值得我们这一代人、下一代人、下下一代人学习。"

用今天的话说，在任正非的父母身上，充满了正能量：不自私；他们是标准的中国儒生：穷则独善其身，达则兼济天下。

任正非很好地继承了父母的优良品德。谦卑低调，不事张扬，踏踏实实地拼命工作，这就是任正非。众所周知，他几乎不接受采访，始终过着朴实的生活。

任正非说："我的不自私也是从父母身上学到的，华为今天这么成功，与我不自私有一点关系。"

任正非的父亲临走时告诫他："记住知识就是力量，别人不学，你要学，不要随大流。"后来，华为是公认的靠"知识"打天下的优秀企业。

即便父母在"文革"时期遭遇了不公正待遇，任正非的认识也是相当正面的："生活中不可能没有挫折，但一个人为人民奋斗的意志不能动摇。"

他从"文革"期间的组织审查工作上，获得了经验和教训，丰富了自己的思想，很好地运用到华为公司的管理上："我主持华为工作后，我们对待员工，包括辞职的员工都是宽松的，我们只选拔有敬业精神、献身精神、责任心、使命感的员工进入干部队伍，只对高级干部严格要求。这也是因为亲历亲见了父母的思想改造的过程，而形成了我宽容的品格。"

任正非在《我的父亲母亲》中已经告诉我们，华为为什么能成功："回顾我自己已走过的历史，扪心自问，我一生无愧于祖国、无愧于人民，无愧于事业与员工，无愧于朋友，唯一对父母有愧，没条件时没有照顾他们，有条件时也没有照顾他们。"

这四个"无愧"，便是华为不断走向成功的根本原因；而他所继承的父母的精神，便是华为的性格。

自古忠孝难两全，移孝为忠真英雄。曾经的苦难，现实的残酷，让任正非没有时间去哀花叹月。

因为现实中，众多华为员工离别故土，远离亲情，行走在疾病肆虐的非洲，穿梭在硝烟弥漫的伊拉克，或者海啸灾后的印尼，或者地震中的日本——华为人如同战士，当这些战士流泪的时候，受伤的时候，甚至是付出生命的时候……任正非感同身受，情不自禁，内心的柔软冲破坚硬的躯壳，泪水恣意流淌……

◆ **任正非的慈父之心**

我这辈子最对不起的就是自己的小孩，我创业时太忙，与她们的沟通时间少，我年轻时公司处于生存的垂死挣扎中，经常几个月很少与小孩有往来，我亏欠她们。

人们常说"严父慈母""母爱伟大""女本柔弱，为母则刚"，其实男人对待孩子，也有令人心折的力量。

2019年5月，任正非在接受媒体采访时说："我这辈子最对不起的就是自己的小孩，我创业时太忙，与她们的沟通时间少，我年轻时公司处于生存的垂死挣扎中，经常几个月很少与小孩有往来，我亏欠她们。她们自己对自己要求很高，她们很努力，比如小女儿中学时每个星期要跳15个小时的舞蹈，大学时做作业做到凌晨两点，甚至四五点钟。"

近年来，华为可谓站在风口浪尖，像华为人自己说的那样，世界上有哪个公司整天被强大的美国列为头号竞争对手？

任正非的一番话，足见他的慈父之心。

目前这种形势，我们确实会受到影响，但也能刺激中国踏踏实实发展电子工业。过去的方针是砸钱，芯片光砸钱不行，要砸数学家、物理学家等。但又有多少人还在认真读书？光靠一个国家恐怕不行，虽然中国人才济济，但还是要全球寻找人才。

中国首先还得重视教育。我们在海外的派遣员工有四万多名，为什么大多数员工都不愿意回来？孩子上学问题，回来以后怎么插班，教育方式完全不一样。这样一系列问题，让我们的员工流动不起来，孩子回不来。即使在非洲，孩子可以上最好的学校，但是回到深圳就进不去学校。因此教育是我们国家最紧迫的问题，要充分满足孩子受教育的权利。

我们牺牲了个人、家庭，是为了一个理想，为了站在世界高点上，为了这个理想，跟美国迟早是会有冲突的。

未来二三十年，人类社会一定会有一场巨大的革命，在生产方式上要发生天翻地覆的变化。比如，工业生产中使用了人工智能，大大提高了生产效率。大家参观了我们的生产线，那还不能叫人工智能，只是一部分人工智能，但是生产线上已经看不到太多的人。

五年以后，这条生产线上可能只需要五六个人，甚至两三个人，主要是做维修。当然，我们的生产线上很多人都是博士，不是普通操作工人，特别是光芯片生产中，会动手的博士还特别少。

这个时代对一个国家来说，重心是要发展教育，而且主要是基础教育，特别是农村的基础教育。没有良好的基础教育，就难有有所作为的基础研究。给农村教师多发一点钱，让优秀人才愿意去当教师，优秀的孩子愿意进入师范学校，我们就可以实现"用最优秀的人培养更优秀的人"。

但现在不是这样，教师待遇低，孩子们看见知识多也挣不到多少钱，所以也不怎么想读书。这样就适应不了未来二三十年的社会，社会就可能分化。完全使用人工智能生产的可能就会重回西方，因为没有了工会问题、社会福利问题、罢工问题……完全不能使用人工智能的生产可能会搬到东南亚、拉丁美洲、南欧等人力成本低的国家去了。

今天满街高楼大厦，过二三十年就变旧了。如果我们投资教育，二三十年后这些穷孩子就是博士，开始冲锋，国家就会走向更加繁荣。在这个重要的历史转折时期，华为只能把自己管好，不能去管别人，所以我们就大量投入资金往前冲。

记者问我"你们赚的钱很少，为什么科研投入会有那么多"，比如今年我们利润是90多亿，但是科研投入150亿～200亿美元。其实这150亿哪里是我们投的，都是成本，实际上还是客户投的。客户给我们的钱，不是产生利润，而是产生投入。

我们为什么要走在前面？新技术进入时代的周期变短了。过去是等到科学家做方程，经过五六十年，终于发现这些方程有用。从电磁理论，又经过五六十年，发现电磁理论可以用于无线电；又经过了几十年……今天已经不可能了，这个过程缩短得非常厉害，即使不能叫毫秒级，也是极短级。

如果我们还是等着产业分工，不进入基础研究，就有可能落后于时代。中国是一个人口大国，如果变成人才大国，我们与别人的竞争才更加有信心，因此，小学教师应该要得到更多的尊重。当然，今天教师的待遇已经比过去好很多了，但还要让教师成为最光荣的职业，国家未来才有希望，才能在世界竞技中获得成功。

今天大家看到华为有很多成功，其实成功很重要的一点是外国科学家，因为华为工资高于西方公司，所以很多科学家都在华为工作。我们至少有700名数学家、800多名物理学家、120多名化学家、六七千名基础研究的专家、六万多名各种高级工程师、工程师……形成这种组合在前进。因此，我们国家要和西方竞技，唯有踏踏实实用五六十年或者百年时间振兴教育。振兴教育不在房子，在于老师。

物质不是最主要的，人才是最主要的，人类灵魂的工程师得到尊重，这个国家才有希望。社会上就是应该有这样的口号，"用最优秀的人去培养更优秀的人""我们再穷也不能穷老师"。

我们把华为公司做好，就给大家做了一个榜样。华为有什么？一无所有！华为既没有背景，也没有资源，除了人的脑袋之外，一无所有。我们就是把一批中国人和一些外国人的脑袋集合起来，达到了今天的成就，这就证明教育是伟大的。

任正非的大女儿、华为副董事长、首席财务官孟晚舟2018年12月1日被加拿大警方扣押后，任正非时不时会给她打电话。他在电话里并没有和女儿讲太多工作上的事，而是"讲讲笑话"。这个举动仿佛童年时光的再现。据孟晚舟回忆，在她很小的时候，"爸爸只要一有空就会把我放在膝上，给我讲董存瑞、杨靖宇、刘胡兰、王二小的故事，大概是希望我能成长为一个坚强的女孩"。

2019年7月18日，任正非在松山湖基地接受意大利媒体的采访，有记者问任正非为什么孟晚舟事件后频频见媒体。任正非回答说：我也不只是为了救我的女儿，也为了救我们公司，所以我要挺身而出。

任正非的这番话让人泪目！有内部员工留言说：一个70多岁的老人，在如此危难之时，违背自己本性跟各种媒体去说，反复地说，磨破嘴皮。我们除了更加努力地工作，还能做什么来表达我们的敬意呢？从今天开始，工作更加努力一点，思考格局更加高一点，懈怠的时候更加少一点。

◆ 请员工吃饭

什么时候他（叶树）回深圳来的时候，我想请他吃饭。

叶树是一位已经在北极圈驻扎多年的华为员工，代表了无数离别故土，远离亲情，穿行在世界各地的开拓者。

2002年3月18日，叶树根据自己在俄罗斯北极地区安装GSM设备的经历，撰写了《北极圈内的华为GSM》一文，他在文章中许了一个心愿："只想祈求北极的这股北风，能把我们的喜悦一路吹到中国去，吹到南部中国那座年轻的城市里，吹到那群年轻的人群中去"。

时隔八年，2010年8月，任正非去北冰洋看望员工，亲自体会到了那里的艰苦。回来后他说："我们各级部门，都要关心在艰苦地区工作的员工的学习与成长，那儿接收新的信息难，接触尖端技术难，但他们的精神十分宝贵。"任正非在内部发邮件说："什么时候他（叶树）回深圳来的时候，我想请他吃饭。"

正准备出国的叶树听说此事后，非常感动，说："任总的这封邮件是我收到的最好的送行礼物，也是北极圈这个团队，以及同样在海外奋斗过的兄弟姐妹们得到的最好的礼物。"由于时间问题没能安排与任正非见面，因此，他给任正非写了一封回信：

任总：

　　您好！

　　前些天，有很多华为的同事、同学纷纷打来电话或者发来电子邮件，说任总要请我吃饭。我的第一反应是他们在开我玩笑。可是细细听他们说来，原来是因为我10年前的一篇文章让任总感同身受，有感而发。《华为人》报要重新刊登该文并且合并上任总写的按，这让我感动不已。当年一个关键局点的施工，一篇平实的文章，相隔10年的重温，让我思绪起伏，久久不能平息。华为从成立到今年已经走过二十几年，其中的10年竟然能机缘凑巧地用我的一篇文章轻巧地首尾相连，这中间浓缩的是何等艰苦的岁月和持续走向卓越的自信呢？

　　离开华为已逾5年，因为工作的关系（后在一家欧洲的半导体公司做通信相关芯片的销售）时常能关注到华为的动态：销售收入每年保持30%～40%攀升，海外市场份额逐步扩大。持续不断在通信终端和多媒体终端进行市场突破，终端品牌的塑造让华为品牌深入人心。我时常为之骄傲，并为曾经在华为战斗过的峥嵘岁月而自豪，而在现在的中国同事面前悉数华为往事，如数家珍。

　　任总大概忘却了，可是我却始终不能忘怀：2004年任总生日，正出访雅典办事处，我们煮了一碗面条给您庆祝生日。2007年底，我刚刚完婚，偕妻子从虹桥机场回深圳。正赶上上海的第一场大雪，那个时候南方的雪灾已经非常严重了。很巧在候机的时候碰到任总一人回深圳。几句简短的寒暄，我们擦肩而过消失在人海茫茫。

　　十载春秋，不思量，自难忘。而现如今，我远在大洋彼岸，全家生活在澳大利亚悉尼。平静的生活泛起涟漪只因任总简单的几句话。10年前的那一期《华为人》已经泛黄了，可我无论走到哪里都带在身边。今年这一期的《华为人》我也会一直珍藏。古人云，士为知己者死。这大概就是我们中国人骨子里的精神，一种穿越时空的高度忠诚以及使命感。

在外人眼里，任正非只有事业，永远没有柔情。但人性终究是复杂的，工作中，任正非是一个"六亲不认"的"暴君"；生活中，他却是一个充满温情的感性之人。

◆ 任正非心底的柔软

我又读了一遍第四十二期《华为人》，读到"把最无私的爱藏于最深的心底"时，心灵又一次受到震撼。

1997年3月30日，得知华为市场部秘书处主任杨琳在旅途中出车祸身亡的消息，任正非极为震惊，内心万分悲痛，泪流满面。任总还特意写下了《悼念杨琳》一文，通过此文，我们可以感受到任正非心底的柔软。

休假归来，郑黎告诉我杨琳在海南旅游出车祸已去世了，顿时我惊呆了。我还问了是哪个杨琳，郑黎说是市场部的杨琳。我立即打电话找张建国，他家人讲她出差了，我还诧异了，节日期间出什么差。我又打电话给几位公司领导，结果他们都知道杨琳出车祸了，因为我在外地，他们关心我的身体和安全，没有即时告诉我。但已经组织善后队伍出去了，张建国、朱建萍、唐明惠、唐修文早已飞去海南了。顿时我泪如雨下，多么好的一位同志，我们从此再也看不见她了。

半个月前，她还在来自市场前线的汇报会上，代表100多名秘书发言呢！她的音容笑貌还在我们脑中萦绕，而现在香消玉殒了。

杨琳什么时候来公司的，已记不清了，我本人几年来也没有与她说过几句话、谈过一次心。对她的了解是从每次评工资的标杆争论里，是从大大小小的各会务准备过程，是从她作为市场部秘书代表在汇报上的发言中。杨琳是一位出色的秘书，踏踏实实、不声不响、一点一滴的，一直做到市场部秘书处的主任，管理了庞大、复杂、多变的市场服务体系。杨琳是一位尽心的管理人员，为加强秘书队伍的管理下了很大功夫。使得市场部秘书们在秘书大比武中获得了较好的成绩；她出面组织的市场部秘书处关于"怎样做一名好秘书"的演讲比赛；定期对秘书文档的检查评比、规范，都收到了很好的效果。

前一次市场部的高层领导与我谈，市场发展太快了，杨琳的管理有点跟不上了。我说，一是人力不足，事务太多，文件成堆，需要发送与接收的传真和电话应接不暇。我答应在春节后补充一大批秘书给她们，把管理者的压力降下来，使她们有学习的机会。二是春节后把杨琳调到我的办公室来，给我做几个月的秘书，让我来带一带，培养培养这些革命功臣，不要忘记这些英雄。旅游车的相撞，使她成了我未能上任的秘书，我悔不该前几年不能挤十分钟与她多说几句话，也算送一送她。这些年来，我几乎卖给了市场部，不停地出访、接待客户，竟然很少有时间与员工谈心，这会成为我将来的一大悔恨。

公司创业初期，是十分艰难的。工资很低，组织不健全，使得有些干部的工作十分繁重。杨琳所在的部门就是其中之一。我们那时的出版系统尚未健全，他们的几台复印机，就成了公司的印刷厂。公司排山倒海的市场宣传，就靠她们几十双小手在那儿频频翻舞。不停的展览会、推广会，秘书们比主管还要忙，会前、会后有多少无人知道的小事，每天与堆积如山的文件和用具相伴，起早贪黑地忙碌着。公司的秘书系统至今还没有出一位英雄，我想杨琳应算一名英雄了吧。

公司无论市场部，还是中研部、中试部、生产总部以及企管部门，几百名秘书们默默地奉献着她们的青春。我们的价值评价体系，由于前八年处在饥寒交迫时期，公司重点抓产品开发、市场拓展，对这两方面的英雄尽管评价体系还不完善，总归有个评价。但秘书体系常被忽略，而且很难得到评价。度过了创业的艰难，我们要均衡地建设公司，秘书们会得到正确评价，也会英雄辈出，而杨琳作为创业者却失去了这个机会。她永远作为一名无名英雄，被我们怀念。我建议熟悉她的人，要把她的事迹写出来以教育后人，让后来者向她学习。

半月前，在来自市场前线的汇报会上，她代表100多名秘书发言，说"把最无私的爱藏于最深的心底"。那震撼人心的语言，句句都是她心灵的呼唤。华为正是由无数的平凡人物的呼喊，创造了自己光辉的历史。我又读了一遍第四十二期《华为人》，读到"把最无私的爱藏于最深的心底"时，心灵又一次受到震撼。多么好的文章，多么好的人，多么真挚无私的呼唤。这篇文章，成了她留给我们的遗言。我们永远不要忘记她。她，是华为的功臣，是一位真正的英雄。

华为的光辉是由数千微小的萤火虫点燃的。萤火虫拼命发光的时候，并不考虑别人是否看清了他的脸，光是否是他发出的。没有人的时候，他们仍在发光，保持了华为的光辉与品牌，默默无闻，毫不计较。他们在消耗自己的青春、健康和生命。华为是由无数的无名英雄组成的，而且无数的无名英雄还要继续拥入，他们已在创造历史——华为的光辉历史，我们永远不要忘记他们。当我们的产品覆盖全球时，我们要来纪念这些为华为的发展贡献了青春与热血的萤火虫。

读完这篇文章，感受到任正非心底的这一份柔软，相信不会再有人单纯以"狼性"来定义任正非。

士为知己者死！

柔软，也是一种前行的力量！

给服务员小费，请快递员喝水

教养不是逢场作戏时表现出来的谦逊和低调，而是对待底层人，依然谦卑有礼，以礼相待，这才是一个人真实的教养。

华为的老员工都知道，任正非虽然脾气暴躁、时常对干部发脾气，但他从不会把脾气发到一个比自己弱的人（员工）身上。任正非认为，一个人对待弱者的态度，就是你真实的教养。

一个有教养的人，都有一颗怜悯之心，懂得克制自己的脾气，不会乱发脾气，更不会把脾气无缘无故发在比自己"弱"的人身上。

凡是任正非请客吃饭，他每次结完账都把就餐的发票或小票撕掉，撕掉发票的目的就是要避免任何非公消费，以公费名义得到报销的可能。

在华为，不仅任正非坚持这么做，公司其他高管们也如此，这就是所谓的以身作则、公私分明。

很多华为人，包括与任正非打过交道的人，都知道他有一个习惯，请人吃饭一定是他买单，买单后还要给服务员小费，这已经成为他的惯例。即便是在小餐馆吃一碗面条，他也要给服务员小费。

任正非认为，当服务员很辛苦，服务态度也好，顾客给点小费，这是一种礼节，也是对他人劳动的认可和尊重。

有一次，任正非在北京出差时，请几位大学教授吃饭。由于餐厅的服务员是一个刚招来的"90后"实习生，第一天上班工作不熟练，任总的一位下属对他的服务表示不满，并提出了善意的改进意见，没想到这位"90后"服务员害怕丢饭碗，当时就急得哭起来了。任正非从卫生间出来，看到此景，就问是怎么回事。了解情况后，任正非亲自向这个服务员道歉。

任正非反复讲，对服务员不要那么凶，他们为了生活，那么小的年龄，那么低的工资，跑到北京打工，很不容易，对待他们更要友善。之后他还不时地安慰那个服务员。临走时，任正非还给了服务员小费。

通过这件小事，我悟到了，一个人更应善待地位比自己低的人，这是人格和人品的反映。

2017年夏天，任正非在公司大楼下看到一位送快递的小伙子，衣服都被汗水浸透了。任正非忍不住说道，外面天热，小伙子辛苦了，进来喝杯水吧。任正非完全没有看不起送快递的人员，反而对其表现出了极大的尊重。

一个懂得尊重别人的人，才是真正高贵的人。

什么样的人是有教养的？有人说，是懂得尊重别人的；也有人说，是会照顾别人感受的。在我看来，一个人是否有教养，是否高贵，从其对待底层人的态度就能看得清清楚楚。

任正非请员工吃饭，给服务员小费，体现出他对底层的尊重，这就是深到骨子里的教养！

教养不是逢场作戏时表现出来的谦逊和低调，而是对待底层人，依然谦卑有礼，以礼相待，这才是一个人真实的教养，这才是一个高贵的人。

其实，无论是餐厅的服务员，还是环卫工、外卖员、保安、保姆等，他们的职业或许没有那么光鲜亮丽，但正是因为他们的存在，让我们生活的环境变得干净、舒适、安全和高效。他们都值得被尊重和善待。

衡量一个人是否有教养，最根本的一点就是他是否能理解底层人的不易，是否体谅底层人的辛苦，是否尊重和善待每一个底层人。

◆ 不要忘了给爸爸、妈妈洗次脚

> ── 个人要先爱别人，别人才会爱你。

任正非在《春风送暖入屠苏——2010年新年献词》一文中，号召华为人："记住，'不要忘了给爸爸、妈妈洗次脚''不要忘了身边卖火柴的小女孩'。"

这两句话出自两篇小文章，或许我们从这两篇小文章中，能够感受到华为文化春风般的清新。

"不要忘了给爸爸、妈妈洗次脚"出自2006年任正非的《新春献词》。该文是对《南方周末》上的文章《给父母洗脚》所做的批示。

原文如下：

> 这篇文章十分感人，它使我们懂得爱的真正含义。
>
> 春节期间，我们全体员工能否给自己的父母洗次脚，一个不爱自己父母的人很难爱亲人，一个不爱亲人的人，很难爱别人。我太太经常打盆温水给我泡脚，然后用磨砂一样的刷子，将我脚上的厚皮磨掉，以防脚开裂。而我还一边看电视，一边让她服务，从未想过应该感谢她，为她洗一次脚。这篇文章，给我很大的启发，我已经不能给自己的父母洗脚了，只有等将来了。但我可以回敬我的太太，想想一个家庭妇女，将一生献给了相夫教子，是多么难得，多么伟大。
>
> 华为的员工，也要有自我牺牲的精神。事事斤斤计较，很难想象

在公司生死存亡的危难关头，会像金融危机中韩国人民倾家荡产去救国家一样地救公司。爱自己，爱别人，爱公司，从小事做起。

一个人要先爱别人，别人也会爱你的。

当年春节，华为很多员工响应任正非的号召，回家给自己的父母洗了一次脚，其中包括任正非的秘书。

"不要忘了身边卖火柴的小女孩"出自《华为人》2009年1月刊载的文章《你身边有"卖火柴的小女孩"吗？》，这篇文章源自任正非的一次讲话。

原文如下：

当寒风吹动落叶，下雪的消息从北方传来，当对经济的忧虑还在人们心头萦绕，2009年依然在灿烂的阳光下迈开了脚步，我们仿佛听到了新春的爆竹声，回乡的心也热切起来。

2006年春节前夕，《华为人》刊登的《新春献词》一文，希望大家春节回家给父母洗洗脚，从小事做起，爱父母、爱亲人、爱他人。家庭是我们力量的源泉。从小，就是母亲温暖的双手，捧着我们的小脚，一次次轻柔地清洗，一直到送我们独立走上人生的道路；现在，让我们端上一盆暖暖的水走到父母跟前，怀着爱和感谢，虔诚地弯下腰，在春节期间为父母清洗一下那双历经风雨、长满茧子的双脚吧。我们成长到今天，与家人默默无闻的无私奉献同样分不开，春节你能否也给夫人或先生洗洗脚？

这个春节，我们还可能会遇到为生计犯愁的亲朋好友、左邻右舍、乡里乡亲，遇到缺钱读不起书的孩子，遇到还没有过冬物资的孤寡老人……包括我们身边可能有些同事，他们家里也许碰到了困难，需要帮助，我们能不能在自己力所能及的范围内，给他们一些关心？

窗外依然寒冷，我们即将在温暖的家里和亲人欢聚。这个时刻，你是否意识到，在我们周围，总会有一些像"卖火柴的小女孩"那样的人。他们可能遇到这样那样的困难，今天，当我们有了一些条件时，能不能献出一点爱？

这个春节，即使偶尔遇到路边的乞讨者，我们能否不怀疑他们的动机，给他们一些零钱；雨雪里遇到卖菜、卖水果的小商贩，不管你是否需要，多少买一点，让他们能早点收摊回家；碰到露宿街头的人，能否帮他们买份食物，替他们给救助站打个电话联系一下；家里有多余的衣物、棉被，清洗干净，捐出去说不定能帮助更多的人……

也许我们这样一些细小的行动，不能解决他们的全部问题，但是如果每个人都能身体力行为他人做点事，献出一份爱，汇聚起来，就会让他们有更多的信心，或许他们就能更勇敢地面对未来的生活。

有一首歌唱道："总有一些时候，天空会出现无名的黑暗，就在这个时候，天空缀满明亮的眼，你不会孤单，所有的人都在身边，心连心，肩并肩，我们站起来。"

春节，越是在亲人团聚的时刻，关于爱，这个简单而美好的主题，越值得我们思考和付出行动。如果人人都献出一点爱，世界将变成美好的人间。

后　记

　　知人性，方能做管理。经营企业就是经营人性，而人性管理才是最有效的管理。因此，管理者必须懂得人性，解放人性，才能有效激活组织，提高管理效率，激发人的生命活力和创造力。

　　管理者最大的挑战不是管理人，而是洞悉人性！如何洞悉人性的本质，了解员工的真实需求和欲望，激发员工的潜能，激活组织，提高团队的执行力和战斗力已经成为困扰管理者们的一大难题。

　　华为是中国企业的标杆。其成功的背后，就是因为任正非遵循人性和欲望，建立了基于人性、基于人的动机、基于人的欲望的多元化激励机制，激发出了19万华为人的生命活力和创造力，从而打造了一支战无不胜的华为铁军，大家"力出一孔，利出一孔"，将华为推上了世界巅峰。任正非的管理智慧和成功经验可以帮助中国的企业家破解组织缺乏活力的难题。

　　《任正非：成就员工就是最好的人性管理》这本书是我潜心研究华为22年来的又一成果，也是继畅销书《华为还能走多远》《任正非和华为：非常人非常道》《用好人分好钱：华为知识型员工管理之道》之后又一匠心力作。

　　为写好这本书，我采访了华为创始人和部分高管以及100多名员工，并深入到华为，以旁观者的身份，从管理、组织、人才、激励、绩效、文化、领导力等方面入手，抽丝剥茧，梳理出了任正非洞悉人性，激发并引导人的欲望，激活奋斗者，奖励贡献者，善待劳动者，淘汰惰怠者，提高团队凝聚力和战斗力的实践经验和方法，深度解析华为成功背后的基因和活力之源。

为了写好这本书，我认真研读了华为创始人任正非先生的400多篇内部讲话，还采访了华为公司总裁任正非，董事长梁华，副董事长胡厚崑、郭平、徐直军、孟晚舟，华为常务董事、消费者业务CEO余承东等高管以及华为多名在职、离职的员工，获得了大量的第一手资料。同时，我还聆听了华为首席科学家黄卫伟，华为管理顾问田涛、吴春波，中国人民大学的彭剑锋教授等人的多场演讲，查阅了他们有关人力资源管理的文章和著作，这些让我深受启发，获得了创作灵感，在此向他们表示衷心感谢！

这本书的出版得到很多人的支持。我还要感谢著名企业家、阿里巴巴集团联合创始人、原董事局主席马云，万通集团创始人、万通控股董事长冯仑，著名管理学家、中国人民大学教授、华夏基石董事长彭剑锋，中国人民大学教授、华为高级管理顾问吴春波先生为本书点评推荐，让我深受鼓舞！

这本书能够顺利出版，得益于广东人民出版社领导的大力支持。社长肖风华先生审阅书稿后欣然决定出版本书，总编辑钟永宁，副总编辑黄少刚，责任编辑李敏、罗丹、温玲玲等为本书的出版精心策划，编辑加工，付出了辛勤的劳动，我在此向他们表示衷心的感谢！

我在写作过程中参阅并引用了华为官网、心声社区、《华为人》报上的一些资料，有的无法核实原作者，如果有引述错误或有疏漏，敬请原作者谅解，或者与我联系，定当在再版中予以更正。

由于本人水平有限，再加上时间仓促，书中难免出现不当和浅显之处，敬请读者见谅。欢迎您对本书提出宝贵意见或建议，在此先行表示感谢！我的电子信箱：ysh5198@163.com，微信：ysh752522712（加微信时请务必注明您的真实姓名、工作单位和职务）期待与您交流！

余胜海

2020年1月8日于杭州西湖

领略企业管理智慧，教你打造职场铁军

扫码添加 **"智能阅读向导"** 获取以下服务

企业管理课堂

★适用于企业老板、高管，教你如何打造出
一批优秀的员工，优秀的团队

创业经验分享

★学习创业精英的创业心得，分享如何用对
人，找对人，培养员工的凝聚力

微信扫码